森井裕一　著

現代ドイツの外交と政治（第2版）

信山社

はじめに

ドイツは誰でも知っているヨーロッパにある大きな国である。ベンツ、ＢＭＷ、ボッシュ、バイエル、ＢＡＳＦなどが世界的に知られていることに象徴されるように、自動車、機械、化学などの分野ではきわめて強い国際的な競争力を有している。これは日本のイメージとも重なるものであり、日本とドイツは工業製品輸出国として知られてきた。近年では中国の台頭により経済力の序列は変化しているが、ドイツがヨーロッパの経済大国であることは全く揺らいでいない。

しかし、これもまた周知のことであるが、日本もドイツも第二次世界大戦の敗戦国として、重い過去を背負っている。国連改革議論の中で、日本もドイツも安全保障理事会の常任理事国となるべく外交的努力を行ってきたが、第二次世界大戦後に作られた国連システムの改革は七〇年以上を経た今日でも容易ではない。

二〇〇八年に発行された初版の目的は、国際システムの中で日本とかなり類似した位置にあるドイツの政治と外交について、その行方を考える際に必要となる見方を提示しようとすることであった。その後、ドイツとヨーロッパはいわゆる複合危機を経験し、初版発行時には想定できなかった大きな危機をいくつも経験することとなった。ギリシャの債務危機に端を発したユーロ危機は、共通通貨と国家債務の問題を再度クローズアップさせ、問題解決のための財政、金融ガバナンスシステムの進歩をもたらした。二〇一四年のロシアのウクライナ領併合はヨーロッパに安全保障問題が過去のものではないことを示したが、ドイツは一部の経済制裁を実施しながらも、引き続きロシアへの「接近による変容」、すなわち関係の緊密化により相手の変化を促すことができるとする政策に希望を託した。この期待は二〇二二年のロシアによるウクライナ侵攻で完全に裏切られ、ドイツの対露政策は大きな変更を余儀なくされた。そしてヨーロッパ連合（EU）と北大西洋条約機構（NATO）の大国としての責任に直面することにもなった。二〇一六年のイギリスの国民投票によるEU離脱の判断はEUへの大きな試練となったが、二〇二〇年にイギリスが完全離脱すると、EUにおけるドイツへの期待はさらに大きくならざるを得なかった。そしてその二〇二〇年には新型コロナウイルス感染症を抑えるため経済・社会活動に強い制限がかけられ、EU諸国は大きな影響を受けた。コロナ禍からの復興のためにドイツはEU復興基金の設立でも重要な役割を果たした。

これらの大きな危機が連続した時期にドイツの舵取りをおこなったのは、常にメルケル首相であった。初版でも二〇〇五年一一月からのメルケル政権の三年については扱われていたが、彼女は二〇二一年一二月まで長期にわたって危機の指導者であり続けた。本書はこの部分を補い、二〇二一年一二月に発足した社会民主党（SPD）、緑の党、自由民主党（FDP）の三党によるショルツ政権の政策展開とドイツの変化を新たに説明の対象としている。

ドイツという国が面積、人口、経済規模などからしてヨーロッパにある大きな国であり、EUの中で政治的にも経済的にも社会的にも大きな役割を果たしているということは誰でも知っている。そしてそのことはドイツが大きな危機をいくつも経験しても、一六年も首相の座にあったメルケル首相が退陣しても変わっていない。地方分権が進んだ連邦制の国であり、環境意識が高い国で原子力発電への依存をやめ再生可能エネルギーへの転換を図っているモデルとしての側面を持つ国であることも変わっていない。しかし、二〇二三年四月にドイツでは残った最後の原子力発電所が停止され、国内の原子力発電は完全に無くなったものの、ロシアによるウクライナ侵攻の影響で、ロシアからの天然ガス依存から短期間で脱却しなければならなくなった。国際環境の大きな変化への対応は、さまざまな政策分野に大きな影響をもたらし、ドイツの政治も政策も変化している。

一般によく日本と似ている特徴をもつというイメージから、ドイツがさまざまな意味で比較や参照の対象とされることもあるが、ドイツが実際にどういう政治のシステムを持ち、そのシステムの中で政治がどう運営されてきたか、ヨーロッパ統合との関係はどのようなものであったのか、と問いを進めていくと、すぐにさまざまな疑問にぶつかる。例えば、連邦制によって地方分権が進んでいるといっても、ドイツの政治システムは同じ連邦制をとるアメリカのシステムとは大きく異なるし、スイスの連邦制とも異なっている。ドイツは連邦制の国である、ということは、中央集権的な国の仕組みをとっている日本とは形が違うといっているだけで、ではそこでどのように政治が運営されているか、ということはわからない。さらに、第二次世界大戦の敗戦国として軍事力の行使にきわめて慎重な姿勢をとってきたこと、安全保障の最重要のパートナーがアメリカであることは日本もドイツも同じであるが、NATOという軍事同盟の重要なメンバーとして、男子皆兵の徴兵制によって軍を社会の一部としてきたドイツと、憲法九条をめぐる議論を続けてきた日本とでは、外交や安全保障政策をめぐる政治のプロセスも異なる部分が多く存在している。二〇〇〇年代には日本でも東アジア共同体についての議論がしばしばなされたが、その後の中国、韓国との関係悪化によって、EUを想起させるような東アジア地域での制度構築は非常に難しいこともはっきりとした。

一時的な興味関心から一歩進んで、今のドイツの政治をより深く理解するためには、ドイツの政治システムについて正確な知識を得ることが重要である。本書は最新の情報を取り入れつつ、ドイツ現代史と政治制度を理解した上で、現在進行形のドイツ政治と外交政策の課題を考えることを目的としている。そのためにドイツの政治制度の説明から始め、時系列にそってドイツ政治外交について説明する構成をとっている。第一章ではドイツは正式には「ドイツ連邦共和国」という国であり、連邦制をとっているために、国政でも中央と地方の間の複雑な政治過程が見られること、また第二次世界大戦以前の政治的過ちを繰り返さないために、きわめて強く安定を指向する政治のシステムがとられていることが紹介される。ドイツの政治システム、国の形がどのように政治過程に作用するか考えてみよう。同時に、現在のドイツの政治システムがEUのシステムと制度的にどう関連しているかについても議論を進めよう。

次の第二章から第五章では、連邦共和国の政治と外交がどのような問題を中心として展開されてきたかについて、アデナウアー政権からコール政権に至るまでの歴史が扱われる。連邦共和国の政治を歴史的に振り返りながら、何が変わらない特徴で、何が時間と環境変化とともに変容してきたのかについて、考えてみよう。敗戦から立ち直る過程、高度経済成長による繁栄、石油危機と経済的混乱、冷戦と緊張緩和、冷戦後の複雑化した世界への対応などは、日本のおかれた立場との共通点も多く、比較しながら考えてみると、興味深い点も多い。

第二章は連邦共和国が様々な意味で確立していく時代であるアデナウアー首相の時代から社会民主党を中心とした政権への橋渡しをした大連立政権までの時代を扱う。第三章は、政治的にも社会経済的にもさまざまな変化をとげたブラント首相、シュミット首相の社会民主党政権の時代のドイツを扱う。第四章と第五章は一九八二年から一六年続き、ドイツ統一を成し遂げたコール政権の時代を扱っていく。

続く第六章から第八章は、統一直後の混乱期から一定の安定期に入り、現在の政治につながるシュレーダー政権とメルケル政権で、諸問題がどのように扱われてきたかを考える章である。シュレーダー政権は社会民主党と緑の党の連立政権であったが、平和運動と環境運動の政党であった緑の党が国政に参加したことによって、変わったことは何だったのであろうか。またこの時期にはEUの経済統合が共通通貨ユーロの導入によってほぼ完成したし、同時にグローバル化が急速に進んでもいる。このような経済環境の変化はドイツにどのような影響をもたらし、ドイツ政治はどのような答えを出してきたのかについて考察してみよう。第八章ではメルケル政権が欧州複合危機に直面し、リベラルな国際秩序が揺らぎ、不透明な国際関係の時代に入ったなかで政策対応に苦慮してきた時期を扱う。長期政権となったメルケル政権の基本政策は変化していないが、大きく変化する政治、経済、社会環境に対応すべく、どのような政策が展開されてきたかを考える。

第九章は二〇二一年一二月に発足したショルツ政権を主に扱い、今後のドイツの外交と政治の展望を試みる。メルケル政権のジュニアパートナーであるＳＰＤが首相を出し、政権参画経験のある緑の党とＦＤＰが構成する政権なので、メルケル政権の政策と全く異なる新たな政策展開をしているわけではない。しかし、ロシアがウクライナに侵攻したことにより欧州をとりまく安全保障環境は大きく変化した。ドイツ企業にとって重要な市場であり生産拠点であった中国の位置づけも変化した。国内に目を向けても、ドイツのための選択肢（ＡｆＤ）が台頭し、ドイツの政党状況は変化した。このような新たな環境の下で、三党連立政権がどのように新たな状況に対応しようとしているかを検討する。

本書で繰り返し強調されるように、ドイツの将来はヨーロッパの運命と一体であり、平和で繁栄したヨーロッパ、ＥＵがあってこそドイツも豊かで安定した社会を維持することが可能である。しかし、これまでのやり方を全く変えないまま、新しいグローバル化のチャレンジに応えていくことは不可能である。シュレーダー政権からメルケル政権にかけてのドイツは、ＥＵの枠組みを活かしながら、対応していく変化のただ中にあった。経済的にはもちろん、政治的にも大きな影響力を持つようになったドイツは、グローバルな政治、経済のシステムの運営にも日本同様に大きな責任を有している。ロシア、中国との関係が変化し、いわゆるグローバルサウスとの関係も変わる中で、ＥＵの中でのドイツへの期待も変わるのは当然であろう。本書のまとめとして最後にこのようなドイツの進路について議論してみよう。

一九八九年の「ベルリンの壁の崩壊」も一九九〇年のドイツ統一も、著者のように自ら目にし、経験した者にとっては決して忘れられない国際政治上の大事件であった。しかし現在では、冷戦後どころか、二〇〇五年の第一次メルケル政権の発足後に生まれた世代が既に大学生になっている。ドイツにおいても西ドイツと東ドイツの二つの政治システムの競争と対立を自ら経験したことのない世代、EUによる経済統合を自明の所与の条件と考え、グローバル化の荒波の中で苦悩するドイツで育った世代の比率はますます大きくなっている。

現在のことばかりにとらわれて、過去に盲目になってはならないことは言うまでもないが、過去だけを観察していても現代のドイツを理解することはできない。本書は初めてドイツに興味を抱いた人にドイツ政治外交の歴史的展開をふまえながら、現代ドイツ政治外交の展開と変容もできる限りわかりやすく解説し、さらに興味を深めてもらいたいという思いで執筆されている。本書が一人でも多くの読者にとって、いっそう緊密にドイツにふれる機会を持つきっかけとなれば、幸いである。

目 次

第六章　シュレーダー政権とドイツ政治の変容——136

第八章　欧州複合危機とメルケル政権――199

現代ドイツの外交と政治（第2版）

第一章　安定と分権――政治システムの特徴

一九四九年の建国以来、七〇年以上の時間が経過したにもかかわらず、ドイツでは首相経験者はわずかに九名しかいない。初代首相アデナウアーは一九四九年から一九六三年までの一四年間にわたって首相を務めた。ドイツ統一の首相として知られるコール首相は一九八二年から九八年まで一六年間にわたり首相を務めた。メルケル首相はドイツが多くの危機に直面したにもかかわらず二〇〇五年から二〇二一年まで務めた。ドイツの政治を考える際に、この在職期間の長さは重要なポイントとなる。政権がたびたび交代し、首相の在任期間が短くなるとシステム全体が不安定になって、さまざまな政治的な悪影響が出ると考えられており、政治制度も安定を重視して設計されている。そのことが政治の運営にも影響を与える。

現在のドイツのシステム、より正確に言えば、「ドイツ連邦共和国」のシステムは、過去に対する反省から「安定」を重視してできている。一九一九年に成立し一四年間続いたワイマール共和国は、当時としては先進的な民主主義システムと評価されていたにもかかわらず、ナチを率いた独裁者ヒトラーによって一九三三年に民主的に政権奪取され崩壊した。そしてヒトラーのナチは、戦争の惨禍を引き起こし、多くのユダヤ人を虐殺し、ドイツ史に大きな汚点を残した。ワイマール共和国は民主的ではあったが不安定なシステムであった。

現在のドイツの正式な国名は「ドイツ連邦共和国」であり、国際的な場では略してＦＲＧ（Federal Republic of Germany）と表記されることが多い。統一までの冷戦の時代「西ドイツ」として知られた国である。ドイツ語ではＢＲＤ（Bundesrepublik Deutschland）と表記される。日本に住んでいると、国名の持つ意味などを考えることもないが、名は体を表す、と言うように、ドイツの国名はそのシステムを象徴している。

「ドイツ連邦共和国」の「ドイツ」はもちろんドイツ人の国を表すものであるが、冷戦の時代、一九四九年から一九九〇年までは、社会主義のドイツ（いわゆる東ドイツ、正式名称としては「ドイツ民主共和国」）ドイツ語の略称でＤＤＲ（Deutsche Demokratische Republik）が存在しており、東西ドイツはドイツ人の国としての正統性を争っていた。

「連邦」はこの国が連邦国家であること、つまり州（ラント）という単位から国が構成されていることを示している。現在の連邦共和国は、国が州よりも先に存在していて自治体としての州を設置したのではなく、憲法や政府を持った州が先に存在していて、これらの州が占領下に合議で憲法を作って国（連邦）を作ったのである。このため分権は現在のドイツでは大変重要な意味を持っている。

「共和国」はもちろん、君主制の国ではなく、民主的に運営される国家であることを示している。社会主義の東ドイツでは実際には政治的な自由が保障されていなかったにもかかわらず、名前の上では「民主共和国」であったのでややこしいが、連邦共和国の民主制は、政治への参加が認められ、基本的人権としての自由が保障されるシステムである。ドイツ統一を扱う第四章で紹介するように、東ドイツという「民主共和国」の政治の現実は、言論の自由をはじめ、市民の政治的な自由が十分に認められるものではなかった。

三党連立のショルツ政権やメルケル大連立政権のドイツについて議論するにしても、コール政権について議論するにしても、さらにそのずっと以前のアデナウアー政権について考えるとしても、ドイツ政治の変わらない特徴としての構造をまず理解しておくことが重要である。なぜドイツはEUに積極的に関わり、貢献するのか、なぜドイツは環境先進国というイメージを持たれているのか、などの具体的な問題を議論するときには、その時々の政治状況や政治リーダーの考え方を理解することはもちろん重要であるが、そのような政治が展開される舞台としての国の制度について理解した上で議論することが不可欠である。

次章以下でドイツ政治の歴史的展開を議論する前に、ここで「安定」、「民主主義」、「分権」をキーワードとして、具体的にドイツ政治のシステムを概観してみよう。そして最後にこのようなドイツがヨーロッパ統合の中でヨーロッパ連合（EU）のシステムとどう結びつけられていくかを考えていくこととする。

なお、これから本書ではドイツと言う場合には、第二次世界大戦後に成立し今日まで続くドイツ連邦共和国のことを指しており、東ドイツやワイマール共和国、それ以前の帝国時代について言及する場合にはその旨記すこととする。

コラム①

ブント＝連邦　ドイツ語でブント（Bund）は「結びつき」や「結合」を表すが、政治的には「連邦」を表すことばである。このために国の首相は連邦首相（Bundeskanzler）であり、大統領は（Bundespräsident）、議会は連邦議会（Bundestag）、軍隊は連邦軍（Bundeswehr）のように、国の制度にはことごとくブントがつく。これは連邦制をとるようになった一九四九年以後のことであるが、現在では、国や中央政府と同義語ともなっている。ブントをつけない首相は州首相（ただし、州首相はドイツ語でMinisterpräsidentであり、Kanzlerは国の首相にのみ使われる。ワイマール共和国以前の首相は帝国宰相Reichskanzlerと称した）であり、議会は州議会であるなど、ブントをつけない名称はたいてい州レベル以下の政府機関を表すと考えればよい。

一　「安定」

日本では国会の議論が行き詰まったとき、首相が「民意を問う」として衆議院を解散することができる。このため衆議院の任期は四年と定められていても、四年の任期を全うすることはめったにない。ドイツ連邦議会（Bundestag、日本の衆議院に相当）の任期は同じく四年であるが、ドイツの連邦首相はこの連邦議会を解散することはできない。制度的にきわめて限定された場合であるが、連邦議会を解散できるのは連邦大統領のみである。連邦大統領は通常、儀礼的にドイツを代表するのみで、象徴的な政治的役割しか担わず、政策を決定するような実質的な政治権限を持たない。連邦議会は実際には夏休みはあるものの、日本の国会のように会期で区切られることなく常時開催されている。選挙から次の選挙までの原則四年間を議会期（Wahlperiode）と呼び、この四年間が一会期となる。二〇二一年から二〇二四年の連邦議会は第二〇議会期である。

建設的不信任

聞き慣れない言葉であるが、建設的不信任というのがこの制度を理解するキーワードである。先進的な民主的システムであったはずのワイマール共和国が崩壊に至った原因の一つには、政権が議院内で安定した多数を得られず、不安定な連立政権が続いたことがあった。現在のシステムでは、政権が不安定にならないように、野党による不信任案は、単純に議院内で過半数を得れば成立するようにはできていない。連邦議会は次の連邦首相を選出することによってのみ、在任中の連邦首相を不信任することができる。つまり、不信任イコール次の政権の選出なのであり、新しい政権を選出するという建設的な提案によってのみ、不信任が可能である。このため建設的不信任と呼ばれるのである。一九八二年に首相の座についたコールはこの制度によって首相に選出された。それ以外に建設的不信任が成立した事例はなく、それだけ現政権を不信任し、同時に次の政権を選出するハードルは高い。

建設的不信任では国民による選挙によることなく政権交代が実施されるが、憲法上は建設的不信任が成立した場合に議会が解散される必要はない。しかし、実際には国民に信を問うことも重要と認識されており、一九八二年の建設的不信任成立の例では、政権交代後に連立組み替えについて国民の信を問うために連邦議会が解散されている。

連邦議会は、首相自らが提出した信任決議案が否決された場合にのみ、連邦大統領の判断によって解散される。ふつうに考えれば、不信任は野党が提出するものであり、首相自らが信任を求める必要はない。そもそも首相は議会の多数によって選出されるのであるから、この首相が提出した信任が否決される事態というのは、きわめて例外的な状況になるはずである。

このような例外的状況は、一九七二年と一九八三年、そして二〇〇五年に生じている。一九七二年には安定的な多数を失ったブラント首相が、自らの閣内の連邦大臣に棄権をさせることによって信任を否決させた。一九八三年には前年秋に建設的不信任によって首相の座についたコールが、与党の議員に棄権させて信任を否決させ、選挙を実施した。二〇〇五年にはシュレーダー首相が、与党議員に棄権をさせて信任を否決させた。

これは、野党が多数を支配している連邦参議院の反対によって、政府が提出した法案が成立しないという状況を、連邦議会選挙で国民の信任を得て打破しようとしたためであった。

このようなやり方は、本来憲法が想定していなかったものであるので、その都度論争を引き起こしたが、連邦憲法裁判所も、一定の条件のもとで合憲の判断を下している。

選挙制度と政党

このような建設的不信任とならんで、よく知られているドイツ政治の安定装置がいわゆる五％条項である。これは選挙における政党の得票率が、国全体で集計をした場合に、五％を超えていないと比例代表の議席を与えないという制度である。一九四九年に行われた第一回連邦議会選挙ではシステムが異なっていたが、その後現在に至るまで連邦議会選挙でこの五％条項は重要な意味を持っている。五％の票を国全体で獲得するというのは、極めて高いハードルである。このため戦後の混乱期を経て政治が安定し、ＣＤＵとの協力によりかろうじて連邦議会に議席を獲得していたドイツ党（ＤＰ）が一九六〇年に分裂して会派ステータスを失うと、一九八三年に緑の党が国政に登場するまでは、連邦議会には三つの会派しか存在しなかった。つまり、保守系のキリスト教民主同盟・社会同盟（ＣＤＵ／ＣＳＵ）、社会民主党（ＳＰＤ）、自由民主党（ＦＤＰ）である。ＣＤＵとＣＳＵは別の政党であるが、ＣＳＵは南部のバイエルン州にしか存在せず、全国政党であるＣＤＵはバイエルン州では活動していない。ＣＳＵが首相候補を出した例（第三章二や第六章二）もあるが、とりあえずは一つの政治的なまとまりと考えて差し支えない。

ドイツの政党システムは一九八三年までは三党システムであったが、一九八三年の連邦議会選挙で環境と平和運動を旗印とする緑の党が登場して四党システムとなった。一九九〇年以後、東ドイツの旧社会主義統一党（ＳＥＤ）の流れをくむ民主社会党（ＰＤＳ）も連邦議会に議席を獲得した。ＰＤＳとその後継政党である左派党については第五章以降で議論されるが、いずれにしてもドイツの政治システムでは議会内の政党の数が少なく、また新しい政党が国政に登場することはきわめて困難である。

この状況を変えることになったのが、二〇一三年のドイツのための選択肢（ＡｆＤ）の登場である。詳細は第八章二にゆずるが、ギリシャの債務危機を発端とする反ユーロ、ドイツの自国中心主義政党として登場したＡｆＤは、当初目標とした二〇一三年の連邦議会選挙での議席獲得には失敗したものの、ＥＵの議員を選出する欧州議会選挙や州議会選挙で議席を獲得し続けた。内部抗争と分裂により右傾化したＡｆＤは二〇一五年の難民危機をきっかけにさらに勢力を拡大し、二〇一七年の連邦議会選挙でＣＤＵ／ＣＳＵとＳＰＤに次ぐ勢力となった。その結果、連邦議会には政権担当経験のある四つの勢力（ＣＤＵ／ＣＳＵ、ＳＰＤ、緑の党、ＦＤＰ）と、連邦レベルで政権担当経験がなく、戦後の政治コンセンサスを共有しない二つの政党（左派党、ＡｆＤ）の六つの勢力が存在することとなった。

日本では個人の人気によって有名人が議員となることがあるが、これもドイツのシステムでは考えにくい。ドイツのシステムは政党を中心にできており、手厚い政党助成などもあるが、選挙制度が基本的に政党をえらぶ比例代表制であることが、決定的に重要である。日本の衆議院選挙の制度は比例代表と小選挙区の並立制であって、二つの制度の間には、惜敗率による比例リストからの復活をのぞけば、ほぼ関係はない。しかし、ドイツの制度は比例代表制を中心として小選挙区を利用する併用制である。基本的に議席は比例代表の得票率に応じて配分される。小選挙区で個人が立候補することは可能であるが、実際に当選できるのはほぼ政党所属の候補者のみである。

小選挙区を三つ制することができた政党には、たとえ比例代表で五％得票できなくても比例配分で議席を与える制度もあったが（二〇二一年選挙まで）、選挙区でも政党の影響力がきわめて強いために、このハードルも非常に高い。この比例代表と小選挙区を組み合わせて比例代表中心に運用する方式はかなり複雑なもので、政党が小選挙区で本来比例得票によって配分されるべき議席よりも多く獲得すると超過議席という議席が生じ、議員定数が選挙ごとに変動したりもした。

連邦議会の議席は五九八と定められているが、例えば二〇〇九年秋に選出された第一七期連邦議会では、この超過議席の制度によって、二四の超過議席が生まれたため、六二二名の連邦議会議員が存在していた。超過議席制度は二〇一一年の選挙制度改革によって、小政党や超過議席を得ない政党が不利にならないように調整議席制度が導入されたことにより、連邦議会の議員数がもともとの定数よりさらに大きくなる結果をもたらした。二〇二一年に選出された議員数は定数よりも一三八も多い七三六であり、五九八からの乖離を解消すべく選挙制度改革の議論が続けられてきた。ショルツ政権でも、連立を構成する三党が本格的な制度改正をめざした。そして超過議席と調整議席の制度を廃止し、議員の上限数を六三〇とする選挙制度改革が二〇二三年に成立した。

ドイツにおいてもネオナチとみなされる極右政党の台頭が懸念されることがあったが、この五％条項の存在はきわめて有効に働いてきた。一つの州で五％を超えるような得票があり、その州の議会では極右政党が議席を獲得したような場合でも、連邦レベルで全国の五％を超えることはできないため、連邦議会では議席を獲得することは不可能であった。考え方によっては、五％という高いハードルを設けることは、少数意見の排除につながるものであるとも言える。しかしドイツにおいては五％条項のあり方をめぐる議論はほとんどない。それは極端な考え方を持つ小政党が議会に登場することによって政治が不安定化するリスクを排除することの方が重要であるという考え方が広く支持されているためである。戦後コンセンサスを共有しない右翼政党ＡｆＤがこのハードルを越えたこと（第八章五参照）は、選挙制度ではコントロールできないより深刻な変化がドイツ社会で起きていると考えるべきであろう。

なお、ドイツでは州ごとに地方選挙の規定を決めることができるので、このような五％条項のような規定も州ごとに決めることが可能である。しかし、デンマーク系住民の代表を議会に送るためにこの条項を部分的に適用しない北部のシュレースヴィヒ＝ホルシュタイン州などを除けば、地方レベルでも同様の運用が行われている。また、連邦レベルでは選挙権と被選挙権を得る年齢は一八歳であるが、近年では州やその下の自治体レベルでも選挙権を得られる年齢の引き下げが続いており、一六歳で選挙権を得られる州もある。

コラム②

小選挙区敗北・比例復活は問題なし　ドイツの選挙は比例代表による議席配分が重要なので、小選挙区の勝敗はさほど問題にされない。二〇二一年選挙では、ＳＰＤのショルツと緑の党のベアボックは同じポツダム選挙区で議席を争い、ショルツの勝利に終わっている。ベアボックは緑の党のブランデンブルク州の比例リスト第一位であったため当選することは自明であった。ショルツもＳＰＤのブランデンブルク州リスト第一位となっていた。ＣＤＵのラシェット首相候補はノルトライン＝ヴェストファーレン州リストから選出された。若手にチャンスを与えるため居住地の選挙区から出馬しなかったが、結局地元の選挙区では緑の党の候補が小選挙区で圧勝した。小選挙区を持ち、そこで勝利できるに越したことはないが、首相も閣僚も国会議員でなければならないという法律上の規定もなく、また政治的にも比例区選出であるからといって格下に見られることもない。コール首相は一九八三年と一九八七年に小選挙区でＳＰＤ候補に敗れている。シュレーダー首相は小選挙区に立候補せずニーダーザクセン州の比例リストから選出されていた。メルケル首相は一九九〇年から引退するまでフォアポメルンの小選挙区で勝ち続けた。小選挙区という地盤を持つことと、連邦レベルの政治で活躍することの間には直接の関係性はない。

二 「民主主義」

ドイツの政治制度を規定しているのはもちろん憲法であるが、現在のドイツの憲法は基本法（Grundgesetz）と呼ばれている。なぜ憲法を基本法と呼ぶかについての歴史的経緯は次章一と第四章二で説明されるが、その名称に関わりなく、基本法は憲法として、基本的人権と国の基本的な統治機構について定めている。その第二〇条一項は「ドイツ連邦共和国は民主的かつ社会的連邦国家である」と規定している。そして二項で、国家権力が国民に由来することが規定されている。そしてこの第二〇条は、「人間の尊厳は不可侵である。これを尊重し、保護することはすべての国家権力の義務である」と定めた第一条と連邦主義の基本原則とともに、基本法第七九条三項で変更が明示的に禁じられている。

このように基本的人権、連邦主義、民主主義の三つの原則が憲法の中で明示的に改正が禁じられているのは、やはりナチ・ドイツの過去によるものである。人権を無視して大量殺人を行ったナチ・ドイツの過去を繰り返さないための規定である。

しかしここで注意しておくべきは、民主主義を守るためには、ドイツのシステムは犠牲もいとわないということである。前節で紹介したように、政治システムの安定はドイツの政治にとってきわめて重要なものである。冷戦時代に社会主義の東ドイツと存在を競い合い、西側陣営の最前線基地として機能した連邦共和国にとって、このことは大きな意味をもつものであった。選挙に誰もが参加でき、自由な意見を述べることができるという民主主義を守ることは、ドイツにとって容易なことではなかった。このため、このような民主的な制度を破壊しようとする共産主義の勢力やテロリストに対してきわめて厳しい政策をとった。

また、ドイツにとって自由と民主主義を守ることは何にも勝る国家目標でもある。日本においては変更できない原則としてしばしば民主主義原則とならんで憲法第九条の平和主義があげられる。そして平和はきわめて重要な価値である。二〇二二年からのロシアによるウクライナ侵攻とその後の戦争によって変わりつつあるかもしれないが、平和と自由民主主義の選択を迫られたとしたら、多くの日本人は当惑するであろう。次章でドイツの建国期、アデナウアーの時代を扱うが、この時代にドイツは平和と自由民主主義の選択を迫られた場合には、自由民主主義を選択することを決定した。これは、ソ連に代表される東側陣営に占領されたり、中立を迫られたりしても自由民主主義を放棄するようなことはなく、その際には軍事力をもってアメリカに代表される北大西洋条約機構（ＮＡＴＯ）諸国とともに体制を守るべく戦うということを意味している。そのために男子皆兵の徴兵制がとられてきたのである。第八章三で論じるように、徴兵制は安全保障環境の変化によって二〇一一年に停止されたが、ウクライナ戦争は再び安全保障に対するドイツの認識を大きく変化させている。

国家機関

このような民主国家を運営するために憲法が規定している代表的な機関は、連邦首相、連邦議会、連邦参議院、連邦大統領、連邦憲法裁判所である。

連邦首相については次章以下で歴史的な展開をたどりながら詳しく議論されるが、連邦議会によって選出され、連邦政府の基本方針を定める。安定を重要視した制度のために、連邦首相は指導力の発揮のしかたによっては、大きな政治的権限を持つことが可能である。

この連邦首相を選出する連邦議会は、ベルリンの中心部に位置する「帝国議会（Reichstag）」の建物にある。これも日本の政治と興味深い対照をなしているが、日本では国会議事堂の建物と国会は多くの日本人にとって全く不可分のものである。それに対してドイツでは、国会とは国会議員が集まり会議し、立法を行う場であって、その入れ物である建物にはそれほどのこだわりはない。連邦議会は統一前の時代には当時の首都ボンにあったが、そこで新しい議事堂が建設された時には連邦議会は一時、給水施設を改築した建物で開催されていた。ベルリンの壁崩壊時の連邦議会はまさにこのような場で開かれていたので、当時の映像を見ると、実に狭い議事堂に議員たちがひしめき合っている様子が見られるのである。そして現在ではナチ時代以前に議事堂として使われていた帝国議会という名前の建物が改修され、その中に連邦議会が位置している。連邦議会は首相を選出し、連邦参議院とともに立法を行う、まさにドイツ政治の中心である。

連邦議会議事堂

連邦議会とならんで重要なもう一つの議会は連邦参議院（Bundesrat）である。連邦制については次節で議論されるが、この議会はドイツの連邦を構成する一六の州の政府で構成されている。連邦議会の議員が国民から普通・直接・自由・平等・秘密選挙で選ばれるのに対して、連邦参議院の構成員は通常は連邦州の首相（行政の代表）であり、時にその代理を務める州の大臣である。この意味で、日本語の参議院の語感とドイツの連邦参議院はずいぶんかけ離れていることに注意が必要である。すでに連邦参議院の訳語は日本語として定着しているが、実態をよりよく表すならば、これは連邦州政府議会とでも訳出できるものである。

基本法の規定によって州の権限に関わる問題、つまり連邦制のドイツではかなりの数の重要事項に関して、連邦参議院は連邦議会とともに立法権限を持っている。連邦参議院の議長は、一六の州政府が毎年持ち回りで担うことになっている。連邦の州はそれぞれ五年ないし四年毎（現在はブレーメン州のみ）に行われる選挙によって、連邦同様に議会と議会から選出される州政府を有している。このため州レベルの政治状況の総体ともいえる連邦参議院と連邦議会の多数とが一致しない状況も生じた。二〇〇五年にSPDと緑の党の連立を率いていたシュレーダー首相が連邦議会を解散させたのも、CDU／CSUが多数を占める連邦参議院の反対によって重要な法案がことごとく成立しなかったことによるものである。その後成立したメルケル大連立政権は連邦議会においても連邦参議院においても、大きな二つの国民政党、つまりCDU／CSUとSPDが連立を組んでいることもあって、圧倒的な多数を有している。論理的には一つの大政党と小さな政党二つ（FDPと緑の党）の合意によって連邦議会で首相を選出できたかもしれないが、その様な選択肢がとられず大連立政権が登場した背景として、連邦参議院の多数状況にも配慮しなければ、安定して必要な立法を行うことができないということがあった（第七章二も参照）。

二〇二一年末には連邦レベルでもショルツ政権のように三党連立政権が誕生しているが、州レベルでは連立組み合わせが複雑化し、かつてのような単純な連邦議会と連邦参議院の多数派のねじれ現象では説明出来ない状況になっている。

連邦議会と連邦参議院は五年に一度、連邦集会（Bundesversammlung）を構成し、連邦大統領を選出する。この連邦集会には連邦議会議員と同数の連邦参議院の代表が参加するので、約一二〇〇名のメンバーから構成される巨大集会となる。連邦大統領はすでに前節で紹介したように、外交上儀礼的にドイツを代表する以外には大きな権限を有しないが、連邦議会の解散のような重要な局面で注目されることもある。連邦大統領の力は通常はその発言、それも個別の政策イシューについての具体的政治的なものではなく、国民に向けたメッセージの説得力の強さにあると考えれば良いであろう。選挙で政治的に選出されることもあって、発言は自由である。自らの見識と良識に基づいて、時には政治

連邦参議院

的に大きな影響力を持つ発言も行われる。一九八五年の終戦四〇周年を記念してヴァイツゼッカー大統領が行った演説、過去に目を閉ざすものは将来にも盲目になる、といういわゆる「荒れ野の四〇年」演説は、よく知られている。また一九九四年にヘルツォーク大統領がポーランドで行った率直な謝罪の演説、二〇〇〇年にラウ大統領がイスラエル国会で初めて行ったドイツ語による謝罪演説などはよく知られている。

ドイツの民主主義の安定的な運営に欠かせない機関がもう一つ存在している。それは連邦憲法裁判所である。日本では裁判所は基本的に最高裁判所を頂点として、その下に高等裁判所、さらに地方裁判所が位置づけられている。憲法問題のような政治的色彩を帯びる問題でも、地裁からはじまり高裁を経て最高裁まで三審制をとって争われる。そして裁判は長期に及ぶこともまれではない。ドイツの裁判制度はかなり複雑で、裁判の対象となる分野ごとに専門の裁判所が置かれている。また通常の民事や刑事の裁判は州の高等裁判所を経て、連邦裁判所で最終判断が下される。このような通常の裁判の道筋とは別に、憲法問題のみを扱う連邦憲法裁判所がフランスとの国境に近い南西部のカールスルーエに設置されている。

この連邦憲法裁判所は、日本の最高裁判所が判断を回避する傾向の強い「高度に政治的な判断」を憲法解釈として行う。また違憲審査も迅速に行っている。このために、憲法をめぐる問題が政治論争化しても、この連邦憲法裁判所の判断によって決着することも多い。

例えば、冷戦の終焉後にドイツ連邦軍がＮＡＴＯの域外で軍事活動をすることが論争となっていた事例があげられよう。これは日本における自衛隊の海外派遣の問題と基本的には同じ構造である。防衛のためのドイツ連邦軍が同盟の防衛、つまりＮＡＴＯの枠組みを超えた地理的範囲、すなわちＮＡＴＯ域外で活動することは違憲ではないかと争われたのであった。この問題は第四章以下でドイツ外交とグローバルな秩序形成の問題として議論されるが、当時のコール政権はドイツの国連やＮＡＴＯにたいする責務として、紛争予防や危機管理のために連邦軍をＮＡＴＯ域外での戦闘行動を含む活動に参加させることを求めていた。一九九四年七月一二日の連邦憲法裁判所判決は、ＮＡＴＯ域外派遣を合憲とした上で、派遣にあたっては連邦議会の単純多数による承認を行うことを義務づけた（第五章二参照）。その結果、その後は連邦軍が海外ミッションを展開する場合には連邦議会の承認が取られている。

連邦憲法裁判所の判決は通常数ヶ月から一年程度で迅速に下される。またその結果についてはどの政治勢力も受け入れるため、憲法をめぐる政治論争を早期に決着させる機能を有している。このためドイツでは日本における憲法九条問題のような政治判断の合憲・違憲をめぐる長期にわたる論争は存在していないと言ってよいであろう。

もし憲法裁判所の判決で不都合が生じた場合にはどうするのか。その際には憲法を改正することも可能である。憲法改正は連邦議会と連邦参議院の三分の二以上の多数で可能である。

連邦レベルでは国民投票の制度はない。すでに言及した第七九条三項の規定によって変更できない原則を除けば、基本法の改正は頻繁に行われている。これまでの約七〇年の歴史の中で、六七回の改正が行われている（二〇二二年一二月時点）。憲法をめぐる考え方は日本とドイツでは大きく異なっている。ドイツの憲法は、人権と民主主義と連邦制を守った上であれば、あとの改正は随時必要に応じて国会の判断でのみ行えるのである。

三 「分権」

ドイツは一六の州から構成されている。人口約一八一四万人のノルトライン＝ヴェストファーレン（英語ではウェストファリア）州や人口約一三三七万人のバイエルン州のような大きな州から、人口わずか五七万人の一つの都市にしか過ぎないブレーメン州に至るまで多様な構成となっている。州の規模が多様である背景にはドイツの複雑な歴史があるが、西側地域では直接的には第二次世界大戦終了後の米、英、仏による占領時代に今日の州の境界がほぼ決定された。ハンブルクとブレーメン、さらに首都ベルリンはそれぞれ一つの都市であるが、ハンザ同盟の都市としての伝統、ベルリンは冷戦時代に東ドイツの中の陸の孤島として存在し、分割占領されたかつての首都としての特殊性から、州として位置づけられた。

人口の小さな州や、経済的に弱小な州が存在することは、行政上は必ずしも好ましいことではない。かつてヴュルテンベルク＝バーデン州、ヴュルテンベルク＝ホーエンツォレルン州、バーデン州が合併して現在のバーデン＝ヴュルテンベルク州に再編されたことはあったが、その後州の統廃合の議論はうまく進まなかった。一九九〇年のドイツ統一後、ブランデンブルク州とベルリン州の合併が合意されたが、これは住民投票によって最終的な段階で否決されてしまい、実現しなかった。

連邦を構成する州はすでに説明されたように、連邦参議院を構成している。相対的に大きな州、バーデン＝ヴュルテンベルク州、バイエルン州、ニーダーザクセン州、ノルトライン＝ヴェストファーレン州は連邦参議院で六票を有する。ヘッセン州は五票を有し、ベルリン州、ブランデンブルク州、ラインラント＝プファルツ州、ザクセン州、ザクセン＝アンハルト州、シュレースヴィヒ＝ホルシュタイン州、テューリンゲン州は四票を保有している。さらに小さなブレーメン州、ハンブルク州、メクレンブルク＝フォアポメルン州、ザールラント州は三票を有している。連邦参議院では州政府は自分の持ち票を分割して投票することはできない。つまりベルリン州であれば、その持ち票四票すべてを賛成か反対に投じるか、または棄権しなければならない。

連邦の政治と同じように、州政府も多くの場合連立政権が担っている。連邦レベルの連立の組み合わせと州レベルの連立の組み合わせが同じ場合には問題は生じないが、連邦で野党に属する政党が、州政府で与党となり連邦参議院に参加している場合には、連邦参議院では与野党対立的な立法においては棄権することもある。

州の権限はきわめて幅広い。連邦が専属的立法権限を有するのは、外交、防衛などに限られており、かつて連邦の専属権限の下にあった通貨や関税などのかなりの部分はEUに委譲されているので、専属権限はかなり限定されている。連邦と州の競合的立法領域が非常に大きく、このことが制度をかなり複雑なものとしている。

二〇〇五年冬から二〇〇六年春にかけてドイツで広まった鳥インフルエンザや二〇二〇年の新型コロナウイルス感染症（COVID-19）への対応は、まさにこのような問題をよく象徴していたといえよう。感染症は人間が作った州の境界などお構いなしに広まったが、この問題の主たる管轄権は州にあり、連邦は当初、十分機動的に対応することができなかった（第八章五参照）。

長期政権となったメルケル政権の最初の重要課題は、実はこの連邦制の改革であった。この問題はドイツにおいても専門性の高い問題で一般市民の理解度は高くないが、二〇〇五年のCDU／CSUとSPDの間で結ばれた連立政権を作るための連立合意文書には、連邦制改革のための具体的合意が付録として盛り込まれていた（第七章二参照）。

ドイツの州がもっとも強い権限を持つ領域は文化と教育であるといえよう。この領域では

シュレースヴィヒ＝
ホルシュタイン州
（Schleswig-Holstein）
メクレンブルク＝
フォアポメルン州
（Mecklenburg-Vorpommern）
ハンブルク州
（Hamburg）
ブレーメン州
（Bremen）
ニーダーザクセン州
（Niedersachsen）
ベルリン州
（Berlin）
ザクセン＝
アンハルト州
（Sachsen-Anhalt）
ブランデンブルク州
（Brandenburg）
ノルトライン＝
ヴェストファーレン州
（Nordrhein-Westfalen）
ザクセン州
（Sachsen）
テューリンゲン州
（Thüringen）
ヘッセン州
（Hessen）
ラインラント＝
プファルツ州
（Rheinland-Pfalz）
ザールラント州
（Saarland）
バイエルン州
（Bayern）
バーデン＝
ヴュルテンベルク州
（Baden-Württemberg）

連邦の権限は弱い。ギムナジウム（大学進学資格を得られる学校で、およそ日本の小学校高学年から中学校、高等学校に相当）の修業年限が九年の州と八年の州が存在しているのは、この州の権限の強さを象徴している。

ここまでドイツ政治の骨格を構成する「安定」、「民主主義」、「分権」について説明してきた。ドイツの政治について考える場合、さらに考慮しなければならない重要な要素がある。それは「ヨーロッパ」である。現在のドイツの政治システムはEUの中に深く組み込まれている。次にドイツの政治システムとEUの関係について簡単に紹介しておこう。

四　ヨーロッパの中のドイツ

ドイツは主権国家であるが、今日ではその政治や外交をEU抜きで語ることはできない。それほどにドイツはEUの中に深く組み込まれている。

主権を持つとは、本来は国内の政治を外国から干渉されることなく運営する権利を持っていることであり、また外交的には他の国々と国際法上平等の権利を持って行動できる権利である。しかしこのような教科書的な主権は、今日の世界では、とりわけヨーロッパでは、現実味を失いつつある。

現在のドイツの政治とＥＵの政治は、制度的には基本法の第二三条によって規定されている。この第二三条は一九九三年にＥＵ条約（マーストリヒト条約）が発効した際に追加された条項である。これもドイツ基本法の興味深いところであるが、ドイツ統一時の一九九〇年に、基本法の適用範囲とドイツへの州の加入を定めていた旧第二三条の規定が廃止され、第二三条は役割を終えて空の状態になっていたのであった（第四章二、第五章二参照）。現在の第二三条は、ＥＵの立法にあたって、ドイツがその権限をＥＵに委譲できること、その際には連邦議会と連邦参議院が発言し、影響力を行使する機会を得られるようにする手続きを定めている。

現在では連邦議会の中には「外交委員会」とは別に、ＥＵに関する問題を扱う「ＥＵ委員会」が議会内の委員会として設置されている。ドイツの利益は本来、連邦政府を通して構成国の代表が出席するＥＵの閣僚理事会によって担保される。しかし、現在ではＥＵの立法にあたっても、国内議会によるコントロールも行われている。

しかし、ＥＵの立法が市民生活に直接に影響を及ぼすようなものである場合でも、ドイツのようにＥＵと連携する国内制度が形式的に整っていたとしても、実質的にＥＵ構成国の国内システムによってＥＵの政策の方針を変更させたりすることは容易ではないことにも注意が必要である。ＥＵ懐疑主義やポピュリズムの台頭の背景には、ＥＵレベルの政治のコントロールが国内政治と切り離されて、主張がＥＵに届かないという不満もある。

さらに、ＥＵの権限は政策分野ごとに大きく異なる。例えばドイツであってもＥＵのコミッション（欧州委員会ないしＥＵ委員会、前出のドイツ連邦議会内の「ＥＵ委員会」とは別組織であることに留意）が絶大な権限を有している競争政策分野（独占禁止法などの分野）では、欧州委員会の決定を覆すことはできない。しかし、共通農業政策分野のように、その実施にあたって自国の要求を強く主張することが可能な分野も存在している。また外交政策分野のように、構成国の同意なくしてＥＵが行動することはできない分野もある。このように政策分野ごとにＥＵの権限の強さは大きく違うので、そのＥＵの政策とドイツの国内政治や政策執行の連携の問題は十分に慎重に考えていかなければならない。また、前節で連邦制と分権についてふれたように、ドイツの国内政治システムは分権的である。この分権システムとＥＵのシステムが重複するため、さらに実際の政策の過程は複雑になることがある。

州の首相たちは、政治的に影響力の強い政治家も多く、ＥＵに州の権限が委譲されてしまうことには大変慎重である。ＥＵが「サブシディアリティ原則（補完性の原則）」をＥＵ条約によって規定したのには、こうしたドイツの州の意向が強く作用した。サブシディアリティ原則は、政策を実施するにあたって最も効率よく政策を遂行できる行政のレベルが主体となるべきであると規定している。つまり、可能な限り市民に身近な、すなわち地方自治体で解決可能な政策領域は地方自治体レベルで、それが不可能であったり不適切である場合なら州レベルで、それでも問題が解決され得ないなら国レベルで、さらに国家レベルでも効果が不十分であるなら、その時はＥＵレベルでの解決を目指すものであると考えればよい。

ドイツとＥＵの政治は時間の経過とともに制度的にはかなり強く結びつけられるようになってきた。また、経済の分野では一九九九年に経済通貨同盟が実現し二〇〇二年一月からは現金としての共通通貨ユーロが流通していることに象徴されるように、非常に高いレベルの経済統合が達成されている。しかし、こと外交分野になると、ＥＵの影はまだ薄い。ＥＵの共通外交安全保障政策（ＣＦＳＰ）は、危機管理などの実施に関してはかなり発展したが、ドイツ外交が独自性を失ったわけではない。ＣＦＳＰの分野はあくまで「統合」ではなく構成国の政府間「協力」の分野なのである。

本章はドイツ政治の基本的な枠組み・構造について考察してきた。これらの知識を前提として、次章以下でドイツの国内政治の歴史的な展開を追いながら、同時にドイツ外交の独自性と、ＥＵの枠組みやＮＡＴＯなどの同盟、さらには国際組織との関係について議論を進めていくこととしよう。

第二章　アデナウアー政権と政治システムの確立

一　アデナウアー政権

分割占領下からの出発

一九四五年五月、連合軍に降伏したドイツは、米・英・仏・ソ連の四カ国による占領下に置かれた。哲学者カントを生み、かつてのドイツ文化の中心の一つであったケーニヒスベルクやシュレジア地方など、オーデル川、ナイセ川以東の東部の重要な領土を失い、かつての首都ベルリンも四カ国によって分割された。多数の空爆や戦闘によって都市は破壊され、ドイツ人にとってはまさに廃墟からの出発であった。

四連合国は管理理事会を設置し、政府の存在しなくなったドイツ占領地区の管理にあたった。しかし、ナチ・ドイツという共通の敵がなくなると、連合国の間ではアメリカとソ連の対立が次第に顕在化し、ドイツの分割占領を共同で管理することも困難になっていった。ポツダム協定によって、ドイツの非ナチ化と民主化は合意されたが、その進展は占領地域ごとに異なったものとなった。米ソの対立が次第に激しくなり、冷戦の様相が明らかになるにつれ、ドイツの分割占領は次第にドイツの西側と東側への分割へと向かっていったのであった。

一九四七年春にソビエト共産主義勢力の一層の進出を防ぐべくアメリカがトルーマン・ドクトリンとして封じ込め政策をとるようになると、統一ドイツの復活はさらに困難なものになっていった。

戦後まもなく、西側占領地区では政党の再建が認められるようになり、一九四六年末から一九四七年にかけて新たに州（ラント）が設置された。これらの州は歴史的な地理的範囲に沿った形で復活したものもあるが、占領地域ごとに再編成された人工的なものも多かった。各州では州民投票などにより憲法が採択され、選挙を経て州議会・政府が戦後ドイツの最初の民主的政治機関として成立した。かつてドイツの中核を構成したプロイセンはこれによって消滅した。こうして成立した州はその後のドイツ再建の基盤となった。

西側戦勝国はソ連との協力が困難になると、一九四八年六月二十日から西側地区における通貨改革を断行した。ソ連はこれにベルリン封鎖で応え、ドイツの分断は不可避になっていった。通貨改革はドイツの分断を決定づけたが、同時に西側地区の経済を安定化させ、その後の奇跡の経済復興の不可欠な基盤となったのであった。

コラム③

ベルリン封鎖　一九四八年六月二四日から一九四九年五月一二日まで、ソ連は米英仏の西側戦勝国が管理する西ベルリン地区を封鎖した。ソ連占領地区に陸の孤島として存在していた西ベルリンは陸路を断たれた。ソ連は西側がベルリンを放棄することをねらったが、西側三カ国は西ベルリンを死守するべく燃料、食料品その他あらゆる物品を空輸し続けた。戦後ベルリンの主要な玄関となったテーゲル空港はこの封鎖に対抗すべく急遽建設された。ベルリン封鎖は西側戦勝国が通貨改革を行い旧通貨「ライヒス・マルク」に代わって連邦銀行（ブンデスバンク）の前身であるドイツ諸州銀行が発行する「ドイツ・マルク（DM）」を導入したことへの報復であった。この封鎖をはねのけ、西ベルリンを空輸という当時としては大変困難な手段で守りぬく作戦を主導したアメリカに対する西ドイツの人々の感謝の念は、その後の米独関係を考える上で忘れることの出来ない要素である。当初は約九二万人の西ベルリン市民を養うため、初期には一日平均四五〇〇トン、その後は約八〇〇〇トンもの物資を二四時間態勢で輸送していた。

なお、テーゲル空港は二〇二〇年のベルリン・ブランデンブルク（ヴィリー・ブラント）空港の開港にともない閉鎖された。

米英仏の三占領国に加えて、隣接するオランダ、ベルギー、ルクセンブルクを加えた六カ国は一九四八年二月からドイツ問題の処理を協議し、ドイツ人に対して、連邦国家の構築を認めた。これを受けて西側占領地区の州首相たちは憲法制定のための準備を開始し、一九四八年八月バイエルン州のヘレンキームゼーで各州の代表者が集まり憲法の起草を検討する会議を開催した。そしてここで後の憲法の骨格が次第に合意されていった。

この会議を受けて、一九四八年九月一日からボンのアレクサンダー・ケーニッヒ博物館の建物で憲法を制定するための議会評議会が開かれた。この会議は六五名の西側占領地区の州代表と投票権を持たない五名のベルリン代表によって構成され、会議はその後隣接する教育学アカデミーの講堂で継続された。この会議からライン河畔の小さな町に過ぎなかったボンは西ドイツの政治の中心となっていき、首都になると想定されていた経済の中心地フランクフルト・アム・マインではなく、ボンがドイツ統一までの間約四〇年にわたって連邦首都となったのであった。議会評議会の議長となったのはノルトライン＝ヴェストファーレン州を中心としてCDUのなかで権力を獲得していたコンラート・アデナウアーであった。

「始めにアデナウアーありき」

一八七六年一月ケルン生まれのアデナウアーは、一九一七年にケルン市長となり、一九三三年にナチが政権を掌握するまでその地位にあった。ナチに政界から追放され、逮捕されるなど不遇な時代を送ったが、戦後アデナウアーは保守政党CDUの構築に大きな貢献をした。

アデナウアーはケルンやボンといったラインラント地方ときわめて強く結びついた政治家であった。第一次世界大戦後にはラインラントをプロイセンから分離独立させるような構想すら持っていた。カトリックの篤い信仰をもち、ラインラントにねざした政治家であるアデナウアーは、その後のドイツ政治に多大な影響を与えた。フランクフルトではなく小都市にすぎないボンが首都となったことも、アデナウアーの存在なしには考えられない。

憲法制定のための議会評議会の議長となったアデナウアーは、老獪な指導力を発揮した。議会評議会での審議結果を占領国である米英仏に伝え、内容について交渉する過程でアデナウアーはドイツを代表する政治家になっていったといえよう。戦勝国の管理下に置かれていたために、この憲法は、その制定過程においてドイツ人が完全に自由に起草できたわけではない。しかし、日本の憲法制定過程に比べると、その議論の自立性は高く、占領下の制定であったとはいえ、憲法は押しつけられたものであるというような議論はドイツでは後にも全く存在していない。

新しい憲法は、既に第一章で説明されたように、連邦共和国の政治システムの基本的な構造については、政治システムの安定を指向し、連邦制に基づく制度を規定している。これは、ナチ・ドイツの台頭を許したワイマール共和国の失敗から学び、独裁者の登場を防ぎ、民主的な連邦国家を運営するためのものである。また全ドイツのための憲法の制定が冷戦の状況下で不可能となったために、将来のドイツ統一を見据えた暫定的な要素が随所に見られるものであった。憲法（Verfassung）という語を使わず、基本法（Grundgesetz）という名称を使ったことはその象徴である。

基本法は一九四九年五月二三日に公布され、ドイツ連邦共和国が成立した。これを受けて八月に実施された最初の連邦議会選挙では全四〇二議席のうちCDU／CSUが一三九議席、SPDが一三一議席、FDPが五二議席、ドイツ党（DP）が一七議席、その他複数の政党が六三議席を獲得した。多数の政党がなお乱立し、混乱した社会経済状況の中で新しい安定した政府を発足させることは容易ではなかったが、七三歳のアデナウアーはCDU／CSU、FDP、DPの保守系の連立によって九月一五日、僅差で初代連邦首相に選出された。この連立政権の成立によって、経済政策は自由市場を原則としながらも、市場によって生じる諸問題の解決のために国家が介入するドイツ独自の「社会的市場経済」の政策が遂行されていくことになった。

アデナウアーはその後の連邦共和国の基本路線の決定にも多大な影響を及ぼした。かつてドイツの政治学者バーリングは「始めにアデナウアーありき」と象徴的な表現でこのことを表現したほどである。ドイツ統一という政策選択肢を残しつつ、ヨーロッパの中の新しいドイツの位置を確保しながら、連合国の高等弁務官によって管理されている外交的な主権をいかにして回復するか、当時はとても魅力的に見えた国家による経済統制ではなく、市場経済を原則に経済政策を運営していくにはどのような具体的な方策が必要か、などというさまざまな困難な課題に対して、アデナウアーは次々と方針を明確にしていった。

ヨーロッパ統合とアデナウアー

アデナウアーが首相に就任した当時、ドイツの経済はまだまだ戦後の混乱の中にあり、政府に対する国民の支持も決して強いものではなかった。このような困難な状況の中で、アデナウアーはヨーロッパ統合の枠組みの中にドイツを組み込むことによって、外交主権の回復と国際的な地位の回復を目指した。一九五〇年五月九日にロベール・シューマン仏外相によって発表された欧州石炭鉄鋼共同体（ＥＣＳＣ）を設立する計画（シューマン・プラン）は、ドイツ政治にとって大きな転換点となった。

シューマン・プランは長年にわたってヨーロッパにおける平和の攪乱要因となってきた独仏間の領土と資源をめぐる争いに終止符を打つために、石炭と鉄鋼の共同市場を設立して、超国家的なヨーロッパ統合の機関によってこれを管理しようとするものであった。比較的早い時期からドイツの復興を支援していた米英の二国に比べると、フランスは長くドイツに対する懲罰的な占領政策に固執していた。このフランスからヨーロッパ統合という枠組みを構築する具体的な構想が提示されたことで、その後のヨーロッパの新しい秩序作りが進むこととなった。ヨーロッパ統合のアイディアと具体化については、一九四六年にチャーチル英元首相がスイスのチューリッヒで「欧州合衆国」の設立のアイディアを提示したり、一九四八年のハーグ国際会議を経て欧州評議会（CoE: Council of Europe）が一九四九年に設置されるなどして、いくつかの成果もあがっていたが、本格的な経済統合と超国家的要素を持つ統合機関の設立はこのＥＣＳＣが最初であった。

ヨーロッパ統合といっても、冷戦下ではソ連の影響下にある東側諸国は当然に除外されたので、実質的に西ヨーロッパの民主主義国の統合を意味していた。スペインやポルトガルのように当時民主主義とはいえなかった諸国も対象外であった。ドイツにとってこのような西ヨーロッパの統合に参加することこそが、国際社会における地位を回復するための道筋であるとアデナウアーは考えていた。しかし、当時は与党内にも野党にも異なった認識を持つ政治家も多かった。ヨーロッパ統合への参加はドイツ統一の可能性を低下させるとする考え方によるものである。アデナウアーはこうした反対を克服し、また東側からのさまざまな攪乱政策にも揺らぐことなく、確固たる信念を持って西側統合政策を推進していった。

シューマン・プランが発表されてまもなく、一九五〇年六月に朝鮮戦争が勃発し、ヨーロッパでもソ連の脅威が一層強く認識されるようになった。この時期から、ヨーロッパにおいて最大の人口を有し、東側と対峙する最前線に位置するドイツを再武装させ、西側の防衛に貢献させるドイツ再軍備問題が頻繁に議論されるようになる。日本において同時期に警察予備隊が設置され、それが保安隊を経て自衛隊へと発展していったのと軌を一にする動きである。しかし、ドイツの場合には再軍備を単独で、もしくは日本のようにアメリカとの二国間関係の枠組みの中でのみ行うのではなく、いかにヨーロッパや多角的な枠組みの中で行うかということが議論の対象となった。

プレヴァン仏首相は一〇月にプレヴァン・プランを発表し、ＥＣＳＣに類似した考え方で、欧州防衛共同体（ＥＤＣ）の枠組みを構築し、そこに再軍備したドイツを組み込むことを提案した。この方法によってドイツは再軍備と同時に主権の大部分を回復することが合意された。一九五二年五月にはこのためのドイツ条約とＥＤＣ条約が調印された。同年七月には超国家的行政機関の設置により石炭と鉄鋼分野の経済統合を実現するＥＣＳＣが発足した。

独、伊、ベネルクス諸国はＥＤＣ条約を批准したが、フランスではなおドイツの再軍備に対する嫌悪感も強かった。そしてソ連では独裁者スターリンが死去し、冷戦状況も若干緩和したこともあって、フランス議会は一九五四年八月にＥＤＣ条約の批准を否決してしまった。このようにして、ヨーロッパ統合の枠組みの中でドイツ再軍備を行うことは出来なかったため、アメリカを中心とした北大西洋条約機構（ＮＡＴＯ）の枠組みに参加することによって、ドイツは外交的な主権を一九五五年五月に回復した。この時のドイツをＮＡＴＯに加盟させる条約、主権回復と再軍備のための一九五二年のドイツ条約の修正条約、西欧同盟（ＷＥＵ）条約、外国軍のドイツ駐留協定、ザールの地域に関する合意をまとめてパリ諸条約と言う。アデナウアー率いるドイツはこうして西側の一員として、国際社会に完全に復帰した。

一九五三年六月一七日

西側占領地区とその後のアデナウアー率いるドイツ連邦共和国は、マーシャル・プランによる支援、通貨改革による経済の安定化、朝鮮戦争特需を経て、一九五〇年代前半には経済復興が軌道に乗りはじめ、五〇年代半ばには「奇跡の経済復興」を経験するまでになっていた。そして内政でも一九五三年の第二回連邦議会選挙を経てアデナウアー政権は一層安定し、ＮＡＴＯへの加盟によって国際社会への復帰もほぼ遂げていた。

これとは対照的に、ソ連占領地区ではソ連による厳しい戦後賠償の取り立てが続き、経済復興の妨げとなっていた。また政治的には一九四六年には既に共産党とＳＰＤが融合させられ、社会主義統一党（ＳＥＤ）による支配体制が強まっていった。一九四九年に西側に連邦共和国が成立すると、ソ連占領地域には一〇月七日にドイツ民主共和国（ＤＤＲ・東ドイツ）が成立した。連邦共和国がアデナウアーのリーダーシップの下で西側統合を進めたのと同様に、東ドイツは東側諸国との外交関係を構築し、スターリン主義者であるヴァルター・ウルブリヒトの下で、社会主義的な中央集権化と国有化が進められていった。こうして州は解体され、権限の弱い県が設置され、企業も農地も急速に国有化され集団化が進められた。また計画経済によって工業化も急速に進められたが、この弊害はまもなく明らかになり、無理な重工業化計画実現のために疲弊した労働者の不満は高まっていった。

一九五三年三月にスターリンが亡くなったこともあり、不満を募らせた労働者は同年六月一七日に怒りを爆発させ、東ドイツ各地で経済的待遇の改善、民主化などをもとめて蜂起をした。ウルブリヒト政権はこの労働者蜂起の鎮圧を駐留するソ連軍に依頼し、ソ連はこれを軍事力によって鎮圧した。この六月一七日の事件は、西と東に誕生した二つのドイツの違いをはっきりと象徴するものとなった。ウルブリヒト政権下の東ドイツは、その後も強権的な手法によって厳しい政治、経済、社会の統制を続けていった。これによって不満を抱く労働者はますます西ドイツへ逃亡するようになり、後のベルリンの壁構築への伏線となった。

独ソ国交正常化とハルシュタイン・ドクトリン

アデナウアー政権はソ連占領地域に成立した東ドイツを、国家として承認しなかった。ドイツを正統に代表するのは連邦共和国の政府のみであり、民主共和国の政府はソ連占領地域に存在する実態ではあるが、対等の地位に立つ存在ではなかった。ソ連も当初は東ドイツの政権を国家承認しておらず、ドイツ全体を中立化させるための手段などとして利用する意図を持っていたとされる。

スターリンの死後、米ソ間の緊張が緩和したことを背景として、ソ連はアデナウアー政権に両国間の関係の正常化を提案した。一九五五年九月にアデナウアーらはモスクワを訪問した。この訪問によって連邦共和国とソ連は関係を正常化し、戦後一〇年を経てもなお残っていたドイツ人捕虜の返還に合意し、国交回復が合意された。

ソ連はアデナウアーの訪ソ後まもなく、東ドイツ政府の主権の承認を発表した。これはソ連が二つのドイツを公式化し、固定化しようとするものであるとして、アデナウアー政権は対抗策を講じた。これが「ハルシュタイン・ドクトリン」として知られる政策である。

「ハルシュタイン・ドクトリン」は当時外務次官であり、後に欧州経済共同体（ＥＥＣ）委員会の初代委員長となったヴァルター・ハルシュタインの名をとったものである。この原則は、東ドイツ政府を承認することは、西ドイツ政府に対する非友好的な姿勢を示すものとして、東ドイツと国交を持った国との外交関係を断絶することを定めた政策であった。そうすることによって、東ドイツと関係を持つ国を減らし、体制間競争で有利に立とうとしたのであった。もっとも、この政策は戦勝国としてのソ連には適用できないものであった。しかし、第三国による東ドイツの承認を妨げることを目指した政策は、必ずしも大きな成果をあげたわけではなく、また厳格に運用されたわけでもなかった。一九五七年にユーゴスラヴィア、一九六三年にキューバとの外交関係がこの原則によって絶たれているが、次第に東側との関係構築が模索されるようになるとドイツ外交のオプションを狭める硬直的な原則として批判されるようになっていった。

奇跡の経済復興とヨーロッパの経済統合

ＮＡＴＯへの加盟と主権の回復、ソ連との国交樹立など、一九五五年は戦後ドイツの基本的な外交的枠組みがほぼ整った年となった。

また同年六月のシチリア島におけるＥＣＳＣメッシナ外相会議では、共同市場の創設と原子力共同体の設立についての議論が開始され、一層の経済統合の方向性が示された。ＥＤＣがフランス議会の反対で発効しなかったことによって、ヨーロッパの統合は一度頓挫したが、経済統合をさらに進めることで再び合意がなされた。交渉にはさまざまな障害もあったが、独仏伊ベネルクスの六カ国は、一九五七年三月二五日には欧州経済共同体（ＥＥＣ）条約と欧州原子力共同体（ＥＵＲＡＴＯＭ）条約に調印した。

これらの一連のアデナウアー政権の政策が国民から支持されていたことは、一九五七年九月の第三回連邦議会選挙の結果を見ると明らかである。この選挙ではＣＤＵ／ＣＳＵだけで全体の五〇・二％の得票をしたが、保守系の小政党で後にＣＤＵなどに吸収されていくドイツ党（ＤＰ）との連立政権を組んだため、政府与党は四九七議席中二八七議席を確保していた。これに対して野党のＳＰＤは一六九議席、ＦＤＰは四一議席しか保有しておらず、他の小政党はもはや連邦議会から姿を消していた。

もちろんこのような国民からの強い支持は単に外交政策が評価されたためのみではなく、一九五〇年代を通じて経済復興が進み、失業率が急速に低下してほぼ完全雇用が実現されたこと、年金制度が改革により確立されたことにもよっていた。日本では一九五六年に経済白書が「もはや戦後ではない」と記述し、その後高度経済成長がはじまるが、ドイツの急速な経済成長は日本よりもかなり早かったのである。経済相ルートヴィヒ・エアハルトによる社会的市場経済政策によるドイツ経済の完全な再生は、国民から絶大な支持を得ていた。労働力不足が顕在化して外国からの労働力、いわゆるガストアルバイターを受け入れ始めたのも一九五五年であった。

コラム④

ガストアルバイター　ガストとはドイツ語で「客」を意味し、アルバイターとは「労働者」を意味する。ガストアルバイターは直訳すれば「客員労働者」であるが、不足した労働力を補うために外国から労働者を呼び寄せ、一定の期間ドイツで働いた後に帰国する労働力を意味した「労働移民」の概念である。ガストアルバイターは一九五〇年代半ばからドイツに招かれるようになったが、当初はイタリア、スペイン、ポルトガルなど、ヨーロッパ諸国からの労働者が、石炭採掘や自動車組み立てなどの重労働に従事していた。これら諸国からの労働力が十分供給されなくなると、トルコからの労働力が重要な役割を担うようになっていった。一九七〇年代にドイツ経済が低成長の時代を迎えるとガストアルバイターの受け入れは停止されたが、入国した外国人労働者は家族を呼びよせ、ドイツでの生活基盤を築いていった。こうしてドイツ社会における外国人の比率は高まり、社会の変化を引き起こし、第六章一で紹介される国籍法の改正や移住法の改正へと結びついていった。

さらに、長い間独仏関係に影を落としていたザールラント問題が解決したことも、アデナウアー政権の安定化要因にあげられよう。ザールラントは戦後、フランスが占領し、他のフランス占領地域とは違いフランスに組み込まれていた。しかし一九五五年一〇月の住民投票は予想外の大差でドイツへの復帰を望む結果となった。この結果を受けて、フランスはザールラントの返還を認めた。そして一九五七年一月、ザールラントは連邦州として返還された。

バート・ゴーデスベルク綱領

野党SPDはこのようなCDUに対する国民からの支持の強さを目の当たりにして、方針の変更を迫られることとなった。西ドイツ建国前後にはクルト・シューマッハー党首がドイツ統一と中立化のビジョンをアデナウアーの西側統合のビジョンに対抗させ、また社会的市場経済に対しては基幹産業の国有化や労働者の権利を強調する社会主義的経済政策を提示して論争を挑んだ。しかしその後のSPDは第二回、第三回の連邦議会選挙でアデナウアーのCDUに対して敗北してしまった。

SPDはアデナウアーの西側統合政策を支持するようになっていたが、一九五九年一一月にボンに隣接するバート・ゴーデスベルクで開催された党大会でバート・ゴーデスベルク綱領と呼ばれる新しい党の綱領を採択した。それまでの社会主義的な色彩をここで一掃し、マルクス主義的な労働者階級の政党から社会民主主義の国民政党として生まれ変わったのであった。なお、バート・ゴーデスベルクは一九六九年にボン市に編入された。

ベルリンの壁

西ドイツ経済が繁栄すればするほど、東ドイツの住民はその魅力に引きつけられ、東ドイツを見捨てて脱出していくこととなった。一九四九年から一九六一年までに約二六〇万人の東ドイツ市民が西側に移住したといわれている。東ドイツ政府は両ドイツ間の国境沿いに立ち入り禁止区域を設けるなどしたが、ベルリンだけは戦勝国の管理下にあったことや、また狭い都市内が四つの占領区に分かれていたこともあって、実質的な管理が出来ない状態であった。このためほとんどの市民がベルリンを経由して西側へ逃亡していったのであった。東ドイツにとってこのように労働力が流出し続けることは見逃すことの出来ない事態であった。

一九六一年八月一三日、東ドイツは西ベルリンへの交通を遮断し、ベルリンの壁の構築を開始した。こうして東ドイツ市民はベルリンの壁によって物理的に完全に東ドイツの中に閉じこめられることとなり、以後東ドイツからの脱出はきわめて困難になった。

この当時西ベルリン市長を務めていたのは、ＳＰＤのヴィリー・ブラントである。ブラントはナチの迫害を逃れてノルウェー国籍を取得してスウェーデンで生活していたが、戦後ドイツに戻り、ベルリンを代表する政治家となっていた。ブラントはベルリンの壁の建設に対して毅然とした強い抗議の姿勢を示し、ベルリン市民から支持を得た。ベルリンの壁建設から一ヶ月後の九月一七日に実施された第四回連邦議会選挙でブラントはＳＰＤの首相候補としてアデナウアーに挑戦した。ＣＤＵは絶対過半数の議席は失ったものの、四九九議席中二四二議席を獲得し、六七議席を獲得したＦＤＰと連立を組みアデナウアー政権は維持された。

独仏友好協力条約

アデナウアーは戦後ドイツの政治にきわめて大きな影響を及ぼし、その方向性を決定づけてきた。しかし、一九六一年の選挙の時点で既に八〇歳を大きく越えていたアデナウアーに残された時間は限られていた。一九六一年の選挙には勝利したものの、FDPとの連立交渉は困難を極め、ついには次の選挙までには退陣して政権を後継者に譲ることを約束しなければならなかった。この背景には、一九五九年の連邦大統領選挙においてアデナウアーが経済相エアハルトをCDUの候補として、ホイス連邦大統領の後継者に推薦したにもかかわらず、みずからこれを覆すために連邦大統領に立候補して一時選挙戦を混乱させたという人事における混乱もあった。結局連邦大統領にはリュプケが就任したが、アデナウアーとエアハルトの党内対立はその後も続くことになった。

アデナウアーの最後の大仕事は独仏関係の結びつきの強化となった。一九五八年にフランス大統領に就任したドゴールとアデナウアーは、さまざまな政策上の違いがあるにもかかわらず、政治的な盟友として親密な協力関係を構築していった。ドゴールは「祖国からなるヨーロッパ」を掲げ、フランスの栄光を回復するための手段としてヨーロッパ統合を利用した。アデナウアーのヨーロッパ統合に対するイメージは、ドゴールに比べれば統合されたヨーロッパ機関の重要性をより高く評価するものであったが、アデナウアーも理想主義者であったわけではない。あくまでもヨーロッパの枠組みの中でドイツの利益を実現しようとしたのである。もっとも、当時のドイツの利益と西ヨーロッパ全体の利益の間には大きな齟齬はなく、経済的に繁栄した民主的で平和なヨーロッパを構築するという目標はドイツ外交の目標でもあった。

フランスはヨーロッパに共同市場、つまり国境のない一つの市場の設立をめざすEECの活動が始まるとまもなく、EEC諸国が政治・外交分野でもより緊密な協力を目指すべきであるとして、政治同盟を構築するためのプラン、いわゆるフーシェ・プランを一九六一年に発表した。この案はEECで外交・安全保障分野から幅広い文化分野に至るまでの国家連合を構築しようとするものであったが、その構成と運営の方法は政府間協力と指導者による協議に基づくものであった。これはECSCやEECなどで行われてきた国家から独立した欧州委員会や多数決による法案採択が可能な閣僚理事会による運営方法とは異なって、一層構成

ボン郊外のレーンドルフにあるアデナウアー・ハウスに立つドゴール仏大統領（左）とアデナウアー（右）の像

国の役割が大きくなるものであった。このように統合ではなく政府間協力による仕組みが作られれば、その中では当然に大国の発言権が大きくなることが予想された。フランスの利益を全面的に強調したいドゴールには好都合であるが、オランダやベルギー、ルクセンブルクなどの小国にとっては、ＥＥＣの制度から大きな後退を意味することが危惧された。

フーシェ・プランはベネルクス諸国の反対によって実現しなかったため、ドゴールはアデナウアーに類似の制度を独仏間で構築することを提案した。親密な独仏関係を自らの引退後も何とかして制度的に維持したいと考えていたアデナウアーはこれに賛成した。こうして一九六三年一月に締結された独仏友好協力条約（エリゼ条約）は、独仏協力のための制度に関する規定と、運用されるべきプログラムに関する規定の二つのパートから構成されている。定期的な首脳、外相協議をはじめとして、防衛、教育、青少年問題相の協議が規定され、その後今日に至るまでの緊密な独仏協力の基盤となった。このエリゼ条約は、政治協力のみならず独仏間の社会的な結びつきも変化させたことに注目すべきである。条約では独仏両国におけるそれぞれの言語教育の強化、青少年交流の強化による独仏の紐帯の強化と相互理解の促進が規定されている。このために設立された独仏青少年協会（ＤＦＪＷ）はその後の独仏社会交流の柱となった。ＤＦＪＷによって最盛期には年間約三〇万人もの若者が独仏間を行き来した。一九六三年からの約六〇年間ではその総数は約九五〇万人にも及んでいる。やや極端に表現すれば、希望する中高生ならば誰でも独仏滞在の短期プログラムに参加して相手国を短い期間であっても経験することができる状況ができたのである。こんにち独仏間でもはや戦争など想像もつかないのは経済統合の成果でもあるが、このような市民交流によって結びつきが強化されたことも忘れてはならない。

二　エアハルト政権と大連立政権

エアハルト政権

憲法に規定された首相の指導的立場を自らの政治力と併せて最大限に利用して西側統合や独仏和解の政策を推進し、「首相民主主義」とまでいわれた一四年にわたるアデナウアーの時代も一九六三年一〇月に終わりを告げた。アデナウアーは既に八七歳になっていた。後継者となったルートヴィヒ・エアハルトは、アデナウアー政権の経済相として「社会的市場経済」の実現に貢献し、戦後ドイツの経済復興のシンボル的存在であった。

エアハルトは経済相として、貿易立国としてのドイツの立場を重視し、関税と貿易に関する一般協定（ＧＡＴＴ）の枠組みによるグローバルな自由貿易の推進を重視していた。これはフランスとの関係をとりわけ重視し、経済面においてもフランスの保護主義的な共同市場構築のアイディアを甘受したアデナウアーとは異なった政策であったといえる。当時、このようなアデナウアーに代表される考え方はドイツでは「ゴーリスト」と呼ばれ、エアハルトらに代表される対米関係やＮＡＴＯ、国際自由貿易枠組みを重視する立場は「アトランティスト（大西洋主義者）」と呼ばれた。もちろん、ドイツにとってアメリカかフランスかどちらか一方のみを選択するようなことは全く現実的でないので、国の政策として全くゴーリスト的になったり、完全にアトランティスト的になったりすることはない。この二つの外交の軸のどちらに重点があるかは政権や時期によって変化するが、ドイツの外交を考える上ではきわめて重要なポイントである。エリゼ条約を批准するにあたっては、ドイツでは対米関係やＧＡＴＴとの関係を重視する多くのいわゆるアトランティストの圧力によって、批准法の前文で対米関係とＮＡＴＯによる安全保障の実現、国際組織と多角的枠組みを尊重することが強調された。つまり、独仏関係ばかりが強調されて、グローバルな枠組みや対米関係、ＮＡＴＯとの関係がないがしろにされないように釘が刺されていた。エアハルト政権は、アトランティストの方向に外交政策の舵をきっていった。

エアハルト政権ではアデナウアー政権から引き続きゲアハルト・シュレーダー（ＣＤＵ）が外相をつとめていた（このシュレーダーは一九九八年から首相を務めたＳＰＤのシュレーダーと同姓同名であるが、別人である）。エアハルト＝シュレーダー外交は、東側諸国に対しては、西側の強い結束と力を背景としたソ連との直接対話を優先したアデナウアー時代とは異なり、東側ブロックの周辺諸国との関係改善から東西関係を改善しようとするアプローチをとった。一九六三年にはポーランド、ルーマニア、ハンガリーとの貿易協定が締結されたが、このような政策は、東側諸国との関係改善を優先課題としていた野党ＳＰＤなどから一定の支持を得たものの、保守勢力の中では反対も多かった。

エアハルト政権におけるもう一つの外交的な変化は、一九六五年五月のイスラエルとの国交樹立である。ドイツはイスラエルとの間の一九五二年のルクセンブルク協定によって、ナチ体制下のユダヤ人迫害に対する補償については決着をつけ、その後イスラエルの通商代表部がケルンに設置され、さらにイスラエルに対して兵器の輸出などもされていたが、イスラエルを強く支持するアメリカとこれに反対するアラブ諸国との両方の関係に配慮しつつ、国交の樹立には至っていなかった。エジプトをはじめとするアラブ諸国は一時ドイツとの外交関係を打ち切ることとなったが、エアハルト政権はドイツの過去に対する配慮を優先し、イスラエルとの国交を樹立したのであった。

エアハルト首相は好調な経済状況下でＣＤＵ／ＣＳＵ・ＦＤＰの連立政権を継承した。奇跡の経済復興の父エアハルトによる政権は、戦後復興期と次の時代の間の移行期の政権であったといえよう。一九六五年九月の第五回連邦議会選挙でもＳＰＤのブラントに対してエアハルトは圧勝し、連立政権は維持された。しかし、一九六六年にはいると急激に状況は変化し、エアハルトは政権を維持できなくなった。

この時期、フランスはアメリカの政策とさまざまな局面で対立し、アメリカの国際戦略とフランスのヨーロッパ統合政策、国内的な「アトランティスト」と「ゴーリスト」の政策指向のバランスをとり、ドイツ統一政策を視野に入れながら進める外交政策も、多くの困難に直面していた。ベトナム戦争の泥沼化や多極化する世界における政策運営はますます困難になっていた。ＳＰＤは東ドイツとの関係改善で新しい政策を模索し、硬直的なエアハルト政権を批判していた。

しかし、政権を崩壊させたのは外交状況よりもむしろ内政、それも経済、財政問題であった。一九六六年にドイツは戦後初めて景気後退を経験した。もちろん相対的に見れば、雇用状況などはまだ決して悪いとはいえなかったが、戦後の好況のみを自明と考えるようになっていた国民の間では危機感が広がった。過剰な供給力を背景とする景気後退によって、社会には不安や不満が広まっていた。指導力のない首相という評価を与えられてしまったエアハルトはさらなる困難に直面した。景気後退による税収減である。財政赤字を生じさせないためには増税が必要となるが、連立パートナーであるＦＤＰはこれを断固として拒否し、一〇月二七日ＦＤＰの閣僚は辞職した。ＣＤＵは後継首相をバーデン＝ヴュルテンベルク州首相のクルト・ゲオルク・キージンガーとし、ＳＰＤとの大連立政権構築のための交渉を開始した。

移行期のキージンガー大連立政権

二大政党制を前提とする議会においては、二つの大きな政党が連立を組むことは可能ではあっても原則的に想定はされていない。そうすることによって政権交代の代替肢がなくなってしまうからである。しかしＣＤＵ／ＣＳＵとＳＰＤによるキージンガー大連立政権が一九六六年一二月一日にそれにもかかわらず登場したのは、大連立以外の選択肢では安定した政策運営ができず、経済危機と財政危機を克服し、さらにアデナウアー政権末期以来積もり積もってきたさまざまな政策領域で抜本的な改革を実現するためであった。ＳＰＤはアデナウアー政権末期から大連立政権の可能性を模索してもいた。

キージンガー政権では、四九六議席のうち四四七議席（全議席の約九〇％）を大連立与党が占め、単独で野党になったＦＤＰはわずか四九議席（一〇％）に過ぎなかった。ちなみに、第七章で紹介される二〇〇五年秋に成立した第一次メルケル大連立政権では野党は三党合計で約二七％を占めているので、いかにキージンガー政権の与党が議会内で強大であったかが想像できよう。

キージンガー政権は、エアハルト首相を辞任に追い込んだ経済、財政問題を安定した政治勢力によって解決することを目指した。そのもっとも大きな成果がシラー経済相の手によって立案され、一九六七年六月に発効した経済安定成長法であった。この法律は、経済成長の実現、インフレの抑制、国際収支の均衡という時に背反する経済政策目標を総合的に調整しながら国家財政を安定させ、中長期的に持続的な経済成長を可能にしようとする包括的な政策枠組みであった。この経済安定成長法はキージンガー政権の大きな成果であり、不況に陥っていたドイツ経済は再び安定成長を取り戻していった。

コラム⑤

付加価値税（VAT）　日本の消費税に相当するドイツの付加価値税は、キージンガー政権が一九六八年一月に導入した。全ての財とサービスの取引に課す税であり、安定した税収入が保障されている。導入時のドイツの付加価値税は一〇％で、食料品などの軽減税率が五％であった。その後財政状況に応じて徐々に引き上げられ、一九九八年からは一六％（軽減税率七％）となっていたが、二〇〇七年からは一九％（軽減税率は変更なし）になった。ＥＵ内では付加価値税率はそれぞれの国が個別に定めているので、スウェーデンやデンマークのように二五％の国もある。ドイツの一六％はＥＵの中では低い方に属していたが、一九％はほぼ平均的な率である。なお、ＥＵは付加価値税の導入を構成国に義務づけ標準付加価値税率の下限を一五％としているが、下限を超えていれば税率は独自に定めることが出来る。

経済政策分野では成果をあげていった大連立政権であったが、あまりにも強大な与党が議会をほぼ独占してしまったことによって、議会外での大きな反対運動（「院外野党（ＡＰＯ）」）

を成立させるという予想外の結果を招いた。一九六八年五月に成立した非常事態法は、戦争や災害などの非常事態が生じた際に緊急委員会が議会に代わって決定を行うことなどを定めるものであり、実際には憲法改正の形で基本法の中に規定されたものである。この非常事態法は有事や緊急事態に備えるという意味では国家にとって不可欠の規定である。アデナウアー政権以来、野党ＳＰＤの協力も得ながら検討が進められてきたが、ワイマール共和国の非常事態規定が曖昧で大統領に権限を与え、結果的に民主国家の崩壊を招いたという経験から、反対も多かった。このため、安定した多数を有する大連立政権こそ、この規定を具体化するにふさわしい政権であった。

しかし、基本的人権の一部をも制限する非常事態法の運用に強い懸念を抱き、大連立政権下の議会では発言力を何ら持たない社会運動に携わる多様な勢力は、院外野党（ＡＰＯ）として学生、労働者などを動員して、大規模な反対運動を組織した。院外野党はＳＰＤに近い労働組合と、社会的抗議活動の色彩を強めた学生運動など、多様な利害を持つ団体の総体であるので、必ずしも一つにまとまっていたわけではなかった。一部の活動が過激化するに従って社会的な支持を失い沈静化していったのは、同時期の日本における学生運動の展開と類似している点も多いと言えよう。

キージンガー政権にとって、経済財政改革、非常事態法とならんで重要な課題は、いわゆる東方政策であった。外相に就任したSPD党首のブラントは、一九六一年の壁建設時のベルリン市長であったが、自らの右腕として政策立案に関わっていたエゴン・バールと共に東方政策を策定した。安定した外交関係を築き、ドイツ統一を実現するためには東ドイツやソ連をはじめとする東側諸国との関係改善が不可欠であるとの認識から、対話と交渉によって事態を打開し、東西間の緊張緩和をめざす政策であった。「接近による変容」がそのキーワードである。これはアデナウアー政権時代のハルシュタイン・ドクトリンとは対照的な考え方である。外交競争によって東ドイツを第三国に承認させなかったり、東ドイツ国家の存在を認めない対決姿勢によって解決をめざすのではなく、対話を通して相手を変容させることによって関係を改善しようとする考え方であった。

ブラント外相は一九六七年一月、ソ連以外の東側の国としては初めてルーマニアと国交を樹立した。一九六八年一月にはユーゴスラヴィアとの国交も回復した。キージンガー政権の東方政策はSPDのブラント外相の指揮の下で進んでいったが、より大きな成果をあげるにはSPDが政府の主導権を握る形で外交政策を自由に展開する必要があった。そして一九六九年九月の連邦議会選挙において、国民はSPDの首相を誕生させる選択をした。

第三章　社会民主党政権――東方政策と社会変容

一　ブラント政権

ブラント政権の誕生

一九六九年九月の連邦議会選挙の結果、キージンガー首相のCDU／CSUは二四二議席、SPDは二二四議席、FDPは三〇議席を獲得した。SPDは戦後初めて得票率で四〇％を超えて四二・七％を獲得し、前回選挙よりも若干得票を減らし四六・一％を獲得したCDU／CSUに近づいた。獲得議席からすると、キージンガー首相は必ずしも選挙で敗北したわけではなかったが、前回から得票を減らした。その結果、大連立後のドイツ政界を左右するキャスティング・ボートをFDPに握られてしまった。SPDとFDPは、一九六九年三月の連邦大統領選挙でCDU／CSUの候補に対してSPDのグスタフ・ハイネマンを勝利させるなど、大連立政権下でも次第に関係を緊密にしていた。CDU／CSUもFDPと連立交渉を行ったが、FDPは連立のパートナーとしてSPDを選択し、戦後初めてCDU／CSUが野に下った。SPDとFDPの連立政権が、バート・ゴーデスベルクの党大会におけるSPDの国民政党への方針転換から一〇年にして誕生したのであった。

西ベルリン市長を経て、キージンガー大連立政権で外相を務めたヴィリー・ブラントが首相に就任し、外相には連立パートナーのFDPのヴァルター・シェールが、そしてもう一つの重要なポストである内相にもFDPのハンス・ディートリッヒ・ゲンシャーが就任した。

「もっと民主主義を」

一九六九年一〇月二一日連邦首相に選出されたブラントは、ドイツ政治に新しい風を吹き込もうとした。「もっと民主主義を実現しよう」というブラントのスローガンは、まさにSPDとFDPの連立政権のキーワードとなった。もちろん当時の政治のシステムは民主的なものであったが、選挙など制度的な参加の枠組みの中で市民が政治に関わるだけではなく、より実質的に、政治に市民がより幅広く参加し、決定に携わる政治が目指された。

その背景としては、大連立政権における社会的閉塞感、非常事態法への反対とAPOの活発化、州政治における極右政党ドイツ国家民主党（NPD）の台頭、学生運動と家族や社会についての価値観の転換など、さまざまな社会的変化はみられたものの、この時期までのドイツではヨーロッパの中でも比較的に保守的で、伝統的な家父長的家族観などがなお残っていたことがあげられる。しかし、一九六〇年代の後半になると、それらの価値観が一気に揺らぎ、社会が大きな変貌を遂げるようになった。この時代の雰囲気と人々の欲求を的確につかんだブラントの「もっと民主主義を」という考え方は、幅広い支持を得た。

ブラント政権の時代、「もっと民主主義を」実現するために多様な社会経済改革が実現された。一九七二年からは二一歳からであった選挙権が一八歳に引き下げられ、その後一九七五年には一八歳が成人年齢となり、ドイツ人は一八歳から選挙権のみならず、被選挙権も手にいれた。また企業運営における労働者と労働組合の権利の強化や、連邦教育促進法（BAFÖG）の制定によって、所得の低い家庭に生まれても、希望すればほとんどの学生が奨学金を受け、大学教育を受けられるようにするシステムも整備された。

文化・教育政策に関する権限が原則的には連邦政府ではなく、州政府にある（第一章三参照）ドイツでは、ブラント政権が目指した包括的な改革のうち、文化・教育に関する部分の実現は容易ではなかった。それはCDUやCSUが政権を握っている連邦州には実質的に手出しをすることが出来なかったためであり、これらの州の反対によって、連邦レベルで一つの方向性を打ち出すことも容易ではなかった。

コラム⑥

妊娠中絶をめぐる政治　ドイツでは一八七一年以来、刑法第二一八条で妊娠中絶を犯罪と定めている。ブラントの時代、社会の自由化や女性運動の登場にともなって、妊娠中絶の是非が論争の対象となった。一九七二年三月に東ドイツでは妊娠一二週までの中絶は、女性が自ら決められるようになった。キリスト教思想の強い地域、とりわけ西ドイツのカトリック地域では、妊娠後間もない期間であっても、中絶は事情によらず認められない、と考える人も多かった。ＳＰＤとＦＤＰの連立政権は東ドイツ同様の規定を立法したが、保守的なバイエルン州やバーデン゠ヴュルテンベルク州が連邦憲法裁判所に訴えた結果、同裁判所は一定期間内の中絶を認める法律を、胎児の人権の視点から無効とした。その後妊娠中絶は、医学的、倫理的な理由がある場合にのみ、可能とする解決策がとられた。一九九〇年の統一後この問題は再燃し、長い論争が続いた。結局妊娠中絶は違法であるが、医療上の理由など一定の条件の下では刑法上の罪は問われないという妥協が形成された。二〇二一年に発足したショルツ政権の連立合意は社会と技術の変化に合わせてこの問題を再検討する委員会の設置を規定しているが、刑法二一八条改正をめぐる議論のゆくえは不透明である。

東方政策

ブラント政権は内政においてさまざまな改革をおこなったが、政権の最大の成果はやはり外交であり、新しい東方政策を展開したことにある。ブラント首相はベルリン時代から親交があり、前政権では外務省の政策企画部長となっていたバールを首相府の次官とした。そしてソ連との交渉をはじめとして、東方政策を担当させた。大連立時代にはＣＤＵ／ＣＳＵに対する配慮から十分な政策展開ができなかったが、ＳＰＤの主導する政権となったことによって「接近による変容」の東方政策が政権発足直後から展開されていった。またこの時期、戦略兵器制限交渉（ＳＡＬＴ）が開始されたように、米ソ間の緊張緩和も徐々に進み始めていたことも、ヨーロッパ内での緊張緩和を目指すドイツには好条件となっていた。

政権が発足するとすぐに、ソ連、ポーランドとの交渉は開始された。一九七〇年三月にはブラント首相は東ドイツを訪問し、ヴィリー・シュトフ東独首相とエアフルトで東西ドイツ間関係について協議を行っている。第二次世界大戦の終結以来、ベルリンがなお戦勝四カ国による共同占領状態におかれ、戦勝国のドイツ問題の最終解決についての留保権が維持されている状態では、ブラント政権のドイツは独自にあらゆる問題を解決し平和条約をソ連と締結することは出来なかった。独ソ交渉はこのため、武力不行使条約の締結をめざす形で進められたのであった。

アデナウアー政権以来、西ドイツ政府は東ドイツ国家の存在を国際法的にはみとめておらず、第二次世界大戦終結時に失われたオーデル・ナイセ以東の東部領土についてもその権利を留保していた。東方政策の展開にあたって、ブラント政権は東ドイツを国際法的には承認せず、外国とは見なさないものの、東ドイツという実体が存在することを認め、ドイツ人は一つの民族であるが、国家は事実上二つ存在しているという一民族二国家論を展開した。これは東ドイツの存在を公式には認めないそれ以前のＣＤＵ／ＣＳＵが主導する政権の政策からの大きな転換であった。

一九七〇年八月に独ソ間で締結されたモスクワ条約は、独ソ間の武力不行使と国境の不可侵をとりきめ、実質的にはオーデル・ナイセ川によるポーランドとの国境と、東西ドイツそれぞれの国境を承認するものであった。しかし、同時にこの条約は将来のドイツ統一の可能性を排除するものではなく、国際法的に戦勝国の留保権にはなんら影響を与えないというものであった。モスクワ条約に引き続き一九七〇年一二月七日にはポーランドとの間でモスクワ条約と同様の原則に立ち、オーデル・ナイセ川をポーランドの西部国境と定めたワルシャワ条約が締結された。この条約によって西ドイツとポーランドの関係は正常化された。

この条約調印時にワルシャワを訪問したブラント首相は、ユダヤ人ゲットー跡の記念碑前にひざまずき、頭を垂れた。ナチ・ドイツの迫害によってポーランドとその住民は言語に絶する苦悩を押しつけられた。ひざまずいたブラント首相の姿は今日に至るまで、ドイツ・ポーランド関係の転換点を象徴するものである。

モスクワ条約と並行して作業が進められていたベルリンの地位に関する協定は、戦勝国の権利に関わる問題であったので、ブラント政権は当事者として前面に立つことはできなかったが、米・英・仏の同盟国を経由してソ連との交渉に臨み、四戦勝国は一九七一年九月にベルリン協定を締結した。これによって、東ドイツにうかぶ陸の孤島である西ベルリンと西ドイツの関係が維持強化されることが、協定の形でソ連からも認められた。

この一連の東方条約の批准は決して容易ではなかった。CDU／CSUの中には東部国境の承認、つまりは戦前までの領土の実質的な放棄を認めない者もおり、SPDを離党してCDUに鞍替えした者もいた。このためブラント政権は連邦議会で多数を失った。CDU／CSUはこれを機に政権を奪取するため、翌一九七二年四月二七日、ライナー・バルツェルCDU党首を首相候補とする建設的不信任案を提出したが、離反者がでて、不信任は成立しなかった。ドイツ統一後、このときに離反した議員は東ドイツから買収されていたとされる証拠が発見されている。いずれにしてもブラント政権は五月一七日にモスクワ条約とワルシャワ条約の批准に成功した。CDU／CSUの多数の議員は棄権し、連邦参議院でもCDU／CSUは棄権した。ブラント首相は、安定した多数を議会で回復するために、議会の任期を残して信任案を提出し、SPDの閣僚に棄権させることによって否決させ、連邦議会が解散された。

一九七二年一一月一九日の選挙でSPDは史上初めてCDU／CSUの二二五議席を上回る二三〇議席を獲得し、四二議席を獲得したFDPとともに連立政権を維持することができた。この選挙の最大の争点は、選挙前から交渉されていた東ドイツとの基本条約であり、まさにブラント政権の東方政策に対する信を問う選挙であった。基本条約は、ドイツ統一の可能性を排除してしまわないように国際法上の国家承認はしないものの、それまで政府間の関係を持たなかった東ドイツとの関係を正常化するものであった。基本条約は一二月二一日調印され、ブラント政権の一連の東方政策は一つの大きな山を越えることが出来た。その後一九七三年一二月にはチェコスロヴァキア、ハンガリー、ブルガリアと条約が締結され、困難な過去と国境問題を抱える東側の諸国との関係がブラントの東方外交によって全て正常化された。

「接近による変容」アプローチをとるブラント政権の東方政策は、アデナウアーの西側統合政策とならんで、ドイツ外交の最も重要な柱の一つとなった。東側諸国との関係が構築されたことによって、一九七三年には東西ドイツが国連に同時加盟することも可能になった。しかしもちろん、ブラント政権の対話路線がすぐに東側諸国の政策を変容させることはなく、冷戦という大状況にその後のドイツの東方政策は拘束された。それでも、東側諸国との接触と対話、交流の強化は東西関係の緊張緩和と安定化、信頼醸成に大きな役割を果したと評価できよう。

ブラント首相は連立政権の外相時代に、ＮＡＴＯの新戦略報告、通称ハルメル報告の作成にも影響を与えた。この報告書とそれに基づいたドクトリンはＮＡＴＯが西側の確固たる防衛力を確保しながら、緊張緩和政策を推進する、という戦略をとっている。ブラントの東方政策は西側の同盟国との関係をないがしろにするものではなかった。強い西側の結束と能力を保持すると同時に東側との対話を進める政策は、その後ブラント政権からシュミット政権へと引き継がれ、一九七九年のNATOの二重決定へとつながっていった。

ギョーム事件

ブラント首相は東方政策や社会改革など多方面にわたって大きな政治的成果を残し、一九七一年には東方政策の功績に対してノーベル平和賞も与えられた。しかし、このような状況の下で一九七四年春、ブラント首相の秘書官を務めていたギュンター・ギョームがスパイ容疑で逮捕された。ギョームは東ドイツの国家保安省から一九五〇年代に西ドイツに送り込まれたスパイであり、長年にわたってフランクフルトのSPD組織内で活躍し、ついには連邦首相府に入り、首相の秘書官となっていたのであった。首相の側近が東ドイツのスパイであったという事実は国民に大きな衝撃を与えた。五月六日ブラント首相はこの責任をとる形で辞任を表明した。

ギョームは懲役刑に処せられたが、その後に両ドイツ間のスパイ交換によって東ドイツに帰国し、ポツダム大学から名誉博士号まで授与されるなど、東ドイツからは国家に対する貢献者として処遇された。ブラントの東方政策によって両ドイツ間の関係は正常化されたとは言っても、二つのドイツは異なった体制に属し、なおきわめて厳しい対立関係にあったことも忘れてはならないのである。

二　シュミット政権

シュミット政権の誕生

ブラントの後継者となったのはヘルムート・シュミットであった。シュミットはブラント政権では国防相、財務兼経済相を務めた後に財務相を務めていた。シュミットは政策に明るく、実務を冷徹に実行するタイプの政治家であった。感情的な言葉によって国民に訴え人気を博したブラントとは対照的であった。外相にはその後一八年間にわたってその地位を維持することになるＦＤＰのハンス・ディートリッヒ・ゲンシャーが就任した。長年にわたってＦＤＰの顔であり、外相をつとめていたシェールはシュミット政権発足直後に連邦大統領に就任した。このため、ＳＰＤではブラントがなお党首の座にとどまっていたものの、ＳＰＤにおいてもＦＤＰにおいても代表的な政治家が交代して新しい時代が始まったと言っても良いであろう。

しかしシュミット政権の発足時の状況は、決して恵まれたものではなかった。国内的には前任者の突如の辞任の後の混乱を収めて、指導力を発揮しなければならなかったし、同時期のドイツは一九七三年秋からの第四次中東戦争にともなう石油危機によって、かつてない経済的な試練に直面していた。原油高にともなう価格高騰によって国内需要は縮小していたが、それにもまして貿易大国として輸出に依存するドイツ経済は、アメリカをはじめとする輸出先諸国の景気後退によって大きな影響を受けた。この経済危機によって失業は急速に増大し、景気は後退し、インフレが進むスタグフレーションをドイツ経済も経験することになった。もっとも、シュミットによるリーダーシップのもとで、ドイツは石油危機による経済の悪化を先進工業諸国の中でも比較的うまく乗り越えることが出来た。

シュミットは困難な経済状況のもとでも、国家財政を健全化させることに力を注ぎ、ブラント政権時代に拡大した社会保障関連の予算を削減し、国家財政の安定化を目指した。この政策は、SPDの本来の支持基盤である労働組合などから強く批判された。しかし、ブレトン・ウッズ体制という自由貿易とアメリカのドルにリンクした固定通貨制によって戦後経済を支えてきたアメリカ経済は、ベトナム戦争にともなう戦費調達のために固定通貨制度を維持できなくなっていた。その結果、アメリカは金ドル兌換制を放棄した。こうして国際通貨システムが変動相場制に移行して混乱している時に石油危機が勃発し、世界経済が大混乱に陥っている状況においては、政府に残された選択肢は少なく、またその政策は国民の犠牲をともなうものにならざるを得なかった。

新しい独仏協調と欧州統合

シュミットが首相に就任した直後にフランスではヴァレリー・ジスカール・デスタンが大統領に選出された。シュミットは以前から親交のあったジスカール・デスタンと緊密な協力関係を構築していった。その一つの成果は、欧州理事会（European Council）の設置である。一九七四年一二月に開催されたEC首脳会議において、これまでは必要に応じて開催されてきた各国の政治的トップである大統領や首相が参加する首脳会議を定例化、制度化し、欧州理事会として開催することが合意された。ECは一九七三年からイギリス、アイルランド、デンマークを迎えて九カ国に拡大していた。シュミットもジスカール・デスタンも、停滞していたECの活動を活性化させ、ヨーロッパが一致協力して、国際通貨システムの動揺と石油危機による経済的混乱に対処する必要があると考えていたが、そのためには欧州委員会などのヨーロッパ機関に任せるのではなく、構成国の指導者が強いリーダーシップを発揮して政策方針を打ち出さなければならないと考えた。そのためには首脳同士が率直に議論し、決定する場が必要と考えたのである。欧州理事会はこのときから今日に至るまでEC／EUの最高意思決定機関として重要な役割を果たしてきている。一九七五年一一月にフランスで開催された第一回先進国首脳会議（翌年の第二回よりカナダが加わりG7、その後ロシアを加え一時G8となったが、二〇一四年のクリミア半島併合後にロシアが除かれG7に戻った）も、欧州理事会同様に、主要国の首脳が経済問題を話し合う場として、ジスカール・デスタンとシュミットが核となって実現させたものである。

シュミット首相は欧州委員会の官僚主義的で非効率な運営に対しては批判的であったが、欧州理事会の設置の他にもヨーロッパ統合の進展に大きな貢献をしている。一つは欧州通貨制度（EMS）の導入であり、もう一つは欧州議会への直接選挙の導入である。一九七九年に実現したこの二つの制度改革は、欧州理事会の設置とならんで今日のＥＵの最も重要な基礎を作ったと言っても良いであろう。

欧州通貨制度は今日の共通通貨ユーロの実現を可能にした制度である。ＥＣでは一九七〇年には既に共通通貨の実現の方法が議論されていたが、金ドル兌換制度が崩壊し、国際通貨制度が変動為替相場制に移行すると、共同市場を運営しなければならないＥＣ諸国は大変な困難に直面した。ドルに対する共同フロートなどの方式が試みられたが、うまくいくことはなかった。その背景には通貨政策をめぐる根本的な考え方の違いがあったためである。ドイツはワイマール共和国時代のハイパー・インフレーションへの反省から、インフレ回避を何よりも重視していた。これに対してフランスは一定程度のインフレは許容しつつ経済成長をより重要な目標としたため、安定した通貨ドイツ・マルクが常に買われ、弱い通貨との間で為替同盟を維持することが不可能になった。

しかし、ヨーロッパ内での協力なしに、各国が単独で変動為替制度に立ち向かったのでは、ＥＣ加盟国のそれぞれの経済は立ちゆかないことが次第に明らかとなっていった。そしてジスカール・デスタンのフランスの経済政策は一九七〇年代の後半にはドイツの政策にかなり類似したものになっていた。一九七九年三月に発足したＥＭＳは、参加国の通貨が中心レートを挟んで狭い変動幅を維持し、これを守る義務を負うものであった。紆余曲折はあったが、このEMSによってEC諸国の通貨間の相場は安定し、それを維持するために経済政策も次第に収斂していった。そして一九八〇年代の終わりになると共通通貨の発行を議論できるまでになり、冷戦の終焉とドイツ統一という政治状況の急変化が起きたときに、共通通貨を導入することも可能になった。

シュミット首相のヨーロッパ統合へのもう一つの大きな貢献は欧州議会への直接選挙の導入である。ヨーロッパ統合がEC官僚によって支配されるものであってはならず、その制度は議会によってコントロールされる民主的なものでなければならないという考え方は、ドイツでは与野党全てが一致する考え方であった。欧州議会はECの立法を審議する機関ではあったが、当時は実質的な議会としての決定権限は持っておらず、議員は構成国の議会の議員の中から、つまりドイツの場合は連邦議会の議員が、国内手続きに則って派遣されていた。ドイツでは欧州議会の議員は市民から直接に選挙されるべきであるとの考え方が特に強かった。シュミット首相は国内の強い支持を得て、欧州理事会などの場でイニシアティブをとり、直接選挙の実施を可能にした。直接選挙は一九七九年六月に実施されたが、その後欧州議会はさらに権限を強化され、今日ではEU／EC法の制定にあたっては閣僚理事会とほぼ同等の権限を持つに至っている。

コラム⑦

EU／ECの立法　一九五八年に発足した欧州経済共同体（EEC）と欧州原子力共同体（EURATOM）は、欧州統合の出発点となった欧州石炭鉄鋼共同体（ECSC）と一九六七年に融合され、総称として欧州共同体（EC）と呼ばれるようになった。一九九三年にEUが成立し、二〇〇九年のリスボン条約を経て現在の形のEUとなった。EUは、国連などの国際機関と異なり、構成国の国内に直接効力を及ぼし、国や自治体、企業を拘束する立法を行うことが可能である。これらの法律には複数のタイプがあるが、現在では通常総称してEU法と呼ばれる。かつてのEC法は行政府である欧州委員会が法案を作成し、欧州議会の意見を聞いた上で、構成国の大臣から構成される閣僚理事会で決定されていた。EUが発足して以降は、閣僚理事会と欧州議会がほぼ同等の権限を持つようになった。これを共同決定方式と呼ぶが、この方式が利用される政策分野は次第に増加し、今日ではEUの一般的な法律決定方式となっている。

テロとの戦い　一九七〇年代は、社会的な価値観が変容した時代であった。同時にドイツ社会が経済危機を経験したのみならず、さまざまな不安感に包まれた時代でもあった。そして一九七〇年代初めから活発化したテロがこの時代の雰囲気に大きな影響を与えた。ドイツのテロはAPO（第二章二）に起源をもつ反体制活動が発端であったと言えるが、国際的に活発化したテロとも連動していった。ブラント政権の時代にも、多くのテロが社会を震撼させたが、テロはシュミット政権の時代にもっとも多くの爪痕を残した。

一九七二年夏のミュンヘン・オリンピックでは、イスラエルの代表団がアラブ系テロ集団に襲撃され、多数の死傷者を出した。ドイツ政府はその後テロ対策のために連邦国境警備隊の中に特殊部隊を設置した。これがGSG9である。テロは既に逮捕されていたテロリストの解放をもとめてさらに過激になり、一九七七年九月のドイツ経営者連盟（BDA）会長シュライヤーの赤軍派による誘拐、一〇月のルフトハンザ航空機のハイジャック事件が発生した。シュミット首相は乗っ取られたルフトハンザ機がソマリアのモガジシオ空港に着陸した際にGSG9を強行突入させ、犯人を射殺し人質を解放した。

このようにテロリストに屈しないドイツ政府の姿勢は、当時の日本政府の対応とはきわめて対照的であった。ドイツでシュライヤー誘拐事件が起きていたさなかに、日航機が日本赤軍にハイジャックされた。ドイツの事例とおなじく、拘束されている仲間の解放を求めたが、日本政府は超法規的措置としてテロリストの要求に応じて人質を解放させた。誘拐されたシュライヤーも殺害されるなど、多くの犠牲者を出しながらも、テロリストと取引することはしなかったドイツと、人質の人命を優先させた日本の対応には大きな開きがあった。もっともGSG9を既に保有していたドイツと、テロ対策のための特殊組織を全く持っていなかった日本では、使用可能な手段に違いがあったことも忘れてはならないだろう。GSG9は国境警備隊の一部であったが、国境警備隊は二〇〇五年七月に連邦警察へと名称変更された。これは、第五章以後にあるように、ヨーロッパ統合が進み、EU諸国としか国境を接しなくなったドイツでは、従来の古典的な形の国境の意味が変わり、それに応じて任務も変容したためである。

NATOの二重決定

一九七〇年代は全体を通してみれば、ドイツでは東方政策、米ソ間では戦略兵器制限交渉（SALT）の妥結、さらには米ソを含めて東西両陣営のほぼ全てのヨーロッパ諸国が参加し、国境の不可侵や経済交流、人権の尊重などを取り決めた一九七五年の全欧州安全保障協力会議（CSCE）におけるヘルシンキ最終議定書の採択など、緊張緩和の時代であったと言えよう。しかし、表面的な緊張緩和の動きの背後でソ連は、米欧を分断し、軍事的に優位に立とうとしてもいた。このことをシュミットは西側の指導者としていち早く一九七七年に指摘していた。

一九六九年から開始され、一九七二年に合意を見た米ソ間の戦略兵器制限交渉は、大陸間弾道ミサイル（ICBM）と潜水艦発射弾道ミサイル（SLBM）の数を制限しようとするものであった。これは米ソ間の兵器の数を均衡させ、軍備拡張の防止をめざすものであった。ICBMは射程五五〇〇キロ以上の核弾頭を搭載したミサイルであり、SLBM同様に米ソそれぞれが相手国を直接攻撃する能力を持つミサイルである。ソ連は一九七〇年代中頃から、SALTによる制限の対象とならない新型中距離核ミサイル（INF）の配備を開始した。

ＩＮＦは西ヨーロッパは射程内だが、アメリカは射程外となる。西ヨーロッパがソ連の攻撃を受けた場合、アメリカは自国が核戦争に巻き込まれる危険を冒してＩＣＢＭで報復しなければならない。同盟国アメリカが本当に西ヨーロッパを守ってくれるのかとの猜疑心が生まれ、ＮＡＴＯの結束が揺らぐことが懸念された。ＩＮＦによって西ヨーロッパとアメリカが戦略的に分断されないようにするため、ＮＡＴＯがソ連との軍縮と緊張緩和の政治的交渉をすすめ、それが成果を生まない場合には西ヨーロッパにアメリカのＩＮＦを配備するという戦略を、ＮＡＴＯは一九七九年一二月一二日に決定した。これはＮＡＴＯの二重決定とよばれ、ドイツでも大きな論争を引き起こした。一二月末にはソ連はアフガニスタンに侵攻し、ＮＡＴＯの二重決定とアフガニスタン侵攻は、米ソ間の緊張緩和に彩られた一九七〇年代の終わりを象徴し、一九八〇年代の新冷戦の始まりを告げていた。

シュミット首相は東西対立の最前線に位置するドイツの首相としてＮＡＴＯの二重決定の実現に関わった。国内では与党ＳＰＤの議員も含めて、ＮＡＴＯの二重決定に反対する平和運動が大きく盛り上がった。ＮＡＴＯの二重決定に反対する人々は、地球上には既に人類を何回も全滅させることが可能なほどの核兵器が存在しているにもかかわらず、さらに核兵器を増強することはばかげていると批判した。さらに、ＩＮＦの射程距離が短いために、ＩＮＦを使って核戦争が起きた場合に戦場となるのはこれからＩＮＦが配備されようとしているヨーロッパの国々なのであって、自分たちを殺戮するための兵器を自国に配備することは認められないと強調した。数十万人規模の大きな反核・平和デモが組織された。結局シュミット政権はみずからアメリカのＩＮＦをドイツに受け入れる最終決定を下すことはなく、その決定は次のコール保守中道政権によって行われた。

緑の党の誕生

新冷戦の始まりとちょうど同じ時期に、その後のドイツ政治に大きな影響を与えることになる政党、緑の党が設立された。平和運動、環境運動などさまざまな左派系の市民運動は一九七〇年代の後半には地方政治に次第に進出し力をつけていたが、これらの多様な運動が欧州議会選挙などを経て次第にまとまってゆき、ついに連邦レベルの政党として緑の党は一九八〇年一月に結成された。緑の党はドイツ語では直訳すると「緑の人々」を意味している。このような名称にはＣＤＵ、ＳＰＤ、ＦＤＰなどの既成政党の運営に対する批判も込められており、草の根民主主義に基づいた社会運動の延長として、市民による直接の政治参加を求める同党の姿勢が表れている。緑の党の政策目標は、反戦・平和の実現と環境保護であった。既成政党のような執行部、幹事会などによる運営方法を拒絶し、あくまでも全員参加の合議システムを目指していた。

ドイツ最大のハブ空港であるフランクフルト空港の滑走路の拡張に反対する活動で市民の支持を得て市議会に進出するなど、緑の党は雨後の筍のごとく、急速に地方政治でその勢力を拡大していった。多様な市民運動の寄せ集めであり、また既存政党のような組織化を行わなかったために、政党としての初期の政策形成は困難だった。当初から党の内部は原理主義的な反体制グループと現実的な社会改革をめざす現実主義グループに割れていた。緑の党は市民運動の政党であったが、興味深いことに既存政党よりも高学歴者の比重が高く、また六〇年代後半のAPOに関わった世代が中心となっていた。この点で緑の党は六〇年代ドイツの社会変容の申し子であったということもできよう。

緑の党は、当時盛んであった原子力発電所の建設反対、空港の拡張反対、INFの配備反対、女性の社会的解放と男女平等の推進などの運動を中心として、平和と環境の政党として力をつけていった。結党直後の一九八〇年の連邦議会選挙では一・五%しか獲得できなかったものの、一九八三年の連邦議会選挙ではついに五%条項を乗り越え、国政に進出することに成功した。

一九八〇年連邦議会選挙

シュミット政権は、外交政策ではNATOの二重決定によって次第に党内左派や国内支持基盤の支持を失っていった。一九七九年にイランで革命が起きて第二次石油危機による原油の高騰によって経済が混乱したこともあり、失業者が増加し、財政赤字も増加した。これによりドイツ経済には危機感が漂っていた。シュミット首相の党内での指導力は、左派の離反によって弱まっていた。連立パートナーのFDPはSPDの経済・財政政策と次第に距離を感じ始めていた。このような状況下でCDU／CSUはシュミットに対抗する首相候補としてCSUのフランツ・ヨーゼフ・シュトラウス・バイエルン州首相を選出した。

CSUはバイエルン州のみに存在する政党であり（第一章一で見たように、CDUはバイエルン州には組織を持っていない）、CDUからは完全に独立した政党であるが、連邦議会では常にCDUと合同会派を構成し、実質的には一つの政党であるかのごとくに行動する政党である。CSUの党首が首相候補となったのは、この選挙が初めてであった。シュトラウスはアデナウアー政権において国防相、キージンガー政権において財務相をつとめ、一九七八年からはバイエルン州首相を務めていた。国防相当時の一九六二年には、戦後ドイツ最大の政治スキャンダルの一つであるシュピーゲル事件をおこしたことでも知られている。ドイツを代表する週刊誌であるシュピーゲルがＮＡＴＯの防衛体制の問題点を特集記事で暴露した。シュトラウス国防相はこれが国家機密の漏洩にあたるとして、警察に編集部を捜索させ、さらにはスペインに滞在していた編集者をスペイン警察の協力を得て駐在武官に逮捕させ、国内に連れ戻した。シュトラウス国防相のこの行き過ぎた対応は強い批判をあび、辞任に追い込まれた。それ以来必要とあらば強権的な手法もいとわないイメージがもたれ、またカトリック色が強く、保守的なバイエルン州の価値観を象徴する言動は、社会の価値観がＡＰＯ

や緑の党の登場などによってリベラルな方向に変化したドイツにおいて、強く批判される対象ともなっていた。

一九八〇年の連邦議会選挙は、このシュトラウスというCSUの首相候補によって、政党間の選挙というよりは、シュミット対シュトラウスという個人選択の色彩を帯びた。一〇月五日の選挙結果はシュトラウスを候補としたCDU／CSUの敗北であった。SPDは前回選挙とほとんど変わらない得票率を維持したが、FDPはこの選挙で得票を伸ばし、連立内の発言権をさらに強めることとなった。

シュミット政権からのFDPの離反

連邦議会選挙でシュミット政権は国民からの支持を得たにもかかわらず、まもなくSPDとFDPの間の政策の乖離が大きくなっていった。再び景気が後退し、国家の財政赤字と失業者が増加していくと、経済政策、とりわけ財政政策をめぐってSPDとFDPの対立は深まっていった。一九八三年度予算を議論した八二年の夏以降この対立は深刻化した。労働組合と強く結びついたSPDは、労働組合の圧力のために必要とされる経済の構造改革を進めることができなかった。

ブラント、シュミットと続いたSPD政権の時代にドイツの産業構造は、国際的な経済構造の変容ともあいまって、大きく変わりつつあった。SPDが基盤とする労働組合の強い石炭、鉄鋼、造船などかつてのドイツ経済の基幹産業分野は、海外からのより安価なエネルギー資源との競争、日本を始めとする海外からの工業製品との競争に敗れつつあった。しかし、根本的な産業の再編や新しい分野へ産業を誘導する政策をシュミット政権は取ることができなかった。SPDの選挙における牙城でもあり、かつてのドイツ経済の中心でもあったノルトライン＝ヴェストファーレン州をはじめとするドイツ中・北部の諸州の経済パフォーマンスが悪化したのとは対照的に、CDU／CSUが州政府を掌握しているバイエルンやバーデン＝ヴュルテンベルクなど南部の諸州では、国際競争力の強い産業が成長していた。

一九八二年九月、FDPの経済相ラムスドルフが、景気を回復し失業者を削減するための経済政策として公表したラムスドルフ・ペーパーをめぐって、SPDとFDPは決定的な対立に至った。シュミット政権の連立パートナーであるFDPの執行部は、シュミット政権からの離脱を決定し、CDU／CSUと新しい政権を構成することを決定した。シュミット首相はFDPが政権から離脱した場合には国民に信を問うべく、選挙を行うつもりであったが、CDU／CSUとFDPは基本法の規定にある建設的不信任を行うことを決定した。一九八二年一〇月一日の建設的不信任（賛成二五六、反対二三五、棄権四）によってCDU／CSUの首相候補ヘルムート・コールはFDPの支持を得て連邦首相に選出された。建設的不信任投票が連邦議会で行われたのは一九七二年以来二度目であり、成立したのは戦後初めてであった。

第四章　コール政権とドイツ統一

一　コール政権と「転換」

建設的不信任の可決と連立の組み替えによって登場したコール政権は、前政権との違いと新しさを全面に打ち出し、SPD政権時代の個別政策の修正のみならず、精神的・道徳的な価値観も含めた包括的な「転換（Wende）」を訴えた。首相となったヘルムート・コールは一九三〇年生まれで、首相就任時には五二歳とそれまでの首相の中では就任時に最も若い首相であった。コールはラインラント＝プファルツ州で地方政治家として頭角を現し、州議会におけるCDU会派の代表を経て、一九六九年には州首相となった。一九七三年にはCDUの党首となり、一九七六年にはCDUの首相候補として連邦議会選挙を戦っていたが、このときはシュミット首相に敗れている。この選挙を契機としてコールは州首相から転じて連邦議会のCDU／CSU会派の代表となり、中央政界において野党を率いていた。

一九八二年の政権交代は、FDPが連立パートナーをSPDからCDU／CSUに乗り換えたために生じたもので、国民が選挙で選択した結果ではなかった。このため政権の新しさと政策転換の正当性を強化するために、コール首相は議会の解散を実施し、国民に信を問うこととした。第一章一で説明したように、ドイツ基本法の規定では、首相に議会の解散権はないため、首相自らが提出した信任決議に対して与党議員が棄権することによって信任決議を否決させ、連邦大統領に連邦議会の解散を決断させた。この結果一九八三年三月に実施された連邦議会選挙でコール政権を支える与党は勝利し、政権は国民からも信任された。

しかし、ＣＤＵ／ＣＳＵは議席を拡大したものの、連立のパートナーで政権交代を実現したＦＤＰは議席を減らした。連立の組み替えによって政権交代を実現したＦＤＰはコール政権が誕生した一九八二年一〇月から同年末までの複数の州議会選挙でも議席を失い、国民からシュミット政権に対する裏切り者として厳しい評価を得ていた。ＦＤＰのなかでも重要な地位にあった有力政治家のイングリート・マテウス＝マイヤーや当時党幹事長を務めたギュンター・フェアホイゲンらのように、ＦＤＰを離党しＳＰＤに移っていった政治家たちもいた（フェアホイゲンは後にシュレーダー政権の下でドイツを代表して一九九九年からＥＵ委員会委員になった）。

コラム⑧

「転換（ヴェンデ）」　ドイツ語で「転換（Wende）」はごく一般的な用語である。方向転換や折り返し、転回を意味する語である。しかし、コール政権の下では特殊な意味を持つ概念となった。一九八二年の政権発足時にはシュミットSPD政権からの政治的・社会的な「転換」が強調された。その後一九八九年の「ベルリンの壁崩壊」と旧東ドイツの社会主義体制から民主主義体制への体制移行も「転換」と呼ばれるようになった。さらに二〇二二年のロシアによるウクライナ侵攻をショルツ首相が「時代の転換（Zeitenwende）」と評し、再びヴェンデに政治的に大きな意味が与えられた。

コール政権が訴えた転換とは具体的にはどのようなものであったのだろうか。一九八二年一〇月のコール首相の施政方針演説では、SPDの政権は失業率を下げ、社会保障システムを守ることに失敗したので、経済成長と雇用のための新しい経済・社会プログラムが求められており、そのために社会的市場経済を再活性化させ、雇用を創出し、企業減税と同時に財政の健全化のための付加価値税の増税を実施する必要がある、と説明されている。コール首相はSPD政権の政策が企業の投資意欲を衰退させ、国家を肥大化させたことで、ドイツ経済の活力を失わせたと批判した。そのため、新しい政策は、企業がより自由に活動し、経済に活力をもたらす方向に誘導するものでなければならないと考えた。シュミット政権を崩壊させる直接の契機ともなったラムスドルフ・ペーパー（第三章二）をまとめたFDPのラムスドルフは、コール政権においては経済相となった。CDU／CSUとFDPの中道政権は、より市場の活動に重きを置いた経済政策を進めようとした。

現在ではサブシディアリティ原則（補完性の原則、第一章四参照）はEUの重要な構成原理として広く知られているが、この「補完性」の概念が国民に向けて積極的に訴えられたのは一九八二年のコール首相就任時の施政方針演説であった。コール首相は連邦共和国の制度が成立してから三〇年を経て分岐点に達していることを指摘し、さらに大きな国家、巨大組織化の道を歩むのか、それとも連邦主義を徹底した分権的な道を歩むのかを選択しなければならないことを指摘している。さらに、そのような選択は単に行政組織のレベルの問題ではなく、市民が国家などに全面的に依存するのではなく、自助や互助という行動原則を重要視しながら社会の責任を分担していくことの重要性を強調し、原則的にはより小さな、市民に身近な共同体が責務を担うべきであると訴えていた。家族や近隣の共同体など可能な限り小さな組織がさらに力を発揮することを優先させるべきであるというキリスト教、特にカトリック的価値観に基づく補完性の考え方をコール首相は明示的に再生しようとした。この補完性の概念は、その後ドイツの州政府の強い要望もあって、特にEUと国家、地方自治体との関係を規定し、ＥＵへの権限集中を防ぐためのＥＵの構成原理として、一九九三年に発効するマーストリヒト条約（ＥＵ条約）に規定された。ＥＵにおいて補完性の原則は、統合にブレーキをかけたいと考えるイギリスの主張もあって一九九〇年代に大きな議論の対象となったが、その根幹にあるカトリック的社会構成原理としてのアイディアは、既に一九八二年にはＣＤＵの政治家コールによって政治的な価値として位置づけられていた。

コール政権が登場した当時、イギリスではサッチャー政権が、アメリカではレーガン政権が、いわゆる新自由主義の経済政策を展開し始めていた。一九七九年に誕生したサッチャー政権はそれまでのイギリスの高度な社会福祉政策と国家の役割にメスを入れ、小さな政府を標榜して、市場原理の重要性を強調していた。一九八一年に就任したアメリカのレーガン大統領も、レーガノミックスと呼ばれたサプライサイドを重視した経済政策を展開していた。これはケインズ主義のように需要側を重視するのではなく、企業の活力を重視し供給面から経済を活性化させようとする政策であった。そのために規制を大幅に緩和し、企業減税で負担を軽減するなどの諸政策が展開されていた。日本で国鉄、専売公社、電信電話公社の民営化を後に実現した中曽根康弘が首相の座についたのも一九八二年の一一月のことであった。

コール政権の経済政策は、当時台頭しつつあった新自由主義の流れに乗るものではあるが、しかし、イギリスやアメリカのような急激な政策展開は見られなかった。それは第二次世界大戦後のドイツの経済が社会的市場経済と呼ばれるように、単なるむき出しの市場競争ではなく、必要に応じて国家が介入して経済の社会的な側面に配慮することを自明とするシステムであったためである。戦後ドイツ経済が奇跡の復興を遂げ、世界で有数の経済となることができたのは、労働者の権利にも配慮しながら、市場のみに任せた場合にさまざまに生じる問題を、福祉国家が折々に調整・解決してきたからであるとの強い信念は、コール政権にも共有されていた。問題は、市場を歪めるまでに国家が介入したり、企業の活力を削いだりするような規制が存在していることであった。このためコール政権の政策展開は英米に比べれば、なお福祉国家の役割が重要視されたものであり、コール政権末期に経済の停滞が続く遠因の一つともなったということができよう。

外交の継続性

コール政権で外相職を担ったのは、シュミット政権で一九七四年から外相を務めていたFDP党首のゲンシャーであった。人的な継続が象徴しているように、コール政権の外交政策は、内政における転換の強調とは異なって、シュミット政権からの強い継続性が見られる。これは連邦共和国という国が置かれた国際環境と、第一章で議論されたような政治システムのさまざまな制度的な特徴によるところが大きい。

シュミット政権時に合意されたNATOの二重決定は、コール政権の下でアメリカのINFの新たな配備という形で実施に移されることになった。コール政権が発足した時期の国際環境は新冷戦と言われたように極めて緊張度の高いものであった。第三章二で紹介されているように、ソ連は軍備の拡張、とりわけＩＮＦの配備を継続していた。さらに一九七九年末にはアフガニスタンに侵攻し、傀儡政権を樹立した。このため西側諸国は対抗措置の一つとして一九八〇年のモスクワ・オリンピックをボイコットした。このような米ソ対立を中心とした東西の対立、新冷戦は発足したばかりのコール政権の外交政策にも大きな影を落とした。

ＩＮＦが使われるのはまさにヨーロッパの中心に位置する東西ドイツであるため、ＮＡＴＯの二重決定に対するドイツ国内での批判は強く、シュミット政権崩壊の一つの要因となっていたが、コール政権は反核・平和運動の大規模な抗議集会にもかかわらずシュミット政権の基本路線を継続した。一〇月には特に大規模な反核デモが組織され、政府のお膝元のボンでもかつて無い大規模な平和運動の集会が組織された。しかし、一九八三年一一月二二日にはコール政権を支える与党の多数によって連邦議会はＩＮＦのドイツへの配備を承認した。アメリカはその直後からＩＮＦミサイルのパーシングⅡをドイツ国内で配備し始めた。

こうしてヨーロッパの中心部では米ソそれぞれが配備したＩＮＦが対峙することとなった。ＩＮＦは、ソ連・東欧から発射した場合にアメリカには到達しない。ソ連がこのミサイルの配備を進めたのは、西欧とアメリカとの切り離しを狙ったものであった。これに対して西欧の指導者たちは、駐留する米軍にも中距離核を配備することによって、ソ連の分断戦略に対抗し、核のバランスを維持して軍事的な安定を保とうとした。すでに地球上の人類を全て殺傷しつくしてもなお余りある核兵器が地球上に存在していたにもかかわらず、さらにＩＮＦをヨーロッパに配備することに対して、平和デモに参加したり、緑の党に結集したりした多くの市民は極めて強い不安感を抱いていた。

一九八三年三月にレーガン米大統領は戦略防衛構想（ＳＤＩ）を発表した。これは衛星によってソ連からの大陸間弾道弾（ＩＣＢＭ）を迎撃し、アメリカ本土への核攻撃を無力化しようとする構想であった。ＩＮＦの配備と併せて、当時流行していた映画の題名からスター・ウォーズ計画と呼ばれたＳＤＩ計画の推進は、新冷戦時代を象徴するものであった。

緑の党と政治の変容

第三章二で見たように、一九八三年三月の連邦議会選挙において、学生運動や市民運動の中から誕生した緑の党は初めて連邦議会に議席を獲得し、国政の舞台に登場した。連邦議会で議席を得るためには五％条項を克服しなければならないが、緑の党は五・六％を得票し、二七議席を獲得した。このときＣＤＵは二四四議席、ＳＰＤは一九三議席、ＦＤＰは三四議席を獲得していた。緑の党の登場は、国政レベルでは一九五〇年代には存在していた小政党が次第に大政党に吸収されるなどして、最終的に一九六一年の連邦議会選挙でＣＤＵ／ＣＳＵ、ＳＰＤ、ＦＤＰによる三党システムが確立してから二〇年以上を経ての新しい政党の登場であった。

緑の党は既存の政党運営のあり方を始めとして、ドイツの伝統的な社会的価値観に疑問を呈し、市民の視点による政治の運営、環境保護、平和運動を目指していた。草の根、底辺からの民主主義を体現しようとした緑の党は、その役職や国会議員職が特定個人に占有されないようにローテーションで任期を区切って運営しようとするなど、その政治スタイルも既存政党とは大きく異なっていた。ヨーロッパの中では比較的保守的で女性の政界への進出があまり進んでいなかったドイツにおいて、徹底した男女の機会均等と共同参画を目指した点でも、緑の党は大きな影響を与えた。一九六〇年代末の学生運動に始まったドイツの社会的価値観の変容は、緑の党によっていっきに政治システムの中にももたらされたと言えよう。

理想的な政治の運営を目指した緑の党は、理念とは異なり、実際の組織運営では大変な困難を経験していた。党内は現実主義路線をとる「レアーロ」と原理主義的・急進主義的路線をとる「フンディー」と呼ばれる二つの勢力に分かれ、同床異夢を抱いていた。多くの国民の支持を得て地方政治を始めとして政権に連立パートナーとして参画する可能性が増すにつれて、理想主義的な緑の党の政策をいかに現実と妥協させていくかをめぐって二つの勢力はしばしば対立した。後にシュレーダー政権で外相となったヨシュカ・フィッシャーや、一九八九年に緑の党を離党しSPDに入党し、シュレーダー政権で内相となったオットー・シリーらは、議会における実現可能な議論と、可能であれば政権に参画することによって自分たちの政策を実現する道を望んでいた。これに対して党の顔のひとりであったペトラ・ケリーは権力への参加とそれに伴う政治的な妥協を頑なに拒んでいた。フィッシャーは一九八五年にはヘッセン州の環境大臣となり、州レベルではあるが緑の党の政治家として初めて政権に参画した。もっとも、政権参画によって緑の党が強く求めていた原子力エネルギーからの即時の脱却政策などがすぐに実現することはなかった。

緑の党の登場によっても、NATOの二重決定にともなうINFの配備が妨げられるわけでもなく、また原子力エネルギーからの脱却を始めとするさまざまなラディカルな環境政策が実現されたわけでもなかった。しかし、緑の党の登場は既成政党に環境政策の重要性を認識させ、市民の支持を得るためには環境問題を積極的に自らのプログラムとして取り入れていかなければならないことを認識させた。コール政権が誕生した一九八〇年代前半にはドイツ南西部の「黒い森（シュヴァルツヴァルト）」を始めとして酸性雨による森林の枯渇が大きな問題となっていたし、一九八六年四月のソ連におけるチェルノブイリ原子力発電所の爆発事故は、放射能汚染をヨーロッパ中にまき散らし、原子力と環境の問題を市民に現実の問題として認識させた。コール政権はこの事故をうけて、すぐに連邦環境・自然保護・原子力省（一般には「環境省」と呼ばれる）を設置した。それまで内務省や農業省、厚生省に分散していた環境問題に関する権限が環境省に集約された。

欧州統合政策の継続性と新展開

コール政権誕生の一つの大きな要因は、既に述べたようにドイツ経済の不調とそれに伴う財政赤字の拡大であった。このような経済不振は当時のヨーロッパではドイツだけではなく、フランスをはじめとしてEC諸国に共通の問題であった。一九七三年の石油危機以降、EC諸国はヨーロッパ硬化症としばしば揶揄されたように、硬直的な産業構造と高度の社会福祉による労働者の勤労意欲の減退によって、アメリカや日本などとの経済競争に大きく遅れをとっていた。日本との貿易摩擦は深刻で、一九七〇年代末から八〇年代初めにかけてはとりわけ大きな政治問題となっていた。日本人が「ウサギ小屋に住む仕事中毒」とEC委員会の内部文書で批判されたり、一九八二年にはフランス政府が日本製ビデオの集中豪雨的輸出を抑制するために、内陸のポアチエでしか通関できなくする政策をとったりしたのは、当時の困難な日欧関係を象徴する出来事であった。

日本以上に輸出に依存する経済構造を有しているドイツはこのような日欧経済摩擦の正面に立つことはなかったが、ヨーロッパの経済競争力の強化のためにはヨーロッパ統合を強化する必要があるとの認識を深めていた。またアデナウアー初代首相の政治的な後継者を自認するコール首相は、政治的にもヨーロッパ統合の強化を自らの重要な政治課題と位置づけていた。EC委員会の非効率な官僚主義に辟易し、EC機関を強化するという意味におけるヨーロッパ統合の強化には積極的ではなく、むしろ独仏協力を軸とした政府間主義的な問題解決を目指したシュミット前首相とはヨーロッパ統合問題に対して異なった姿勢をとっていた。コール首相は統合の強化をめざす欧州政治同盟の概念にしばしば言及し、欧州統合への強いコミットメントを繰り返し表明した。

しかし、具体的にECを改革し政治・外交領域での統合を強化することは、他のEC諸国、とりわけフランスやイギリスの理解を得ることが困難であったため、容易ではなかった。ゲンシャー外相はシュミット政権の末期に欧州統合を政治・外交面でも進展させるために欧州議定書案を提唱し、一九八一年にはイタリアのエミリオ・コロンボ外相とともにゲンシャー・コロンボ・プランとしてEC諸国に提示した。ECの経済的統合をさらに強化し、加えて当時はまだ制度的にはECとは別の政府間協力として扱われていたEC諸国による政治協力・外交政策調整の枠組みである欧州政治協力（EPC）の強化をめざすゲンシャー外相のプランは、コール政権が発足した後もそのまま引き継がれていった。コール首相は政治統合の重要性を強調し、ことあるごとに欧州統合は平和と自由の問題であり、単なる経済的利益を目指すものではないこと、最終的には政治統合、さらにはヨーロッパ合衆国の実現が目標であることを頻繁に訴えていた。このような政治統合に対する強いイデオロギー上のコミットメントはコール首相の政治スタイルの一つの重要な特徴であった。

ゲンシャー・コロンボ・プランは最終的にドイツが理事会議長国を務めた一九八三年前半

のシュトゥットガルトにおける欧州理事会で、欧州連合へ向けた厳粛な宣言として内容が大幅に薄められた形の拘束力のない文章としてまとめられた。この時期には欧州議会は独自に全く新たな欧州連合条約草案を議論しており、この草案は一九八四年に欧州議会によって採択されている。欧州議会の案も拘束力のあるものではなく、またその実現可能性は低いものであった。この時期には、ドイツではドイツ選出の欧州議会議員を中心として欧州連合憲法草案も作成されていた。ＥＣを全体的に改革し、抜本的な制度改革を通して欧州統合を政治的にも推進すべきであると考えるこれらの一連の政治家たちの声は、すぐには効果をもたらさなかった。しかし長期的視点から振り返ると、後のＥＵの成立、その後の制度改正の中で実現されていることも多々あり、統合へむけた静かではあってもしっかりとしたコミットメントの重要性は忘れられるべきでない。

ＥＣ改革の必要性が次第に認識されるようになったなかで、一九八五年一月には新しいＥＣ委員会がジャック・ドロールを委員長として発足した。このＥＣ委員会は六月に域内市場白書を発表し、ＥＣにおいて完全に統合された国境のない市場が実現していないことによる問題点を指摘し、国境のない市場を実現するための具体的なプログラムを提示した。コール政権はＥＣ諸国の中でもこの計画を積極的に支持し、その実現を目指した。一九九二年末までにモノ、ヒト、カネ、サービスの分野で国境のないＥＣ域内市場を実現するという計画は、欧州政治協力をECの中に組み込んだり、ECの政策決定を効率化し、欧州議会を強化したりするなどの制度改革とともにEC条約を改正する単一欧州議定書（SEA）に盛り込まれ、一九八七年に発効した。単一欧州議定書によるEC条約の改正は、一九五七年に調印されたEEC条約のほぼ三〇年ぶりの大幅な制度改正となった。

ゴルバチョフとソ連の変容

ソ連空軍機が誤って領空侵犯した大韓航空機をサハリン沖で撃墜し、多数の民間人の死者を出したのは、コール政権発足からほぼ一年後の一九八三年九月のことであった。新冷戦環境の下でNATOの二重決定を受けてINFの配備という困難な決定から始まったともいえるコール政権の対東側政策は、ソ連における新しい指導者の誕生によって大きく変容することとなった。ソ連では長年にわたって指導者の地位にあったブレジネフ書記長の死後、アンドロポフ、チェルネンコと高齢の指導者が続いたが、一九八五年三月には五四歳の若い指導者ミハイル・ゴルバチョフが登場した。

ゴルバチョフ政権下のソ連ではペレストロイカ（改革）とグラスノスチ（情報公開）によって社会主義体制の下で言論の自由が拡大され民主化が進行していった。これに伴ってソ連の影響下で国家の運営を制約されていた東側陣営に属する東欧諸国でも、急速に民主化の気運が高まっていった。一九五三年の東ドイツにおける労働者蜂起弾圧へのソ連軍の協力、一九五六年のハンガリー動乱におけるソ連軍の介入、一九六八年のチェコスロヴァキアの民主化

（プラハの春）に対するソ連軍の介入など、それまでソ連は東側諸国の政治システムの動揺や変容を認めず、必要とあれば軍事介入を行ってきた。プラハの春を弾圧した当時のソ連共産党書記長ブレジネフの名を取って、東側陣営に属する国は社会主義体制を守るために国家運営のあり方は制限されるとするソ連の政策はブレジネフ・ドクトリンないし制限主権論と呼ばれていた。この政策はゴルバチョフの改革が進むにつれて放棄された。

東欧諸国では、ソ連が自由化を許容することが明らかになると、次第に政治経済システムの民主化と自由化が進展していった。とりわけ以前から経済システムの自由化が進展していたハンガリーは、一九八九年五月二日にオーストリアとの国境の鉄条網を撤去し、冷戦の象徴であった東西を分断する超えがたい国境が開き始めた。これは一つの大きな政治的転機の象徴であった。八月にはいわゆる汎ヨーロッパ・ピクニック計画によってオーストリアとハンガリー間の国境通過が一時的に自由になったため、社会主義圏内の移動は比較的自由であったことを利用してハンガリーに滞在していた東ドイツ市民がこの機会をとらえて、西側に逃亡する事件も起こった。東ドイツ市民はハンガリーのみならず、チェコスロヴァキアやポーランドの西ドイツ大使館の敷地内に逃げ込み、西ドイツへの逃亡を図った。東ドイツはこのような大量の市民の逃亡を防ごうと試みたが、最終的には西ドイツ大使館に逃亡した市民を西ドイツに移送させることに同意せざるを得なかった。こうして一九八九年の夏には、冷戦の鉄のカーテンは次第にほころんでいった。

東ドイツ建国四〇周年

東ドイツはかつての社会主義圏においては経済的に比較的豊かで、政権党である社会主義統一党（ＳＥＤ）の支配も強固な国であった。一九七一年に長年にわたって東ドイツを支配してきたウルブリヒトから政権を引き継いだホーネッカーは、一九八〇年代に入っても国家保安省（シュタージ）を使った社会のコントロールの手をゆるめることなく、社会主義国としての東ドイツの政治経済を運営していた。一九八七年には長年にわたる念願であった西ドイツ訪問を成し遂げ、東西ドイツが国家として対等な立場にあることを世界のメディアに印象づけようとした。第三章一で見たように、東方政策の結果、事実上国家として承認され、関係が正常化されたとはいえ、ホーネッカーの西ドイツ訪問が実現するまでには建国から四〇年近くを要した。

しかし、ゴルバチョフの登場とソ連の政治・経済状況の変化によって、この時点で国際政治はすでに歴史的な転換点に到達しつつあった。にもかかわらず、東ドイツの国家を率いていたＳＥＤの指導部は、その大きな変化を無視して東ドイツの体制を維持することがなお十分に可能であり、またソ連のような改革は東ドイツのシステムには必要ないと認識していた。市民も東ドイツの体制には不満を抱いていたものの、すぐに大きな変革が可能になるとは考えていなかった。また高齢の指導者ホーネッカーが一九八九年の夏に手術などで長期にわたって指導力を発揮できなかったことが象徴的に示していたように、旧態依然たる東ドイツの指導部は大きな時代の変化に柔軟に対応する能力を持っていなかった。そのために自国の体制に希望を持てなくなった市民は国外へ逃れていった。一九八九年の夏には、さまざまな経路を経てあまりにも多くの市民が西側に逃れていったため、東ドイツの空洞化を危惧し、東ドイツにとどまり、なんとか自国の体制を改革しようと試みる人々も力を結集するようになり、市民運動が次第に盛り上がっていった。

一九八九年九月以降、例えばライプツィヒ市のニコライ教会を拠点として毎週月曜日に開催された集会とデモが次第に大規模化していき、注目を集めるようになる。またプラハの西ドイツ大使館に逃げ込み、最終的に西ドイツに出国することを認められた東ドイツ市民は、電車によって東ドイツ領経由での出国が認められたが、その移送の過程で、ドレスデン駅では東ドイツ市民と警察との大規模な衝突がおきている。これまで国家の監視と迫害によって、東ドイツにおいては国家に対する批判が大きく報じられることもなかったし、その動静が海外のメディアによって世界中に報じられることもなかった。唯一の例外は、第二章一で紹介されている建国間もない一九五三年六月一七日の歴史的な労働者蜂起のみである。しかし、ソ連のゴルバチョフがペレストロイカとグラスノスチを推進していることに勇気づけられた東ドイツの市民運動は、次第にこれまで表明できなかった要求を表明し始めた。このような状況のなかで、一九八九年一〇月七日には建国四〇周年の記念式典が盛大に催された。この式典にはソ連のゴルバチョフ書記長も出席した。東ドイツ市民の多くは自国の指導者を称えることはなく、改革を主導するソ連の指導者ゴルバチョフを温かく迎えた。建国記念式典そのものはつつがなく実行されたが、その夜には市民と警察が衝突し多数の逮捕者が出た。またその後一〇月九日のライプツィヒの月曜デモはさらに大きくなり、数万人規模に達していた。

この頃からデモ参加者たちは「私たちが人民だ（Wir sind das Volk.）」というスローガンを多用するようになる。社会主義の東ドイツでは、例えば憲法第四条に「全ての権力は人民の福祉に奉仕する」と規定されていたが、「人民（Volk）」、すなわち「労働者」の力はマルクス・レーニン主義によって運営される党に集約され、党によって国家が運営されていたので、実質的には政党独裁であり、形式的な選挙などは実施されていたとしても、実質的な意味を持つ民主的な政治の運営に国民が関わることは無かった。そこで、デモに参加した市民は、国家が制度運営の理念にたちかえって、デモで示された「人民」の意志に沿った改革を行うよう求めた。このような東ドイツの市民デモの重要な特徴は、非暴力であった。市民の側から警察を挑発することはなく、あくまでも言論によって社会改革を求めた。

市民デモの大規模化と社会不満の顕在化を受けて、東ドイツの指導部でもホーネッカー体制のままでは事態に対応できないと考える者も多くなっていった。一〇月一八日のＳＥＤ中央委員会特別総会でホーネッカーは辞任したが、実際には周囲から辞任させられたのであった。こうして東ドイツでは後任としてエゴン・クレンツがＳＥＤ書記長に就任した。

ベルリンの壁崩壊

新たに東ドイツを率いることとなったクレンツは、確かにＳＥＤ内では次の指導者と目されていた人物であったが、一九八九年秋の市民の期待に応えられるような人材ではなかった。政権がこれまでにない困難な状況に置かれていることは認識していたかもしれないが、クレンツをはじめとする新執行部は、基本的にはホーネッカー路線の修正による対応を考えていたので、国家とＳＥＤのあり方を市民の要求に応じて抜本的に変えることまでは考えていなかった。

東ドイツ市民はホーネッカーの退陣によって満足することは全くなく、デモはますます大規模化していった。もはや政権側が暴力によってデモを鎮圧することもないと見た市民は、ますます明確に大きな声で要求を政府に突きつけていくようになっていった。またこの時点までにはポーランド、ハンガリー、チェコスロヴァキアの民主化と脱社会主義化が急激に進展しており、近隣のかつての東側諸国とソ連の変容を見て、東ドイツの市民は自国の改革も当然に実現されるべきであると考えるようになっていた。

クレンツ政権は一時停止していた隣国チェコスロヴァキアとのビザ協定を復活させたため

に、東ドイツ市民は再びチェコスロヴァキアの西ドイツ大使館に逃げ込むという事態が起きた。こうしてチェコスロヴァキア経由で再び多数の東ドイツ市民が脱出をはじめ、新政権はまさに「足による投票」によって、すぐに不信任を突きつけられたと言ってもよいであろう。クレンツ政権はこの時点で市民の不満に対応するべく新しい旅行法を用意していたが、これはかつての鉄のカーテンの時代に比べれば確かに大幅に東ドイツ市民の出国を緩和するものではあったが、すでに西側レベルの旅行の自由が判断基準となっていた東ドイツ市民にはとうてい納得できるものではなかった。市民は街頭に出てデモに参加し、はっきりとクレンツ政権の考え方にノーを突きつけた。

こうして、クレンツ新政権は発足してまもなく行き詰まってしまった。そして一一月九日夕方、シャボフスキー政治局員が決定されたばかりの新しい旅行規則を記者会見で発表した。それは東ドイツ市民は個人の国外旅行を無条件に申請することができ、その許可は遅滞なく出されるというものであった。しかもこの規則は即時に実施されるとシャボフスキーは発表した。それまでの東ドイツ市民の国外旅行は、審査に耐える特別な理由や親族を訪問するなどの理由がなければ許可されなかったが、これら一切の条件が必要なくなり、審査もなく自由な出国許可が与えられると発表された。後の検証によれば、この発表はフライングであり、本来は一一月一〇日に発表されるべきものであったが、ミスで一日早く発表されてしまった。

このために、東ドイツの国境管理の現場は全く準備ができていなかった。

しかし、この発表はテレビ中継されていたために、東ドイツ市民は出国すべくベルリンの東西間の検問所に殺到していった。一一月九日の深夜、日付が変わる約一時間前にベルリンの検問所は市民の圧力に抗しきれなくなり、ついにゲートを開放した。そして東ドイツの市民は西ベルリンに流れ出していった。これが一一月九日の「ベルリンの壁崩壊」である。その後市民の中にはブランデンブルク門の下を通って東西ベルリンを分断しているベルリンの壁に上る者も出た。一九六一年に壁が構築されて以来、この壁を越えようとした多くの東ドイツ市民が共和国逃亡罪で射殺されたが、一九八九年一一月九日の深夜には、東ドイツの国境警備兵たちはなすすべもなく様子を見守るのみであった。

この夜の出来事は、まさに歴史的な意味を持つものであったが、多くの幸運によるところも多かったと言えよう。東ドイツ市民はそれまでのデモと同様に暴力に訴えたり、警察や警備兵を挑発したりすることはなかった。同様に国境警備兵もかつてのように市民に銃口を向けることもなかった。シャボフスキー政治局員が予定外に早く新しい規則を発表してしまったにもかかわらず、大きな事故が起きることもなく、世界のメディアが注視する中で東ドイツ市民は西ベルリンを歩き回ることができた。さらに、一九五三年の労働者蜂起の時には東ドイツに駐留するソ連軍が介入した（第二章一参照）が、一九八九年にはソ連軍はもはや介入の意思を有していなかった。ゴルバチョフの登場によってソ連は変容し、それを受けてハンガリー、ポーランド、チェコスロヴァキアと東側諸国は自由化していった。そしてそれを見た東ドイツ市民はついに自ら国境の壁を打ち壊した。

二　東西ドイツ共存からドイツ統一への転換

「ベルリンの壁崩壊」は喜ばしいことであり、世界のメディアはこの歴史的な出来事を大きく報じた。しかし、東ドイツ市民が自由に出入国できるようになることによって、東ドイツはますます困難な状況に置かれることとなった。つまり、市民の流出が止まらなかったのである。出入国が自由化されれば、いつでも出国できるのであるから、かつてのように千載一遇の機会を長年待って西側に逃げ出す必要はなくなり、出国者の数は減少するという見方もあった。しかし、医師や技術者など専門的な技術を持った者をはじめとして、多くの東ドイツ市民は引き続き西ドイツへ出国していった。

今から振り返れば、ドイツ統一は当然の出来事であるように思われるかもしれないが、ベルリンの壁が崩壊した時点でも、ドイツ統一は決して当然の選択肢ではなかったし、ベルリンの壁の崩壊とドイツ統一は別問題であると多くの人々が考えていた。第二章一でも見たように、そもそもドイツが分断国家として成立したのは、米ソ対立、冷戦という国際的な背景によるものである。ドイツ人が望もうと望むまいと、第二次世界大戦に敗れたドイツの運命は米・英・仏・ソ連という戦勝国の手中にあった。その後の西ドイツの復興と国際政治の舞台における立場の変化があったとしても、国際法上は第二次世界大戦終結時の状況から変化が無く、なおドイツ統一は国際問題であって、ドイツ人が単独で決定できるものではなかった。このことはドイツの指導者たちは十分認識していたし、ナチと第二次世界大戦の影は、なお重くドイツ政治にのしかかっていた。

しかし、いったん自由を手にした東ドイツ市民は、社会主義のシステムを前提とするような東ドイツ国家の改革では満足しなかった。すぐ隣に同じドイツ語を話し、入国すれば必ず市民として受け入れてくれる豊かな西ドイツが存在しているという状況は、同じ時期に変革を経験した旧社会主義圏の東欧諸国とは大きく違っていた。「ベルリンの壁崩壊」後から首相となったモドローは確かに旧東ドイツの中では改革派ではあった。しかし、政権を手にしたとはいえ、もはや自国の市民を満足させるような政策をとることはできなかったし、東ドイツ国家にそのような能力、とりわけ財政力は無かった。

このような困難な状況の中で、一一月二八日コール首相は一〇項目プログラムという歴史的な提案を連邦議会で発表した。この提案では、窮地に陥っている東ドイツを様々な形で助けながら、東ドイツが民主化を進めることを支援することがうたわれ、東西ドイツが条約共同体や国家連合のような形で協力する可能性を検討する方針が示されている。そして東西ドイツが全ヨーロッパの枠組み、欧州統合の枠組みの中に位置づけられ、全欧州安全保障協力会議（ＣＳＣＥ）のプロセスのなかにあることなどが確認されている。しかし、最も注目されたのは、最後の第一〇項目であった。第一〇項目はドイツ民族が自由な自己決定によって統一を追求するという希望を明らかにしており、西ドイツ政府の政治目標とされていた。

この時点でもドイツ統一はまだ極めて遠い将来の漠然とした希望でしかなかった。しかし、コール首相がついにドイツ統一を最終的な政治目標として掲げたことは、様々なレベルに大きな影響を与えることになった。またこの一〇項目プログラムがアメリカやフランスとの協議もなく発表されたことは、とりわけ独仏関係に大きな影を落とすこととなった。

東ドイツでは急速にＳＥＤによる社会主義的支配からの転換が図られ、市民勢力と政府が協議を行う円卓会議も開催された。ベルリンの壁の崩壊に向けて貢献した市民運動の勢力は円卓会議でさまざまな改革の提案を行ったが、東ドイツの政治状況はもはや円卓会議に基づいてモドロー政権が対応できるようなものではなくなっていた。そもそも東ドイツの改革を主導するモドロー政権は民主的な選挙によって選ばれた政府ではなく、円卓会議によって市民社会からの声をくみ上げるとしても、できる限り早く民主的で自由な選挙によって選ばれた議会と政府を構成する必要があった。こうして一九九〇年一月末には人民議会の選挙を三月一八日に実施することが決定された。

選挙を実施すると言っても、東ドイツには形式的には複数の政党が存在していたものの、民主的な洗礼に耐えうるような政党が存在しておらず、選挙に向けて新たに政党を整える必要があった。かつて東ドイツを支配したＳＥＤは民主社会党（ＰＤＳ）に改名した。キリスト教民主同盟（ＣＤＵ）やドイツ自由民主党（ＬＤＰＤ）など翼賛政党として形式的に存在していた諸政党も改革を進め、新たに設立された様々な政党と共に選挙に臨んだ。この過程で東ドイツの主要な政治勢力はほとんど何らかの形で西ドイツの政党との関係を結んでいった。

こうして、三月一八日の人民議会選挙は、結局のところ西ドイツの政党と政治家たちの強力な影響力の下で実現した。西ドイツの潤沢な資金は芽生え始めたばかりの東ドイツの民主主義の行方を大きく左右した。この選挙の過程で一九八九年の夏から重要な役割を果たしてきた東ドイツの市民運動の勢力は次第に力を失っていった。

三月一八日の人民議会選挙の結果は、その後のドイツ統一の進め方を決定づけた。西のＣＤＵ系の諸政党が連合した「ドイツ連合」は東で再建されたＳＰＤに圧勝した。そしてドイツ連合は可能な限り早期のドイツ統一を訴えていた。東ドイツ市民は自分の国家や社会の誇りを維持しながら慎重に統一を実現する道ではなく、統一によって何はともあれ極力早く西ドイツと同じ環境を手にすることを望んだ。東ドイツの独自性を尊重しようとか、ドイツ統一のあり方を慎重に議論していこうという声は、この選挙の過程でかき消されていった。

こうして選挙後に成立した東ドイツの最初で最後の民主的政権は、ＣＤＵのデメジエールを首相として、ドイツ統一へ向けて作業を加速化させていった。

基本法二三条

デメジエール政権の成立は、別の言い方をすれば、西ドイツの基本法第二三条による統一の選択でもあった。基本法は一九四九年に制定された時点でドイツの再統一を第一四六条で規定していた。この第一四六条は「この基本法はドイツ国民が自由な決断により制定した憲法の効力の生じる日に、効力を失う」と規定していた。あくまでも暫定的に成立した連邦共和国のための基本法は、あえて名称も「憲法（Verfassung）」ではなく「基本法（Grundgesetz）」として、将来の再統一の可能性を強調していた。そして、ドイツの再統一が達成されれば、当然に全ドイツの国民によって新しい憲法が制定され、西ドイツのためだけの基本法は効力を失うものとされていた。

しかし、事態は基本法を制定した人々の想定外の展開をした。一九九〇年に東ドイツで行われた選挙によって東ドイツの人々は、全ドイツのために新しい憲法を制定するのではなく、西ドイツの基本法第二三条の規定によって、自分たちが西ドイツ、すなわち連邦共和国の法体系に加入することによって、ドイツ統一を実現することを選択した。もちろん、一九九〇年の春までは東ドイツの中で新憲法制定の具体的な動きもあったし、実際に憲法草案は作成されたが、この動きは次第に忘れ去られていった。

基本法第二三条は基本法が適用される地域を州の名前をあげて規定していた。そしてそれ以外の、つまり西ドイツ地域以外の地域が、連邦共和国に加入することも可能にしていた。実際に、第二章一で紹介したように、一九五七年にはフランスの管理下にあったザールラントが住民投票の結果を受けて、連邦共和国に州として加盟した。

東ドイツ市民はCDUを勝利させることによって、この第二三条の規定を使うことを選挙で選択した。このために、ドイツ統一によって新しい憲法が制定されることも、全く新しい統一ドイツの国家が生まれることもなかった。ドイツ統一の結果、東ドイツ地域に再建された州が西ドイツに加入し、連邦共和国の政治制度がそのまま継続されることになった。

このようなドイツ統一のあり方は、国内の議論としては一九九〇年の春に大筋での決着を見たが、ドイツ統一は東西二つのドイツが勝手に決められるものではなかった。本書で何度も指摘されてきたように、第二次世界大戦の敗北と冷戦の過程で成立した両ドイツは、戦勝国の同意なしには、最終的にそのあり方を決定することはできなかった。

ドイツ統一をめぐる国際関係

ベルリンの壁の崩壊はもちろん世界から祝福される出来事であった。しかし、その後のドイツ統一をめぐる議論においては、懸念や疑念が周辺国からドイツに対して向けられることもあった。ナチ・ドイツの記憶は、戦後四〇年を経て薄らぎ、また西ドイツはヨーロッパ経済統合とＮＡＴＯという軍事同盟の中での行動が評価され信頼を得ていた。しかし、完全に過去の影から自由になることも無かった。戦勝国の中でも、とりわけサッチャー首相のイギリスとミッテラン大統領のフランスは、ドイツ統一に対して慎重であった。一九八九年一一月のコール首相による一〇項目プログラムが周辺国への根回しなしに提示されたこともあり、一九八九年冬から一九九〇年初夏にかけて、ドイツ統一をめぐる国際関係はきわめて注目されることとなった。

ドイツ統一をめぐる国際政治上の要点は、統一されたドイツが国際関係の中でどう位置づけられるか、すなわち、軍事同盟の所属をどうするかであり、統一後のドイツをヨーロッパ全体の秩序にいかに安定した形で埋め込むかであった。国際交渉は東西二つのドイツと米英仏ソの戦勝四カ国の枠組み、すなわちツー・プラス・フォーの枠組みで行われた。

ソ連は当初、統一ドイツがＮＡＴＯに所属することに反対していたが、西側の結束もあって最終的にはこれに同意した。東ドイツに駐留しているソ連軍は撤退し、統一ドイツはＮＡＴＯに所属するが、東ドイツ地域にはＮＡＴＯ軍は配備されないこととなった。最終的に一九九〇年七月にコーカサスで開催されたゴルバチョフとコールによる会談によって、ドイツ統一をめぐるソ連との問題は全て解決された。

ＥＣを構成していた諸国は、一九九〇年四月のダブリンで開催された臨時欧州理事会でドイツの統一を認め、統一ドイツを強化されたヨーロッパ統合の枠組みの中に位置づけることが確認されていた。そして、次章二で説明されるマーストリヒト条約による欧州連合（ＥＵ）の設立に至ることになった。

「一九三七年の国境」東部領土の放棄

ドイツ統一をめぐる国際交渉の過程は、米英仏ソが中心であったが、実際には東の隣国ポーランドとの関係も極めて重要であった。ドイツ統一は、最終的にドイツのあり方を決定することになるが、ドイツのあり方とは、ドイツの同盟の帰属の問題や国家の制度の問題だけではなく、領域の問題も含んでいるものだったからである。領域の問題とは、連邦共和国が一九三七年の国境線、すなわちナチ・ドイツが侵略戦争を開始する以前の国境線を国際法上はドイツの領土としていたことである。この領域には、東ドイツ地域は当然であるが、カリニングラード（ケーニヒスベルク）を中心としたソ連の領土やポーランドの西部地域も含まれていた。

実際には一九四五年以来、ドイツはこれらの地域を事実上失っていたのであり、また一連の東方外交、一九七五年の全欧州安全保障協力会議（ＣＳＣＥ）によって、ソ連やポーランドが実効支配する国境線は政治的には承認されたものと考えられていた。しかし、法的にはなお、交渉による変更は可能であると解釈されていた。とりわけＣＤＵやＣＳＵの保守派の中には、これら東部領土から追放されてきた人々のロビーが存在していたこともあって、コール首相も最終段階まで東部領土の放棄をはっきりと表明することは無かった。

最終的には一九九〇年六月に東西ドイツのそれぞれの議会が、ポーランドの西部国境を最終的なものとする決定を行い、この問題は決着した。こうして、ドイツの国境がついに最終的に確定されることになったのであった。これにともなって、基本法第二三条はドイツ統一が実現した後に削除され、新たにドイツの領土が拡張される可能性も排除された。

コラム⑨

「統一」か「再統一」か？　一九九〇年に東西ドイツが一つになった出来事は、「統一(Einigung)」と表現されることもあるし「再統一(Wiedervereinigung)」と表現されることもある。歴史的には、一八七一年のドイツ帝国の成立もドイツの「統一」である。実際にはドイツでも両方の表現が使われるし、法的に最も正確な「連邦共和国基本法がおよぶ領域への加入」は一般的には用いられない。「再統一」と言った場合、「再」の意味は実際には第二次世界大戦後に新たに成立した東西ドイツの統一にはあまりふさわしくないし、かといってばらばらになってしまった一九三七年以前のドイツの領域が「再」統一したわけでもない。ドイツ語ではドイツ統一の日の祝日の名称は「Tag der Deutschen Einheit」とEinheitが使われており、一般的にもドイツ統一(Deutsche Einheit)が使われることも多い。東西ドイツ間のドイツ統一条約では正式名称にEinheitが使われているが、この条約の俗称では

Einigung も使われている。また、Einigung はヨーロッパ統合の文脈でも使われる。

経済通貨同盟の発効

多くの東ドイツ市民にとって、ドイツ統一とは西ドイツの豊かさをすぐに享受できるという夢の実現であった。そのために最も重要な関心事は、自分たちの通貨がどのような比率で西ドイツのマルクと交換されるかであった。東ドイツの通貨も名称はマルクであったが、長年にわたる国力の差を反映して、公定ルートは常に意味をもたず、実際の市場では西ドイツ・マルクよりははるかに低い交換レートが決められていた。

東ドイツ市民は西ドイツ・マルクと東ドイツ・マルクが一対一の比率で交換されることを求めた。西ドイツの中では、そのような交換比率は、東ドイツ企業の競争力を大きく削ぐことにもなり、経済合理性の観点から強い反対も多く存在した。しかし、コール首相は、政治的には一定金額までの個人の資産の交換比率を一対一とする決断を行った。この決断は長期的に見ると東ドイツ経済の崩壊をまねき、その後長期にわたって経済復興の足かせとなったのであるが、当時の政治状況からはやむを得ない選択肢であったと言えよう。

一九九〇年七月一日には政治的なドイツ統一に先立って、東西ドイツ間の経済通貨同盟が発効した。これによって東ドイツ地域は西ドイツ経済システムに完全に組み込まれることとなり、経済的な統一が進んだ。

一九九〇年一〇月三日

ドイツ統一はベルリンの壁の崩壊から一年もかからず、一九九〇年一〇月三日に実現した。ドイツ民主共和国はその議会の決議によって消滅し、旧東ドイツ地域は連邦共和国に加入した。当日はベルリンで統一を祝う大規模な集会が開かれ、国中で人々が統一を祝っていた。

ヨーロッパの国際政治の歴史を振り返ると、このドイツ統一がいかに例外的な出来事であったかということがよくわかるであろう。ドイツの国境線が周辺諸国に祝福される形で決定され、戦争によらないどころか、軍事的な緊張が高まることもまったくなく、このような偉業が達成されたことはまさに歴史的なことであった。ドイツ統一は米ソ冷戦の終焉という大きな枠組みの変化という環境の下で可能になったことは確かである。しかし、これほど短期間にドイツ統一が実現したのは、この交渉に関わった各国の指導者たちの行動の成果でもある。関係諸国との信頼関係を築きながら統一をめぐるドイツ外交を主導したコール首相とゲンシャー外相、国内社会の変動の中でドイツの統一を認めたソ連のゴルバチョフ大統領とシュワルナゼ外相、ドイツ統一を一貫して強くサポートしたブッシュ米大統領、ベイカー国務長官らはまさにドイツ統一の立役者であったと言えよう。

ドイツ統一にあたって旧東ドイツ地区では、メクレンブルク＝フォアポメルン、ブランデンブルク、ザクセン、ザクセン＝アンハルト、テューリンゲンの五州が再建された。一〇月一四日にはこれら五州で州議会選挙が実施され、それぞれの州で新しい政権が発足した。

1999年9月から利用されている連邦議会本会議場。1991年6月に連邦議会をボンからベルリンに移すことが決定され、旧帝国議会議事堂が全面的に改築された。

第五章　統一後の苦悩とヨーロッパ化の進展

一　東西ドイツの統一

旧東ドイツ地域経済の崩壊

ドイツ統一が華やかに祝われていた裏で、旧東ドイツ地域の経済は危機のさなかにあった。七月の経済通貨同盟の発効によって、旧東ドイツ地域の経済はさらに打撃を受けた。もともと西ドイツ経済とは比べものにならないほど脆弱で競争力のない産業しかないところで、通貨交換比率を一定限度まで対等にしてしまったために、労働コストが高くなり、産業はさらに競争力を失った。東ドイツ地域に設立されたいわゆる新五州では、企業閉鎖が相次ぎ、失業者数は急激に増加していった。

期待を込めて設立された新五州ではあったが、全く何もないところからの出発ではなく、社会主義政権時代のさまざまな負の遺産を引き継いだマイナスからの出発であった。新しい経済的な出発を妨げた最も大きな問題の一つは、所有権の問題であった。社会主義時代に接収された土地は元の所有者に返還される原則がたてられたが、長い時間の経過もあり、所有権問題の解決は容易な作業ではなかった。元の所有者に返還するか、それができないような状況にある場合には金銭による賠償が行われたが、問題解決には時間がかかり、新五州地域で投資したり企業を興したりする際の大きな障害となった。

社会主義時代の国有企業は次々と売却されて民営化されていった。しかし、市場経済の中で生き残れる企業は決して多くはなかった。また社会主義の時代には環境汚染に対する配慮もほとんどなされなかったため、汚染物質が工場から垂れ流しにされたりすることも多く、これらの除去を行うには巨大なコストと時間がかかった。環境問題も含めて、西側の水準に適合させながら、旧来の企業を再生させることはほぼ不可能であった。そのために多くの企業が閉鎖されていった。

全ドイツ連邦議会選挙

このような状況の中で、一九九〇年一二月二日に東西ドイツ統一後初の連邦議会選挙が実施された。一九九〇年三月の旧東ドイツ人民議会選挙、一〇月の新五州議会選挙で見られたCDUの優位はこの連邦議会選挙でも続いた。この選挙では連邦憲法裁判所の判決によって、東西ドイツでそれぞれ五％条項が適用された。もしも全ドイツで五％条項が適用されると、東ドイツ地域にしか基盤を持たないPDSや市民運動政党が連邦議会に議席を得る可能性が排除されるためであった。西側の主要政党は当初、全ドイツでの五％条項の適用で合意していたが、憲法裁判所は東ドイツ地域にしか基盤を持たず、西ドイツ地域にパートナー政党を有しない政党の存在に配慮した。

この連邦議会選挙はドイツ統一を成し遂げたコール首相対SPDのラフォンテーヌ党首の戦いであったが、結果は再びコール政権与党の圧勝であった。CDU／CSUは四三・八％、連立パートナーのFDPが一一・〇％を獲得したのに対して、SPDの得票率はわずか三三・五％で、前回一九八七年にヨハネス・ラウを首相候補として戦った時の得票率を下回っていた。この選挙では緑の党は五％条項によって連邦議会から議席を失ったが、東西別々の五％条項が適用されるという特例によって東側のパートナーである同盟九〇が八議席を確保したために、かろうじて完全に連邦議会から影響力が消えることを防ぐことができた。日本語で緑の党と表現される政党の正式名称は一九九三年以来同盟九〇／緑の党である。ドイツ語でも同盟九〇の部分は省かれることが多いが、正式名称は変更されていない。この同盟九〇とは一九九〇年の連邦議会選挙に際して結集した東ドイツ地区の市民運動諸団体をまとめた組織の名称である。西側の緑の党と東側の同盟九〇は一九九三年に正式に同盟九〇／緑の党として一つの政党となった。現在では通称として緑の党がほとんどの場面で使われている。

一九九〇年の選挙では旧共産党であるSEDの後継政党PDSも、全ドイツでは二・四％しか得票できなかったものの、旧東ドイツ地区での支持はなお強く、全六六二議席のうちの一七議席を獲得した。この選挙の時点で旧東ドイツの経済的疲弊と失業率の上昇は明らかで、PDSの得票は新五州の統一後の諸問題への懸念を反映したものであったといえる。経済は停滞していたが、安定し社会保障が行き届いていた旧東ドイツにノスタルジーを感じ、市場経済における競争に批判的な人々はPDSを支持していた。しかし、統一の実現からなお日の浅いこの時点では、短期間に歴史的なドイツ統一を実現したコール首相の評価は安定したものであったし、コール首相が東ドイツの市民に訴えた東ドイツ地域の復興は遠からず実現するという主張には、なお大きな期待が寄せられていた。また、統一の実現後も、コール首相はソ連との独ソ善隣友好協力条約、ポーランドとの国境確定条約の調印など、国際的な場面で成果をあげていた。

選挙結果を受けて一九九一年一月に発足した第四次コール内閣には三名の旧東ドイツ出身者が入閣したが、そのうちの一人が二〇〇五年に首相となったアンゲラ・メルケルであった。ドイツ統一の過程で東ドイツの首相を務めたデメジエール政権の副報道官としてコール首相に見いだされたメルケルは、一九九〇年の連邦議会選挙で議員となり、すぐに女性・青年相に任命された。女性・青年相は前の第三次コール内閣では青年・家族・女性・健康省であったが、これが三分割されて一部がメルケルに割り与えられたのであり、大臣ポストを象徴的に東ドイツ出身者に割り当てるためにつくられたといっても良いであろう。もっとも、ドイツのシステムでは、省庁の再編は内閣の編成時に首相の権限で自由に行うことが可能であり、頻繁に省庁の合併や分離分割が政策分野ごとに行われる。このため、メルケル女性・青年相が特別な存在であったわけではない。

首都論争

ドイツ統一の過程において東西ドイツ間で結ばれた条約によって、首都はベルリンとすることが定められていたが、政府機能を約四〇年間にわたって暫定首都として機能してきたボンに残すか、ベルリンに移転するかについては、ベルリンとボンのそれぞれの支持者が激しい論戦を戦わせた。ドイツ統一が実現するとは誰しも予想できなかったために、ボンでは老朽化した連邦議会議事堂に替わって新しい議事堂が建設中であった。一九八九年のベルリンの壁崩壊のニュースが連邦議会の本会議中に伝わって、議員たちが国家を歌った歴史的な場所であり、全てのドイツ統一関連の議論が行われた連邦議会は、議事堂新設工事期間中にのみ使われた小さな暫定議事堂であった。この建物は、かつての給

コラム⑩

駐ドイツ日本大使館　日本の外務省にとってもベルリンの壁崩壊やドイツ統一は予測できない事態であった。日本は長年ボンの大使館をオフィスビルの中に間借りしていたが、ベルリンの壁崩壊の前にボンの中心部に恒久的で立派な施設を建設した。ナチの時代には、日本大使館はベルリンの中心部、ティアガルテンに置かれていたが、第二次世界大戦で破壊され長年廃墟となっていた。この施設はコール首相と中曽根首相の合意によって一九八〇年代後半にベルリン日独センターとして改築された。しかし完成後まもなくベルリンの壁が崩壊し、ドイツ政府のベルリンへの移転にともなって、新築なったばかりのボンの大使館は閉鎖され、

ベルリン日独センターが利用していた旧大使館がさらに拡張改築され、日本大使館として利用されるようになった。

水施設跡の建物を利用したものであった。

ボンに政府をおくか首都ベルリンに政府をおくかについては、さまざまな観点から議論された。ドイツ統一の象徴的存在であり、歴史的にも長年の首都であったベルリンに政府機能を移転することは、新しい統一ドイツを象徴するにはふさわしい。一般的な感覚としても、分断が克服された以上は、かつての首都に政府機能を移転することは自然であったといえよう。東西冷戦が克服された以上、東への玄関であり、東西ヨーロッパのほぼ中心に位置するベルリンが望ましいという意見もあった。

しかし、戦後ドイツは連邦国家であり、政府機能を一つの都市に集中させることのマイナス点も議論された。連邦憲法裁判所は南西部のカールスルーエに位置しているし、中央銀行である連邦銀行はフランクフルトにあった（その後EUの通貨統合により、フランクフルトには欧州中央銀行がおかれたが、ドイツ連邦銀行も引き続きフランクフルトにある）。ドイツの交通の中心は、最大の国際空港を持ち、鉄道網の中心でもあるフランクフルトである（都市名は正確にはフランクフルト・アム・マインである。ポーランドとの国境オーデル河畔にはフランクフルト・アン・デア・オーデルがあるが、通常フランクフルトといえばアム・マインの方をさす)。この視点からすれば、首都ベルリンに政府と議会が移転する論理的必然性は無い。ボンにはちょうど新しい議事堂も建設されていた。また欧州統合にコミットするドイツの政府機関所在地としては、はるか東のベルリンよりも、パリやブリュッセルに近いボンが望ましいという意見も存在していた。ドイツ連邦共和国は「ボン共和国」とも呼ばれ、首都がボンにあってこそ培われた政治文化に基づいて運用されている国家の制度であるから、ベルリンに移転されれば、その本質的なものが変容してしまう懸念もあるのでボンに首都を残すべきであるという主張も根強く存在していた。

結局一九九一年六月二〇日、連邦議会は長時間の討論を行い、議員たちは党議拘束なしに、自らの信念にもとづいて政府機能移転の投票を行った。連邦議会はベルリンを選択した。この結果、連邦政府のうち主要省庁はベルリンへ移転し、連邦議会もかつての帝国議会の建物に移転することとなった。ボンには国防省、開発援助省、教育研究省、環境省、健康省、農業省などが残っている。なお、これらボンに残った官庁でも、大臣官房やいくつかの部局が第二拠点としてベルリンに置かれた。

ボンは政治的な首都の機能を失ったが、新たに「連邦市」と位置づけられた。国連機関や国際会議が積極的に誘致され、それなりの活気を維持している。

二　苦悩する統一ドイツ

一九九一年に入るとドイツでは統一後の諸問題が誰の目にも明らかに見えるようになり、統一の成果は期待通りに上がらなかった。新五州の経済的復興が遅々として進まないどころか、いつまで経っても経済的危機が深まっていくばかりであることに批判が集中した。東西ドイツの経済的格差は、東西ドイツの精神的な距離にも影響していた。旧東ドイツ市民は「オッシー」、西ドイツ市民は「ヴェッシー」などと呼ばれ、お互いに不満をぶつけ合うこととなった。統一のユーフォリアからさめてみると、西ドイツの市民にとってドイツ統一は重い経済的な負担を背負うことを意味していた。一九九一年からはこの統一にともなう財政負担を賄うために連帯税として所得税と法人税が増税された。その結果、ドイツ統一の夢が実現したために、市民はいよいよそのコストの重さにうちひしがれるようになった。

このようにドイツ統一のさまざまなコストで苦悩するドイツに追い打ちをかけたのが、外から流入する難民たちであった。一九四九年に制定されたドイツ基本法は、ナチの犯した罪に対する反省から、第一六条で政治的に迫害された者に対して、ドイツでの庇護権を認めていた（第八章四も参照）。このため、自国での迫害を理由としてドイツに難民としてやってくれば、誰でも庇護を受ける権利があるか否かについての認定審査を受けることが可能であった。実際に難民認定されて庇護権が認められる比率は当時およそ五％程度で、決して高くはなかったが、実際には経済的な困窮から、政治的には迫害されていないにもかかわらずドイツに流入する難民の数は多かった。また、難民認定されなくても、難民条約の規定によってそのまま国内にとどまることを許容される人々も多かった。

とりわけ、スロヴェニアとクロアチアの独立問題を契機として一九九一年からユーゴスラヴィアで内戦が始まると、ドイツにやってくる難民庇護申請者の数は爆発的に増加した。これに加えて、自由化されたソ連や他の東欧諸国からも多くの難民がドイツを目指した。冷戦終焉前数年間の難民庇護申請者の数は、年間一〇万人前後であったが、一九九〇年には約一九万人、九一年には約二六万人、そして九二年には約四四万人もの難民庇護申請者がドイツに殺到した。これらの難民たちは、冷戦の終焉に伴って撤退していった旧米軍兵舎などに収容されたりもしたが、あまりにも多数の難民の流入は、政治的にも経済的にも、社会的にも統一直後のドイツに大きな負担となった。

かつての東ドイツには、ベトナムからの契約労働者を除けば、ほとんど外国人はいなかったが、ドイツ統一に伴って多くの難民も東ドイツ地域に居住するようになっていた。一九九一年には東ドイツのホイヤースヴェルダで外国人襲撃事件がおき、大きく報道された。ポーランドやチェコと国境を接するザクセン州で起きた外国人襲撃事件は、統一後ドイツの若年失業者のネオナチ化の問題や、東ドイツ地区の地方都市コミュニティーの崩壊の問題を多くのドイツ人に認識させた。ところが一九九二年には西ドイツ地域にある小さな町でもトルコ人家族が襲撃を受けて死傷するという事件がおきた。外国人に対する刑法犯は一九九〇年代の初めに明らかに急増していた。当時の世論調査をみると、ドイツ人にとっての最重要問題は外国人問題であったことがわかる。いかに基本法一六条を有していようとも、社会情勢は寛容な難民政策の継続を不可能にしていた。この結果、一九九三年には基本法が改正され、庇護権は廃止されなかったものの、難民の受け入れは実質的に大きく制限された。

基本法の改正によって新たに流入してくる難民の数は減少したが、既にドイツ国内に居住している多くの外国人の社会統合は重要な課題であった。しかしコール政権下では外国人の社会統合の問題については大きな変更はなされなかった。

マーストリヒト条約（EU条約）の締結

前章二で既に触れられたように、一九九〇年四月にダブリンで開催された臨時欧州理事会では、ドイツの統一が認められ、統一ドイツをヨーロッパ統合の強化された枠組みの中に位置づけることが確認されていた。その後、六月下旬に開催された欧州理事会では、既に予定されていた経済通貨同盟に関する政府間会議と並行して政治同盟に関する政府間会議を開催することが決定された。経済通貨同盟については、冷戦の終焉以前から、「一九九二年市場統合」後の目標として技術的な準備が進められていたが、ドイツ統一プロセスが進み、統一ドイツをこれまで以上に緊密に欧州統合の枠組みの中に組み込む必要性が強く認識されることになったことから、政治外交の分野においても欧州統合を大きく進展させる必要性が欧州の指導者の間で認識された。こうして、ドイツの統一と欧州統合という欧州の国際秩序を大きく変容させるプロセスが同時進行で進められることとなった。

一九九〇年一二月一五日からローマ欧州理事会に引き続き経済通貨同盟に関する政府間会議と政治同盟に関する政府間会議の二つの政府間会議が開催された。ほぼ一年にわたる二つの政府間会議の成果がオランダ南部の小都市マーストリヒトで開催された欧州理事会により承認された欧州連合（ＥＵ）条約（通称マーストリヒト条約）である。マーストリヒト条約は一九九二年二月七日に調印されたが、同年六月二日のデンマークにおける批准のための国民投票では僅差で否決されてしまった。今日から考えると、このデンマークでの国民投票による否決は、その後の欧州統合プロセスにおける市民の役割、国民投票の役割を考える上で極めて大きな転換点となったと言えよう。

その後フランスで行われた国民投票においては批准賛成票が反対票を僅差で上回ったが、デンマークの国民投票の結果はドイツにおいてもマーストリヒト条約反対派を勢いづけることとなった。ドイツでは憲法に国政レベルの国民投票の規定がないために、国民投票の実施は不可能であるが、マーストリヒト条約による主権の委譲が通常の国際条約の範囲を遥かに超えているのであるから、憲法制定権力である国民が投票という形をとらなければ批准はできないはずであるという議論を提起するものもあった。また「マーストリヒトに反対する経済学者六〇人宣言」のように、著名な経済学者たちが経済通貨同盟に反対する動きも見られた。法学・経済学をはじめとして研究者から一般の市民に至るまで、マーストリヒト条約に対する反対の声はドイツでも大きくなっていった。

しかし、連邦議会においては、与党も野党の多数もマーストリヒト条約の批准はドイツとヨーロッパの将来にとって不可欠であると判断していた。もちろんマーストリヒト条約はドイツとヨーロッパ統合の関わりをこれまで以上に進化させるものであるため、ドイツにおいてもマーストリヒト条約を批准するためには国内の制度を整える必要性は認められていた。このため、ドイツ統一後は削除されて空となっていた基本法第二三条（第四章二参照）に全く新しい条項が書き加えられた。新しい第二三条は複雑な規定であるが、そのポイントは、民主的なヨーロッパ統合を実現するために、連邦共和国が主権を移譲できることを規定し、EU法の制定に当たってドイツの連邦参議院、連邦議会という国内の議会が積極的に関与する道を保障するものであった。第二三条一項は「このEUは、民主的、法治国家的、社会的および連邦的な諸原則ならびに補完性の原則に義務づけられており…」と規定し、民主原則、法治原則、社会原則、連邦制の原則、そして補完性の原則というドイツにとって譲ることのできない規範原則を明示し、ヨーロッパ統合の構成原則をドイツ基本法の中で再度明確にしているのである。このような基本法の改正を経て、連邦参議院と連邦議会はそれぞれマーストリヒト条約を批准したのであった。

マーストリヒト条約は一九九二年一二月のエディンバラ欧州理事会がデンマークに対して市民権、経済通貨同盟、軍事協力、司法内務協力などの分野への不参加を認めたために、一九九三年五月にデンマークで実施された二度目の国民投票によって批准された。しかし、最終的にマーストリヒト条約の発効を一九九三年一一月にまで遅らせてしまったのはドイツであった。

EUに関する連邦憲法裁判所判決

マーストリヒト条約に反対する一部の人々は、連邦憲法裁判所にマーストリヒト条約がドイツ基本法に反しているという憲法異議を行った。この議論のポイントは、ドイツ基本法によって保障されている政治的な基本権がマーストリヒト条約によって侵害されるというものである。新たに設立されるEUはこれまでの「民主主義の赤字」を解消していないし、このようなEUに権限を委譲することは、ドイツの立法府には許されていないという主張がなされた。

一九九三年一〇月、連邦憲法裁判所はこの訴えを退けた。連邦憲法裁判所は憲法異議のうち、基本法第三八条（選挙）をめぐる問題のみを憲法異議の審査対象とした（しかし棄却）

が、その他の異議については審査の根拠も認められなかった（却下）。連邦憲法裁判所は、新たに成立するEUはその構成国から構成される国家結合（Staatenverbund）であって、構成国のアイデンティティーを尊重しており、ドイツ人の選挙権、基本法が保障する民主主義原則は損なわれないと判断した。そもそもこのStaatenverbundというドイツ語は新しい造語であって、従来から存在している国家連合（Staatenbund）でもなく連邦国家（Bundesstaat）でもない。EUはこれまでにはない新しい存在であるが、それでもなおその構成国の民主的な制度を空洞化してしまうような存在とは判断されなかった。

EUの発足

この判決を受けて、連邦大統領が署名して批准手続きが完了し、マーストリヒト条約は一九九三年一一月一日に発効し、欧州連合（EU）が発足した。EUは従来から存在していた欧州共同体（EC）の経済統合の柱を強化発展させ、これに共通外交安全保障政策（CFSP）と司法内務協力（JHA）という二つの政府間協力の柱を加え、統合と協力という異なった運営原理を有する三つの柱の上にEUという屋根をかける形で発足した。ECの領域では、欧州議会の権限を大幅に強化する共同決定手続きが導入されるなど、制度改正も行われ、同時に政策領域も拡充された。また、単一通貨の発行を規定した経済通貨同盟の規定によって、経済統合は最終段階に到達したと評価されるようになった。

このようなめざましい経済領域の統合の進展と比べると、二つの政府間協力に基づく領域の成果は、決して十分と言えるものではなかった。そもそもEU条約を交渉している過程においても、旧ユーゴスラヴィアからの独立をめざすスロヴェニアとクロアチアに対する政策をめぐって、EUの中核となるべきドイツとフランスの間ですら明らかな政策の違いが見られた。ドイツ政府はスロヴェニアとクロアチアの早期の独立を認め、これがユーゴスラヴィアの解体と地域の不安定化をもたらすと認識していた他のEC諸国との間の溝を深めた。冷戦の終焉は、これまで米ソ対立の中で西側として比較的まとまりやすかったEC諸国の国際環境を大きく変容させ、旧ユーゴスラヴィアでの内戦の勃発は、民族自決という問題を再びクローズアップさせることとなったのであった。

EUは発足したものの、社会主義体制から民主化し、市場経済へ移行した多数の旧東側諸国を受け入れるためには、EUの制度は決して十分なものではなかった。一九五〇年代に相対的に均質な西側の豊かな六カ国のために作られた制度では、二〇カ国を大きく超える多様な構成国から構成されるEUの運営は決して容易ではなかった。このためEU条約が発足するとすぐに新たに多数の加盟国を迎えるための制度改革が求められるようになっていった。ドイツではEUの「拡大か深化か」ではなく、「拡大のための深化」をいかに実現するかが問題であるという認識が強かったが、他のEU構成国においては必ずしも同じ認識は共有されておらず、拡大を前提としたEUの抜本的な制度改革をめぐる議論は、この後何度も繰り返されることとなった。

連邦軍の域外派兵問題

一九九〇年代のドイツにおいてもっとも激しい論争が戦わされ、その後の政策展開に大きな影響を与えた問題は、連邦軍のＮＡＴＯ域外派遣問題であった。一九九〇年にイラクはクウェートに侵攻した。この問題は、侵略者の認定に関して国際社会の合意が比較的に容易にとりつけられたこともあって、冷戦後の世界における活躍が強く期待された国連を中心として、国際社会全体の一致した対応が可能となった。日本でも自衛隊の派遣と資金援助以外の具体的な支援策が議論されたのと同様に、ドイツでも連邦軍の派遣問題が議論された。日本の自衛隊とは異なり、ドイツ連邦軍はＮＡＴＯの域内であれば従来からどこにでも出動することは可能であった。しかし、ドイツ軍はＮＡＴＯの同盟国であるトルコでは活動できるものの、湾岸地域はＮＡＴＯ域外であり、これらの地域への派遣と貢献をめぐって大きな論争が巻き起こった。

ドイツ連邦軍は、第二次世界大戦への反省と米ソ二極対立の冷戦という特殊な条件のもとで、冷戦時代にはＮＡＴＯの同盟国と自国の領土を防衛する領域防衛のみを任務としてきた。日本の自衛隊とは違って、一九六〇年代から災害救助や人道支援のための輸送任務などでは海外に出動していたのであるが、軍事的な紛争に巻き込まれる恐れのあるような地域への派遣は行われなかった。結局ドイツ連邦軍はアメリカの要請にもかかわらず直接の軍事的な貢献を行わなかったために、一九九〇年の湾岸戦争に関連して巨額の財政支援をおこなったものの、日本とともに小切手外交として批判されることとなった。

その後ドイツ連邦軍の派遣問題については、一九九三年の国連安保理決議に基づくソマリアへの介入問題と旧ユーゴスラヴィア上空の飛行禁止を監視するためのＮＡＴＯ軍のＡＷＡＣＳ（早期警戒管制機）へのドイツ連邦軍将校の乗務が大きな論争となった。野党ＳＰＤと与党の連立パートナーであるＦＤＰはともに連邦憲法裁判所の判断を求めた。連邦憲法裁判所は、最終的に一九九四年七月の判決で、連邦軍の派遣を条件付きで合憲とする判断を下した。連邦議会の同意をとりつければ、つまり、連邦議会の過半数の賛成があれば、連邦軍のＮＡＴＯ域外領域への派遣も合憲という判断を下した。

この連邦憲法裁判所の判決は、その後のドイツ連邦軍の活動と、ドイツの安全保障政策にきわめて大きな影響を与えた。連邦軍は旧ユーゴスラヴィア地域へも派遣されるようになり、次章以降で言及されるように、ついにはアフガニスタンにも派遣され、またＥＵの枠内でアフリカやアジアなど世界各地に派遣されるようになっていくのである。

ユーゴスラヴィアの解体と欧州安全保障の変容

一九九一年に勃発した旧ユーゴスラヴィアの内戦は、その後ボスニア・ヘルツェゴヴィナをめぐって激化した。ＥＵやＯＳＣＥ、国連による様々な外交努力、国連平和維持軍の派遣にもかかわらず、内戦は凄惨なものとなった。スレブレニツァの虐殺が象徴するようなエスニック・クレンジング（民族浄化）と呼ばれる民族集団の大量虐殺が行われた。このような事態がヨーロッパの中で起こったことはドイツの政治家にも大きな衝撃を与えた。連邦憲法裁判所の判決までは、野党のSPDや緑の党では連邦軍の派遣に反対する声は強かったが、旧ユーゴスラヴィアの状況を目の当たりにして、軍事力の正当な行使なしには虐殺を止めることはできないとの認識がSPDや緑の党の右派、現実主義者といわれるグループで広まり、従来の政策を転換し、連邦軍の派遣に賛成するようになっていった。このことは、次章で議論されるシュレーダー政権誕生の政策上の重要な背景となったと言えよう。

また同時に、旧ユーゴスラヴィアの紛争などが象徴するような、EUの周辺地域における紛争や危機に対して、従来の防衛を中心とした安全保障政策では十分対応できないことも共通の認識として持たれるようになっていった。後にEUの共通安全保障防衛政策（ESDP、リスボン条約発効後はCSDPと称される）の構築に結実するようなEU域外の危機に対応する能力を高めるための議論がドイツにおいても安全保障政策の重要なテーマとして議論されるようになっていった。

マーストリヒトⅡ交渉

冷戦の終焉とドイツの統一という国際政治上の大きな変化を受けて設立されたEUは、短い期間に構成国の合意を形成しなければならなかったこともあって、ヨーロッパの様々な新しい変化や、数多くの新規加盟国を受け入れるための制度的な準備は決して十分ではなかった。ＥＵ条約（マーストリヒト条約）の内容については、ドイツの関係者の多くが決して十分ではないと評価し、ＥＵが一体となってより効率的に、有効な共通政策を迅速に展開していくためには、同条約の改正が必要であると認識していた。このためドイツでは、ＥＵを設立したマーストリヒト条約をさらに大幅に発展させるという意味を込めてマーストリヒトⅡ条約を作ることが必要であるとの共通認識が、ほぼ全ての政党間の共通認識となっていた。

この時期のＥＵの将来についてのドイツの考え方をもっとも良く表しているのが、いわゆる中核ヨーロッパ構想である。ＣＤＵの院内会派を率いていたショイブレ（ドイツ統一時の内相であり、メルケル政権においては内相、財務相を務め、その後連邦議会議長も務めた）と連邦議会の外交委員会委員長であったラーマースは一九九四年に共同でこの構想を発表した。これはＥＵの中核にある諸国が中心となって統合を進めて行くべきであり、必ずしも全ての構成国が同じスピードで統合を進める必要はないというものであった。ＥＵの発展に消極的であったり、共通政策の展開に妨げとなったりする構成国に、積極的に統合を進めようとする構成国が妨げられるべきではなく、ＥＵはそのための制度的な裏付けを必要とするという考え方である。

ドイツは大きな期待を抱いてマーストリヒトⅡ交渉に臨んだ。しかし、一九九五年から開始されたリフレクション・グループによる準備交渉、一九九六年の政府間交渉によって合意され一九九七年一〇月に署名されたアムステルダム条約は、ＥＵ条約をいくつかの分野で大きく改正したものの、大幅な新規加盟国の増加に十分対応できるものではなかった。ＥＵの行動能力の向上に関しても、アムステルダム条約は決して満足できるものではなかった。

アムステルダム条約はＥＵ条約発効後に高まった市民の不安や不満に対応することもねらいとしていた。確かにＥＵの政策領域として初めて明示的に雇用政策が導入されたり、「自由・安全・司法」のキーワードの下に警察・司法協力を強化して安全で安心して生活できる国境なきヨーロッパをめざしたりするなど、アムステルダム条約は市民の要望に積極的に応える姿勢を示そうとするものであった。しかし、実際にＥＵがこれらの政策領域ですぐに効果の上がる政策を展開できるわけではなく、新規加盟国を迎えるためにも、ＥＵはさらなる条約改正を行わなければならなかった。

安定成長協定とドイツ

ドイツ統一後のＥＵにとって、最も大きな具体的政策目標は経済通貨同盟の完成であった。一九九四年からは通貨政策の緊密な調整と協調によって中央銀行の発足と通貨同盟の実現を準備する欧州通貨機関（ＥＭＩ）が設立され経済通貨同盟は第二段階に移行していた。戦後の経済的な成功と社会経済的な安定の象徴であったドイツマルクが新しい共通通貨に置き換えられることに対する不安がドイツでは存在していた。ドイツ連邦銀行が政治的な独立性の下で維持してきた通貨の安定とインフレの回避を最重要目標とする政策が、新しい欧州中央銀行によって受け継がれるのか、通貨同盟の背景となる各国経済の安定と財政規律は守られるのか、さまざまな議論がなされた。

このような不安を払拭するため、コール政権のヴァイゲル財務相（ＣＳＵ）は、経済通貨同盟に参加するためのいわゆるマーストリヒト基準を、通貨同盟の実現後も通貨同盟を構成する国々が継続的に守る必要性を指摘し、そのための新たな合意を形成することを提案した。これは一九九六年に安定成長協定（ＳＧＰ）として合意された。安定成長協定によって、経済通貨同盟を構成する国々は、永続的に厳しい財政規律に縛られることとなり、認められている以上の財政赤字を出さないように留意する義務を負うこととなった。またＥＵ委員会はこのプロセスを監視することとなり、最終的には違反国に対して罰金を科す可能性も盛り込まれた。

次章一で見るように、安定成長協定は政府の財政出動を大きく拘束するようになり、不調に陥ったドイツ経済、さらにはシュレーダー政権の政策運営にも重荷となっていく。以降の政権の政策運営は困難なものとなり、次期政権は安定成長協定による拘束に頭を悩まされることとなった。

改革の停滞

一九八二年に発足したコール政権は、一九八三年、一九八七年、一九九〇年、一九九四年の連邦議会選挙に勝利し続けた。しかし、ドイツ統一の高揚感がなくなり、さまざまな社会経済問題に統一ドイツが直面するようになると、長期政権による停滞感がドイツを覆うようになった。コール政権は対EU政策や外交政策においては引き続き成果をあげることができたが、とりわけ国内の経済政策においては、十分な政策を展開することができなくなっていた。例年その年のキーワードを発表するドイツ言語協会は一九九七年を象徴するキーワードに「改革の停滞（Reformstau）」を選んでいる。

「改革の停滞」が象徴していたのは、ドイツ統一とEUの発展による経済社会のヨーロッパ化の進展、同時に急激に進むグローバル化などに対するドイツの政策対応の後れであった。企業がグローバル化する経済に対応して生産拠点を労働コストの安いドイツ国外に移していく状況下で、ドイツ政府はこれらの企業を国内に引き留めるための税制改革や労働市場改革を十分なスピードで行うことができなかった。さらに、日本同様に少子高齢化が問題となり、年金や医療保険など、巨額の費用を要する社会保障制度を長期的に安定して維持するための改革も必要であった。しかし、これらの議論もなかなか進展しなかった。

もちろん、「改革の停滞」の責任は必ずしもコール政権の政策運営のみにあるわけではなかった。とりわけ問題であったのは、連邦参議院における多数が野党に奪われていたことであった。コール政権を支える与党CDU／CSU・FDPはドイツ統一の直後までは連邦参議院において安定した多数を維持していたため、連邦議会と連邦参議院の間のねじれは存在せず、政策展開のための立法は比較的容易であった。しかし、次第に各州の選挙でCDUが多数を失っていくと、連邦参議院ではSPDが多数を占めるようになり、コール政権を支持する与党が多数を占める連邦議会と野党SPDが多数を占める連邦参議院のねじれが広がっていった。このため二つの議会が難しい政策課題ではなかなか合意を見いだすことができなかったことも、「改革の停滞」の背景となっていた。

ドイツ統一という偉業を成し遂げたコール首相ではあったが、一六年におよぶ政権はあまりにも長く、国民は新しい指導者と新しい政策運営のスタイルを求めるようになっていた。

第六章　シュレーダー政権とドイツ政治の変容

一　第一次シュレーダー政権

ドイツ統一という歴史的な偉業を成し遂げたコール政権も、長引くドイツ経済の停滞と長期政権のために国民から次第に飽きられていった。在任期間は一九八二年から一六年となり、アデナウアーの在任期間一四年をも大きく越えていた。

ニーダーザクセン州首相シュレーダーは、「新しい中道」をキーワードとして、コール政権下の停滞したドイツ経済を活性化させることを訴えた。ドイツ統一や過去の実績を強調したCDU／CSUとFDPの保守中道連立とは異なり、刷新や革新など、これまでとは違った新しいイメージを抱かせる選挙戦を展開したSPDと緑の党は、一九九八年九月二七日の連邦議会選挙でコール政権を打ち破り、政権を獲得した。

SPDは党首であるラフォンテーヌ・ザールラント州首相、首相候補シュレーダー・ニーダーザクセン州首相が先頭に立ち、連邦議会選挙戦で国民に新しいSPDのイメージを与えることに成功した。SPDは四六議席増の二九八議席を獲得し、一九七二年以来初めて連邦議会で最大会派となった。CDU／CSUは四九議席も大きく議席を減らし、二四五議席となって、連邦共和国のシステムで初めて得票率四〇％を下回ってしまった。緑の党とFDPは微減であったが、PDSは五％をわずかに越えて六議席増の三六議席を獲得した。この結果、SPDは緑の党と連立を組み、緑の党は初めて連邦レベルの連立政権に参加することとなった。

一九九八年の選挙には、戦後ドイツの国政選挙の中でも興味深い一つの特徴がある。それは、国民の投票によって政権交代がおきた、ということである。つまり、それ以前のドイツの政権交代はことごとく連立の組み替えによっておきているのである。一九六六年の大連立政権は言うまでもないが、一九六九年のブラントSPD・FDP連立政権の発足、一九八二年のコールCDU／CSU・FDP政権の発足はいずれもFDPがどちらの大政党につくかで政権のあり方が決まっている。連邦議会選挙は政権発足後に信任投票の形で実施されたのである。しかし一九九八年の選挙で国民は、はっきりとコール政権を否定し、SPDを中心とする政権を選択した。

継続か変容か　一九四四年生まれのシュレーダーも一九四八年生まれのフィッシャーもいわゆる「一九六八年世代」に属する。「新しい社会運動」と言われるような、ドイツ社会をさまざまな意味で変容させた運動を担った世代であり、一九三〇年生まれのコール首相のように、第二次世界大戦とアデナウアー時代の戦後復興や欧州和解の記憶が最も重要であった世代とは異なる世代に属していた。

ドイツを代表する政治学者であるミュンヘン大学のヴァイデンフェルトは、コール政権からシュレーダー政権への移行を分析した著書の中で、この政権交代が単なる政権交代ではなく、戦後ドイツの政治を規定してきたアデナウアー以来の様々な継続性の終焉であることを強調している。そしてその変化の一つの重要な特徴が、世代交代であるとされている。シュレーダー首相とフィッシャー外相に代表される指導者たちは、既存の権威や社会の伝統に盲目的に追従することを拒否し、新しい社会的な価値観を作り出そうとしてきた世代である。特にフィッシャー外相の属する緑の党は、このような社会運動の中から環境運動と反核平和運動を中心として形成された政党である。フィッシャー外相みずからも、六〇年代末から七〇年代初めには、既存の政治システムへの抵抗運動に身を投じていた。

世代交代という要素のほかにも、シュレーダー政権の歴史的な位置を考える上で、重要な要素がもう一つ存在している。それは、シュレーダー政権がドイツ統一問題という、連邦共和国の政治と外交を強く制約してきた問題を持たない戦後初めての政権であるということである。第四章二で見たように、コール政権は旧東ドイツを連邦共和国のシステムに吸収する形でドイツ統一を達成し、ドイツに対して戦勝国の留保権を保有していた米英仏ソの四カ国は、ドイツ統一を認め、すべての留保権を放棄した。これによってソ連軍は旧東独地域から完全に撤退し、分割占領されていたベルリンの地位は完全に連邦共和国に返還された。そしてEUによる統合の進展によって西側の周辺諸国との間にはもはや外交上の懸案も、防衛の必要性もなくなっていた。経済通貨同盟はすでに最終段階への移行直前となっており、その完成は既定路線となっていた。ポーランドを始めとする旧東側諸国との国境線はドイツ統一のプロセスの中で国際法的にも確定された。遠くない将来のEU加盟を見据えて、もはや東側の隣国とも大きな問題は存在しない状況となっていた。米英仏への配慮やソ連との駆け引き、東に隣接する諸国との緊張関係などが外交行動を決定する重要な要因となっていたコール政権までの政権と、シュレーダー政権は大きく異なる環境におかれたと言うことができよう。

しかしもちろん、ヨーロッパ統合の重視、対米関係を軸とした安全保障政策、国連を中心とした多角的なシステムにおける協調的な行動と貢献などといったドイツ外交の規定路線からシュレーダー政権が大きく逸脱しようとしたわけではない。それどころか、シュレーダー政権は発足当初、緑の党のフィッシャーを外相兼副首相としたこともあって、これまでとは違ったドイツ外交の方向性が示されるのではないかという外からの懸念を払拭するために、外交政策ではあえて継続性を強調していた。内政ではコール政権との違いや新しさを強調するスタイルが目についたが、対外政策ではきわめて慎重に継続性をアピールしていた。

コソヴォをめぐる空爆への参加

この政策の継続性を最もよく象徴しているのが、旧ユーゴスラヴィア・コソヴォ問題への対応である。シュレーダー政権は一九九八年一〇月一七日のSPDと緑の党の連立合意に基づき、一〇月二七日に発足している。しかし、九月二七日の選挙でSPDが政権につくことが決まると、その直後から選挙で敗北したコール政権が、SPDと緑の党の指導者との密接な協議を開始し、コソヴォ紛争のためにNATOが武力行使する際にはドイツ連邦軍を派遣することを決定した。このNATO軍の武力行使において、ドイツは戦闘機を派遣することを決定しており、単なる治安維持や防衛的な軍事力の行使にとどまらず、空爆活動などの軍事力行使をNATOの枠組みの中で行うことは、それまでの連邦軍の活動の中でも特筆されるべきものである。SPDも反戦平和を訴える党として印象づけられている緑の党もこの活動を承認し、一〇月一六日の連邦議会において、CDU／CSU・FDP・SPD・緑の党のほとんどの議員が賛成し、連邦軍の派遣が承認された。

さらにこの軍事力行使にあたっては、ロシアが国連安全保障理事会において軍事力行使を認める決議に反対していたことから、軍事力行使を容認する国連安保理の決議を得ることができなかった。NATOは独自の判断で、ミロシェヴィッチ政権がコソヴォに対する政策を変更しない場合にセルビアを攻撃することを決定した。国連決議という錦の御旗なしにNA

TOが軍事力の行使をすることについては、多くの議論がなされた。このときドイツ国内では、旧コール政権はもちろん、発足間際のシュレーダー政権を担う人々の間でも、NATOによる軍事力行使はやむを得ず、その際にはドイツは共に軍事力行使に責任を負わなければならないとの認識が共有されていた。

ドイツにおいても冷戦の終焉後、次第に連邦軍が積極的に活用されるようになってきたとはいえ、国連決議なしの空爆に参加し、NATOの枠内で軍事力行使を行ったことは、大きな変化である。これを認めさせた論理は、既に国際社会が国連安保理決議一一九九によってミロシェヴィッチ政権による平和と安全に対する脅威を認定していたこと、その後の長期にわたる外交努力にもかかわらず、コソヴォでかつてのボスニア・ヘルツェゴヴィナと同様の人道的な惨禍が起きることを外交手段によっては止められないことから、軍事力の行使は不可欠であるというものである。ヨーロッパにおいては旧ユーゴスラヴィア、特にボスニアなどでおきた民族浄化や虐殺は二度と繰り返されてはならず、政治・外交上の努力にもかかわらずミロシェヴィッチ政権に変化が見られない以上、それを止めるためには軍事力の行使が必要であると考えられた。

この問題がまさにコール政権からシュレーダー政権への移行期にあたったために、かえって国内の議論は結束を強めたとも言えよう。ドイツがSPDと緑の党の連立となっても、コール政権までの政権と同様に国際社会に対して、またNATOの枠組みにおいて、求められる責任、同盟国の義務を果たすことを外に向かって示すことが必要である、との認識が国内には広まっていた。外交上は難しい問題を抱えたなかで発足したシュレーダー政権では、外相に緑の党のフィッシャーが就任したが、国防相には前SPD党首で党内でも安全保障問題で現実的な姿勢をとり続けてきたシャルピングが就任した。

ラフォンテーヌ対シュレーダー

外交政策分野とは対照的に、経済政策・社会政策分野でシュレーダー政権は、コール政権との違いを強調した。選挙戦でシュレーダーは次期経済相に若い実業家のヨースト・シュトルマンを指名し、変革の象徴として位置づけた。しかし閣内の権限配分問題などからシュトルマンが経済相就任を辞退すると、やはり経済界から政党所属のないヴェルナー・ミュラーを入閣させた。また労働社会相には労働組合のIGメタルからヴァルター・リースターを入閣させた。この二名の入閣はシュレーダー政権のいわば目玉人事であるが、さらに大きな意味を持ったのはSPD党首ラフォンテーヌの財務相としての入閣であった。

ラフォンテーヌはシュレーダーと共にSPDの顔として連邦議会選挙を戦った。シュレーダー首相に比べると、旧来のSPD、つまり労働組合と労働者の権利を強調するタイプであり、企業のダイナミズムを利用した経済の活性化をめざすシュレーダー首相とはもともと経済政策に対する考え方は異なっていたと言えよう。国家による財政出動も視野に入れた、労働者の権利保護に重点をおくラフォンテーヌの伝統的な政策は、シュレーダー政権の「新しい中道」による改革路線とどのように整合性をとるかが注目された。外交政策でもラフォンテーヌはかつてシュミット政権時代のＮＡＴＯ二重決定に反対するなど党内では左派に属する政治家として知られていた。ラフォンテーヌはＳＰＤ党内で大きな影響力を持っており、シュレーダー首相との力のバランスが大きな問題であった。

政権が発足するとさまざまな問題でシュレーダー首相とラフォンテーヌ財務相の政策の違いが明らかになっていった。労働者の権利に配慮しながらも、ドイツ経済再活性化のために労働者の自己責任の拡大、国家の役割の限定化、労働意欲を刺激する政策、企業の税負担の軽減を目指すシュレーダー首相に対して、ラフォンテーヌ財務相の発言は異なった方向性を示すことが多かった。

一九九九年に入ると、ラフォンテーヌ財務相は欧州中央銀行の金利引き下げ政策を批判し、投機を防ぐためにＥＵ内の資本移動の規制を提案するなどした。ドイツの財務相がその強い独立性を制度的に保障されている欧州中央銀行の政策に口出ししたことは強い批判を招いた。このようにしてシュレーダー内閣において首相と財務相の対立は明らかなものとなり、三月一一日ラフォンテーヌ財務相は辞任した。ラフォンテーヌは同時にＳＰＤ党首も辞任し、連邦議会議員の議席も放棄した。この結果、シュレーダー首相はＳＰＤ党首にも就任し、閣内の統制も回復した。

ラフォンテーヌはその後シュレーダー政権の政策が大企業を重視し、社会的連帯を軽視するネオリベラルな政策であると批判し続けた。ラフォンテーヌの主張は次第にＳＰＤの中でも極端なものとなり、聞き入れられなくなった。ラフォンテーヌは二〇〇五年春にはＳＰＤを離党し、ＰＤＳと共に二〇〇五年秋の連邦議会選挙を戦い、メルケル大連立政権期には左派党（Die Linke）として野党の一角を構成するようになった（本章二も参照）。

国籍法の改正

シュレーダー政権の初期に実現した法改正で、その後のドイツ社会に大きな影響を与えたものとして、国籍法の改正があげられる。ドイツの国籍法は基本的な部分では一九一三年の帝国時代に制定されたものであり、血統主義をとってきた。ドイツ国籍は原則として血統によって、つまりは両親のどちらかがドイツ人であることによって、子供に与えられるものであった。これはアメリカ合衆国の領土内で生まれた者はアメリカ人となるとする出生地主義をとる考え方と対照をなすものである。シュレーダー政権は当時の人口の約九％が外国人となっており、またトルコなどから労働者としてドイツに移住した親の子供たちが、ドイツで生まれ育ったにもかかわらず外国籍のままの市民も多数存在していた状況から、国籍法の改正を目指した。

フランクフルトやベルリンなどの大都市では、学校などにいくとドイツ国籍を持つ生徒がマイノリティーになっている状況すら見られた。ドイツにおいて外国籍保有者の存在は大きな社会的意味を持っているが、ＥＵ構成国の市民権を有する外国人は法的にはドイツ人と特に異なる権利・義務を持つわけではなくなっているので、問題となったのはＥＵ以外の外国籍保有者である。これらの住民の社会統合はきわめて重要な課題である。一九六〇年代にドイツに移住したトルコからの労働者は後に家族を呼び寄せ、子供を作り、今ではその三世代目も活躍している。ドイツで生まれ育ち、ドイツしか知らない子供たちの大きな集団をいつまでも外国人としておくことの様々な問題をＳＰＤや緑の党は強く認識し、国籍法の改正を目指したのであった。

二〇〇〇年に発効した新しい国籍法では、従来の血統主義原則を大きく変更し、両親のどちらかがドイツに合法的に八年以上継続して滞在し、ドイツで出生した子供はドイツ国籍を取得することとなった。このようにしてドイツ国籍を獲得した場合、親の属する国が血統主義をとる場合には自動的に二重国籍となるが、その子供は一八歳から二三歳までの間にどちらの国籍を選択するかを申告しなければならないと規定された（なおこの国籍選択義務は第三次メルケル政権の連立合意により二〇一四年末に廃止された）。

この国籍法が成立するまでには大きな紆余曲折があった。一九九九年二月にはフランクフルトをかかえる中部のヘッセン州で州議会選挙が予定されていた。一九九一年以来ヘッセン州はSPDのハンス・アイヒェル首相が緑の党と連立政権を構成してきた。これに対してCDUは、党内でも新しい世代に属し、論客として知られる一九五八年生まれのローラント・コッホを首相候補として戦った。CDU／CSUはこのときに国籍法反対のための署名活動を開始していたが、ヘッセンのCDUは特に選挙活動の一環としてこの署名活動を展開した。このように直接に国民感情に訴え、国政レベルの問題を州レベルの選挙とリンクさせ、しかもそれを署名活動という議会活動とは違ったレベルで国民に訴えかけるやり方は国内で大きな論争を引き起こした。署名活動はもちろんドイツでも様々なところで見られるものであったが、CDUのような大きな政党が先頭を切って、選挙戦とリンクさせて実施することは明らかにポピュリズムに訴えるもので、ドイツのそれまでの政治文化とは異質なものであった。

ヘッセン州の議会選挙は僅差でCDUとFDPの連立が勝利した。その結果、連邦参議院ではそれまでSPDが多数を制していた状況が覆り、CDUが連邦参議院を制するようになってしまった。一九九九年春のヘッセン州の政権交代は、SPDが多数を占める連邦議会とCDUが多数を占める連邦参議院のねじれを生みだし、シュレーダー政権の政策運営を困難なものにしていった。

国籍法もまた連邦参議院の承認が必要であったため、SPDは野党との妥協形成を目指した。ラインラント＝プファルツ州ではＳＰＤと連邦レベルでは野党であるＦＤＰとが連立政権を構成しており、法案を連邦参議院で通過させるためには、同州の賛成票が必要であった。通常このような連立状況にある州は、採決にあたって微妙な問題では棄権するが、ＳＰＤはＦＤＰに対して妥協して、法案の成立に必要な多数を確保した。その結果、当初提案されていた案が修正され、成人後は二重国籍を解消するために国籍選択制にするなどの譲歩がなされ、本節で紹介したような国籍法の内容となった。

移住法の改正問題

国籍法の改正はシュレーダー政権における外国人問題をめぐる最初の一歩であり、より本格的な対応が求められていた。人口の一〇分の一近くを占める外国人を社会にいかに統合し、共存させていくかという問題は、少子高齢化の進むドイツにおいては、将来の社会のあり方を左右する問題である。一部の極右勢力を除けば、議会に議席を占める政党のほとんどは、外国人に対して排他的であるようなことは全くないが、どの程度までドイツへの外国人の移住を認めるかについては、かなり大きな考え方の隔たりが存在していた。

二〇〇〇年にはこの問題を政党横断的に中立の立場から審議するために「移住に関する独立委員会」（委員長となった元連邦議会議長の名を取って「ジュースムート委員会」と呼ばれる）が設置され、二〇〇一年七月に報告書が提出された。連立政権はこの包括的な提案の一部をいわゆる移住法の形で関連法の包括的改正を含めて議会に提出した。これによって外国人のドイツ滞在に関するビザ手続きの簡素化や、外国人を社会統合するためのドイツ語教育、社会教育、いわゆる統合コースなどが導入されることになった。なお、この法律ではZuwanderungという概念が用いられている。外から中に移住することをあらわす概念であり、移住や移民と訳される。ドイツ語にはEinwanderung（移民）という語もあるが、あえて用いられていないことから、移住と訳出した。

この立法化の過程においても連邦参議院は政治的な注目の的となった。前節で一九九九年春からはＳＰＤが連邦参議院の過半数を失っていたことを紹介したが、二〇〇二年三月に移住法が連邦議会で採択され連邦参議院に送られると、ＣＤＵが政権を担っている州政府はこぞってこの法案に反対した。しかし法案の成立には、ＣＤＵが政権に入っている少なくとも一つの州が連邦参議院で賛成する必要があった。ブランデンブルク州では一九九九年以来ＰＤＳの政権参画を防ぐためにＳＰＤとＣＤＵの連立政権となっていたが、連邦参議院における採決にあたって、移住法を所管するＣＤＵの州内相シェーンボームとＳＰＤのシュトルペ首相が異なった意見を表明した。ブランデンブルク州は連邦参議院において四票の投票権を有しているが、基本法の規定によってこれを分割して投票することはできないのである。当時連邦参議院議長であったヴォーヴェライト・ベルリン市長は、これを見てブランデンブルク州は移住法に賛成したと解釈し、同法案は連邦参議院で採択されたこととなった。

この連邦参議院の採決は、テレビ中継向けに多分に政治的に演出されたものであった。実際には賛成も反対も前もって決まっていた。一九四九年に誤ってノルトライン＝ヴェストファーレン州の代表の二名が異なった投票をしてしまった後で、首相が最終的な意見表明をおこなって、それをもって州の投票として理解された前例にならったものであった。しかし、二〇〇二年一二月にCDU／CSUの訴えを受けた連邦憲法裁判所はこの三月二二日の連邦参議院の採決を無効とした。この結果移住法は再び議会で審議されることとなった。連邦参議院でCDUは再びSPDの提案を否決し、その後与野党間の長い交渉を経て二〇〇四年夏に合意が形成され、ようやく二〇〇五年から移住法は発効した。

シュレーダー政権発足時の一つの代表的重要法案の採択が、連邦参議院の反対によってこれほど長い時間を要したことは、まさにドイツ政治のシステムの一つの大きな問題点を示していると言えよう。州政府・連邦参議院と連邦政府・連邦議会との権限配分問題は、シュレーダー政権下では解決されず、メルケル大連立政権における連邦制度改革に引き継がれた。

原子力政策の転換

緑の党を連立パートナーとするシュレーダー政権は、当然ながら環境政策を重点政策の一つとしてとりあげた。連邦政府は二〇〇〇年六月には原子力発電所を稼働させる企業と合意を結び、建設後三二年で原子力発電施設を停止させ、二〇〇〇年以降には原子力発電施設の新設は行わないこととした。この合意はさらに二〇〇二年に法制化された。この結果ドイツでは二〇二〇年にはすべての原子力発電所が停止されることになった。

しかしドイツの電力が原子力に依存する割合は日本よりは低かったとしても、なお一〇％以上を依存していたため、これを他のエネルギーによって代替することは容易ではなかった。野党CDU／CSUは原子力からの完全脱却には賛成していなかった。

シュレーダー政権はエネルギー源の転換をはかるため、再生可能エネルギーの導入を支援する政策を強く進めることになった。再生可能エネルギーとは、石炭や石油などの天然資源のようないずれは枯渇するエネルギーではなく、持続的に入手可能なエネルギーのことを意味している。風力、水力、バイオマス、太陽光などはその代表的な例である。シュレーダー政権が発足した一九九八年以来、ドイツの風景は大きく変わった。それはこの再生可能エネルギーの代表格である風力発電のための風車が至る所に建設されたためである。山岳がほとんどなく見渡す限りの平地や、なだらかな丘陵地帯が続くドイツで、都市と都市の間の農業地帯を中心に林立する巨大な風車群は、エネルギー政策転換のシンボルとも言えよう。

一九九九年には再生可能エネルギーによる発電を除いて、電力には環境税が付加されるようになった。このような税制による新しいエネルギー優遇の政策誘導も一つの重要な手段と見なされたが、同時に環境税は企業の生産コストを高めるため、その運用には常に論争がつきまとっていた。

フィッシャー外相は緑の党を代表して入閣したが、同様に緑の党から入閣したトリッティン環境相が原子力エネルギーからの脱却や環境税の導入などで注目を浴びていたのに比べると、初期には外交政策の継続性を守るために堅実な政策遂行が目立った。

欧州安全保障防衛政策と連邦軍の改革

シュレーダー政権発足直後、一九九九年の前半にドイツはEU理事会の議長国となった。当時EUでは農業政策の改革などを中心として中期の財政枠組みを決定した「アジェンダ二〇〇〇」を交渉していたが、ドイツは議長国としてこの妥協形成に成功した。またコソヴォ問題をめぐってNATOによるセルビアへの空爆も三月に実施されたが、この経験をふまえて、EUの安全保障防衛政策（ESDP）を構築するための具体的な作業をEUとして開始した。既に一九九八年のサンマロ英仏首脳会議に示されたように、イギリスの政策転換によってEUは安全保障分野においても共通政策を構築する環境が整っていたと言えるが、ドイツはEU議長国として軍事力の裏付けを持ったEUのESDPを形成する議論を本格化させていった。

この背景には、最終的にはNATOを支えている圧倒的なアメリカの軍事力に依拠しなければコソヴォ紛争への対処にあたりNATO内の欧州諸国は何ら有効な行動をとることが出来なかったこと、EUも行動をとる能力を有していなかったことがあった。シュレーダー政権は、ヨーロッパが必要とする手段を整える必要性を強く認識していたのである。

その後ESDPを実現するためにEUは制度を整えていった。ドイツはシュレーダー政権下でEUレベルの安全保障防衛政策の構築や、変化した国際環境に対応すべく、ドイツ連邦軍改革の議論を開始した。一九九九年には元連邦大統領ヴァイツゼッカーを中心として共通の安全保障と連邦軍の将来について検討する委員会が設置された。二〇〇〇年三月には連邦軍戦力を三三万人から二四万人規模に大幅に縮小し、さらに徴兵による兵力を三万人に押さえて、実質的に職業軍人中心の軍とする提言が出された。この提言は、もはやドイツの安全保障は自国の領土を守るという領域防衛によって守られるのではなく、むしろ平和で安定したヨーロッパの周辺の環境を構築することによって、ドイツやEUの安全保障が達成されるとする考え方によるものである。

ヴァイツゼッカー委員会の答申は、それまでの「制服を着た市民」から構成される連邦軍のあり方をも変容させるものであり、CDUを始めさまざまなレベルから批判も多かった。ヨーロッパでは冷戦の終焉後に安全保障の重点がドイツの領域防衛から、ヨーロッパの周辺地域や国際環境の安定化のための危機管理に移行しているとしても、アデナウアーの時代から続く男子皆兵制によって市民社会と連邦軍を結びつけ、軍を社会から孤立させないという考え方は、軍の暴走を防ぐために重要との認識は共有されていた。フランスを始め周辺諸国で徴兵制が廃止される傾向にあったとはいえ、第二次世界大戦以前の軍のあり方を反省して作られた「制服を着た市民」という徴兵制度であるが故に、廃止は容易ではなかった。

シュレーダー政権は二〇〇〇年の決定で、兵役を一ヶ月短縮して九ヶ月とし、連邦軍の兵力は二七万七千とすることとした。そしてそのうちの一五万人を紛争対応部隊として整備することとなった。連邦軍を危機管理を中心とした軍隊に改変することは、装備を中心として多くの資金を必要とした。しかし、ユーロを安定させるための安定成長協定によって、ドイツ財政は不況の中でも財政規律に配慮せねばならず、強い制約を受けていた。この環境の下で連邦軍の改革を進めることは容易ではなく、方向性は示されたものの実現まではなお時間を要することとなった。

九・一一とテロとの戦い

二〇〇一年九月一一日にアメリカで同時多発テロが発生すると、米独関係の社会的な緊密さを象徴するかのように、多くのドイツ人も犠牲になり、ドイツ社会は卑劣なテロに憤った。直後にシュレーダー首相はアメリカに対する無条件の連帯を表明した。しかし、与党ＳＰＤと緑の党の中にも、対テロ戦争にドイツ連邦軍が参加することに躊躇する議員も多かった。連邦軍の活用に次第に積極的になってきたとはいえ、またテロとの戦いという大義名分があるにしても、高度な軍事作戦に連邦軍を参加させることにはなお多くのドイツ人が躊躇した。

シュレーダー首相は連邦軍の派遣と自らの信任をリンクさせ、連邦議会における投票に臨んだ。アメリカに対する無条件の連帯を訴えた以上、首相としての威信をかけて議会に連邦軍の派遣を認めさせなければならなかった。その際に問題であったのは野党CDU／CSUではなく、連邦軍を戦闘行動に関与させることに消極的な与党のSPD左派であり、緑の党であった。首相の信任とリンクされたために、結果的に連邦軍の派遣は圧倒的多数で承認され、連邦軍はテロとの戦い「不朽の自由作戦（OEF）」に参加した。シュレーダー政権は約百名の特殊部隊を含む約三千九百名の大規模な連邦軍の派遣を行った。この作戦は、ドイツ側からみるとNATO条約第五条を根拠とするものであり、同盟の義務を果たす作戦であると理解された。NATO条約の第五条は、集団防衛を定めたNATOの核となる条項であり、この条項に依拠すると解釈することによって連邦軍は攻撃された同盟国アメリカに対する集団防衛義務を果たすために連邦軍を派遣したということとなる。これにより特殊部隊による軍事行動も可能になった。

フンボルト大学演説とヨーロッパの将来像

シュレーダー政権において最もドイツ的な、言い換えれば観念的でその後の展開に大きな影響を与えた政策構想は、フィッシャー外相による二〇〇〇年五月のフンボルト大学におけるヨーロッパの将来像についての演説といえよう。EUでは一九九九年のアムステルダム条約の発効後、次の条約改正へ向けて積み残された課題を、いかにして拡大を控えたＥＵの制度改革に盛り込むかの議論が行われていた。フィッシャー演説は、これまでＥＣＳＣの発足以来統合の進展にともなってその都度積み重ねられ、いわば必要に応じてつぎはぎ状態になって巨大化してきたＥＵを、もう一度根本原理に立ち返って制度設計し直し、拡大したヨーロッパにふさわしい、効率的でかつ市民にもわかりやすい制度を構想しようとするものであった。

この構想はヨーロッパ連邦という概念を用いている点において、きわめてドイツ的である。つまりヨーロッパ統合の最終形態を、国家とＥＵの間で明確に権限が配分される連邦という形で理解し、簡素で明確な政治制度を演繹的に構想している。欧州統合の父と言われるジャン・モネがかつて構想し、現実に石炭鉄鋼分野から共同市場、原子力、通貨などの分野に統合が必要に応じて展開したように、機能分野ごとの統合を積み重ねていくうちに漸進的、いわば雪だるま式に統合が進んでいく方法（「モネ方式」とも称される）ではなく、連邦国家を構想するように、ＥＵのあるべき姿を理念的に制度設計しなおそうという構想であった。この構想は現職の外務大臣が打ち出しているため、極端に現実離れした構想ではなく、既存の国家の役割を尊重しており、連邦国家における単なる連邦州よりはるかに重要な要素として国家を位置づけている。しかし、フィッシャー構想は欧州憲法によって権力関係を明確に規定し、欧州機関のあり方を既存の機関にとらわれずに構想しなおそうとするものであった。

この構想はドイツ国内では野党も含めて大きな支持を得たが、フランスを始めとして他のEU諸国からは十分に評価されたとは言い難い。その後二〇〇〇年秋に合意され二〇〇一年二月に署名されたEU条約を改正するためのニース条約は、フィッシャー構想のような大胆な改革ではなく、既存制度の枠内でEUの拡大に可能な限り対応しようとするものにとどまっていた。

ドイツのようにEUの大胆な改革や将来像が議論され得る環境を有するEUの構成国は決して多くない。ニース条約という中途半端なEUの改革では、中東欧の多くの諸国を迎えて大きく拡大しても十分に機能できるような効率的で機能的な制度を作ることは出来ないとドイツでは認識されたため、すぐにさらなるEUの改革議論が展開された。この動きはジスカール・デスタン元仏大統領が議長をつとめたヨーロッパの将来に関する諮問会議と、その成果を政府間会議でまとめた欧州憲法条約につながっていった。

二　第二次シュレーダー政権

第一次シュレーダー政権では、国籍法の改正や原子力エネルギーからの脱却決定など、SPDと緑の党の連立の成果もあがったと言えるが、肝心の国内経済改革は遅々として進まなかった。何よりも重要な指標となる失業率は改善せず、失業者数は心理的に一つの区切りとなる四〇〇万人をなお上回っていた。

二〇〇二年九月の選挙が近づいてもSPDに対する支持率は上昇せず、世論調査はバイエルン州首相エドムント・シュトイバー（CSU）を首相候補とするCDU／CSUの優位を示していた。保守陣営は一九九九年秋に追及が始まった不正献金疑惑によってCDU内が混乱して、コール元首相が名誉党首を辞任し、次の首相候補と目されたショイブレ党首も辞任し、旧東ドイツ出身のメルケル党首に交代していた。一九九三年からバイエルン州の首相を務め、CSU党首でもあったシュトイバーは、ドイツの中でも最も失業率の低い地域で国際的に知られた有力企業をかかえるバイエルン州の経済的繁栄をその実績として、メルケルCDU党首を押さえて首相候補となった。シュトイバーは経済政策と社会政策を強調し、雇用の創出と社会治安の改善を訴えて、市民の支持を得つつあった。

シュレーダー首相は、失業率を改善するために二〇〇二年二月にフォルクスワーゲン社の取締役で旧交のあったペーター・ハルツを委員長とする諮問委員会を設置し、労働市場改革の提言をまとめさせた。このハルツ委員会は八月に報告書を出し、シュレーダー首相はこの報告をすべて実現することを公約していた。ハルツ委員会報告は、職業仲介を行う公的機関である雇用庁を改革し、職業仲介を迅速化、柔軟化するという政府側の改革と、失業者が家庭、居住地域など社会条件を加味して仲介された仕事を受け入れなければならない条件を厳しくし、失業者側のわがままによって仕事に就かないことを認めないなど、働く側の意識改革をセットにした。さらに失業した個人が自営の形でサービス業を営むことを支援するなど、社会保障システムや税制のゆえに従来であれば働くよりも失業給付をうけたり、納税を回避するために闇で働いていたりした人々が、自営で働く意欲を持てるシステムが提示された。とりわけサービス産業分野で硬直的な雇用市場を規制緩和によって活性化し、雇用を創出することがハルツ報告の骨子となっていた。

このハルツ委員会の提言は確かに興味深いものであったが、選挙戦の終盤にさしかかって、CDU／CSUの優位を覆すほど国民の注目を集められるものではなかった。二〇〇二年夏になるとエルベ川の洪水によって旧東ドイツ地域は大きな自然災害に見舞われた。この水害に対して政府が迅速に連邦軍を投入したことは高く評価され、選挙戦にも影響したとも言われるが、最終的に二〇〇二年九月の連邦議会選挙の結果を左右したのは、イラク問題であった。

イラク戦争と大西洋関係の亀裂

イラクが大量破壊兵器を隠し持っているか否かという疑惑を解消するため、イラクに対する査察を国連監視査察委員会とＩＡＥＡが協力して行っていたが、イラクの非協力的な態度や、アメリカの諜報機関による大量破壊兵器の存在を示す報告などがあり、国連を中心として長期にわたって議論が続いていた。アメリカは国連安保理において軍事力行使を認める決議を採択することを目指していた。これに対して、シュレーダー政権は国連を中心としてイラクとの交渉を引き続き行うことを求めていた。

二〇〇二年八月に選挙戦が最終段階にはいると、シュレーダー首相はイラクに対して軍事行動がとられたとしても、ドイツは参戦しないことを明言した。ドイツはイラク問題をめぐってアメリカのような冒険をする意図はなく、ドイツの政策はドイツが自ら決定する、という連邦議会選挙戦でのシュレーダー首相の発言は、アメリカとの関係を極度に悪化させた。

ドイツ外交にとって、アメリカとの関係は最も重要な柱の一つであり、アメリカが重要視している安全保障をめぐる政策に対して、ドイツの首相が公然と批判したことはそれまでにはなかった。本書の第二章から四章までを振り返れば明らかであるが、冷戦時代のアメリカはドイツの安全保障を担保し、国の存立を保証する存在ですらあった。一九四八年のベルリン封鎖を乗り切れたこと、一九九〇年の統一が平和のうちに実現できたことをあげるまでもなく、アメリカの政策に対してドイツが配慮することは自明のことであった。もちろん、ドイツ外交も常にアメリカ追従であったわけではないが、自国民を前にして首相自らが選挙戦の感情あふれた演説でアメリカの政策を批判することは前例のないことであった。

このＳＰＤの方針は国民から支持を得た。選挙戦の終盤になるとＣＤＵ／ＣＳＵの優位が失われ、ＳＰＤとの接戦が報じられるようになった。九月二二日の選挙結果はきわめて僅差

連邦議会選挙戦におけるシュレーダー首相を迎えたSPDの集会の様子（アーヘン市）

であった。SPDは得票を二・四％減らしたものの三八・五％で二五一議席を獲得し、三・四％得票を伸ばし比例区の得票率では同じく三八・五％であったが二四八議席を獲得したCDU／CSUをわずかに上回った（比例代表選挙制度を中心として小選挙区も組み合わせた連邦議会の選挙制度については第一章一参照）。さらに、フィッシャー外相を前面に押し立てて選挙戦を戦った連立パートナー緑の党の善戦によって、シュレーダー政権は継続されることとなった。

なぜイラク問題がドイツの選挙戦で大きな影響を持ったかについて考察してみると、単にドイツでイラクの大量破壊兵器疑惑に対して軍事的解決策が嫌われたから、というだけではなく、さらに大きな背景を指摘することができよう。

アメリカのように世界全体について利害関心を持ち、唯一の軍事的超大国である国と、EUによる統合を成功させ、もはやEU諸国間では軍事的な紛争は想定できず、周辺にも直接に脅威になる国は存在しないヨーロッパでは、世界情勢の認識が大きく異なる。EU諸国はあくまでも忍耐強く外交交渉によって紛争解決をめざし、軍事力の行使は最終的にどうしても不可避になった場合にのみ抑制的に行うべきであるとする世界観に依拠している。これに対してアメリカは政府のないアナーキーな国際関係認識を持ち、必要であれば軍事力の行使にも躊躇しない。アメリカを代表するネオコンの論客ロバート・ケーガンはヨーロッパを法と規則の支配する「ポストモダンの楽園」と評したが、米欧間の大きな世界観の違いがイラク問題での対立の一つの背景を構成していると言えよう。そして具体的な軍事力の整備にあたっても、例えばアメリカは防衛のためにミサイル防衛構想を進め、ドイツやEUの多くの国はそのような不必要な妄想ともいえる計画に批判的になる。

さらに二〇〇一年のW．ブッシュ政権の発足後、アメリカは地球温暖化に関する京都議定書の批准を拒否した。環境問題が国内政治で重要な位置を占めるドイツにおいて、このようなブッシュ政権の政策への不満が次第に蓄積されていった。さらに二〇〇一年には国際刑事裁判所の設立や小型武器管理枠組みの構築など、国際的な連携によって多角的制度を強化すべく準備されてきた国際的制度作りへ向けた努力を、アメリカが自国の利害を優先し次々と否定していったことは、ドイツの多くの市民には超大国の勝手な振る舞いとして認識された。

国際関係の制度化、すなわち国際組織や制度の枠組みを強化することは、国際秩序を平和的に安定させることをめざすドイツ外交の重要な柱の一つである。そのような枠組みを否定するアメリカの単独主義的な行動によって、米独間の外交的距離が次第に開いていったと言えよう。二〇〇一年の「九・一一テロ」とその後のＮＡＴＯという同盟による軍事行動によって一時期アメリカとの見解の違いは目立たなくなったが、二〇〇二年の連邦議会選挙によって、両国の関係に大きな亀裂が入った。

ドイツ外交研究の泰斗であったヘルガ・ハフテンドルンは、イラク問題を契機としたドイツ外交の変化を、ドイツ外交の三つの伝統との決別と評価した。それは、第一に、内政が外交に優先されたこと、第二に、国連決議があってもイラク戦争には関わらないとした国連無視は、ドイツ外交が尊重してきた多角主義の伝統に反すること、第三に、アメリカとの明らかな対立の危険を冒したことである。このような大きな外交政策上の変化が第二次シュレーダー政権の出発を彩ることとなった。

ヒンドゥクシュで守られるドイツの安全保障

米独関係に入った亀裂は、アメリカの政策を支持したＥＵ内の中東欧諸国とイギリス、アメリカの政策に反対する独仏を中心とする国々との亀裂でもあった。これによってイラク問題をめぐっては、ＥＵの共通外交安全保障政策は機能しなかった。ラムズフェルド米国防長官は、アメリカを支持する国々の多くが冷戦の終焉後にＮＡＴＯに加盟し、二〇〇四年にＥＵに加盟することになっていた国々であり、アメリカの政策に反対した国々が昔からのＥＵ構成国であったことから、「新しいヨーロッパと古いヨーロッパ」の対立と揶揄した。その後、米独関係は二〇〇四年二月の米独首脳会談やアメリカで開催された六月の先進国首脳会議（G8）頃までには、表面上は修復がはかられた。ドイツはイラク問題では協力しなかったものの、とりわけアフガニスタンを始めとするテロとの戦いにおいては継続して大きな協力をしていることを強調した。

既に説明したように、シュレーダー政権の初期から開始されたEUの共通安全保障防衛政策（ESDP）の構築は、その後着実に遂行された。ESDPを機能させるための軍事委員会などの制度も整備され、軍事的な危機管理の具体的能力も次第に整備されていった。二〇〇三年のマケドニアにおける小規模なコンコルディア作戦をはじめとして、同年のコンゴにおける治安維持のためのアルテミス作戦、二〇〇四年末からのボスニア・ヘルツェゴヴィナにおけるアルテア作戦、さらにはさまざまな警察ミッションなど文民による非軍事的な活動も実施されていった。ESDPのミッションでは、警察・法曹の専門家などによる法の支配の強化を支援する文民ミッションと、連邦軍による軍事ミッションが実施される。

ドイツでは連邦軍の改革が引き続き進められ、危機管理作戦への対応能力を高めるための努力が続けられていた。当時は七千名を超える兵士が世界各地に派遣されていたが、このような危機管理のための軍事力利用の日常化に加えて、市民社会のさまざまなNGOとの連繫、開発援助との連繫などによって、総合的な紛争の予防、平和構築も積極的に目指されている。

最も象徴的なのが二〇〇四年五月に発表された連邦政府全体の「非軍事的紛争の防止、紛争解決、平和の確立」と称される行動計画である。この行動計画は外務省が主導するが、実際にはこれまでにも世界各地でドイツの外務省と開発援助省を中心としてNGOなどとも協力しながら実施してきている平和構築のためのプロジェクトを集約したものであるので、完全に新しい政策というわけではない。しかし、EUの軍事的な危機管理の展開と連邦軍の派遣を相互補完する形で、文民を中心とした紛争防止と平和構築に力を注いでいる姿勢を国内外に明示するものである。ドイツでは文民を平和維持活動に派遣するために訓練したり調整したりする国際平和維持活動派遣センター（ZIF）という外務省によって設立された機関も活動している。

ドイツ政府のこのような政策はESDPの発展とも密接に関連していた。EUは二〇〇三年一二月の欧州安全保障戦略文書「よりよい世界における安全な欧州」（いわゆるソラナ・ペーパー）によって、次第にその安全保障政策の方向性を明確にしてきた。この文書によれば、EUが直面する脅威はテロ、大量破壊兵器の拡散、破綻国家、組織犯罪などの新しい脅威であり、これらはEUが全体として立ち向かわなければ対応が困難な課題である。

この戦略文書を受けて専門家グループによる報告書「バルセロナ報告（欧州人間の安全保障ドクトリン）」が二〇〇四年に提出された。この報告書は、危機管理にあたって法治主義、人権の尊重、社会経済的な安定を軍と警察を組み合わせて利用するなどして実現しようとすることを目指すものであるが、これらのアプローチ方法とドイツ政府の行動計画には非常に共通点が多いことは注目に値する。

二〇〇三年三月にシュトゥルック国防相が新国防政策指針を発表したが、この国防政策指針作成の議論の中で同相は二〇〇二年一二月の記者会見の際に連邦軍改革のコンセプトを発表し、「連邦共和国の安全保障はヒンドゥクシュにおいても守られる」と発言した。これはアフガニスタン北部でドイツ連邦軍が国際治安支援部隊（ISAF）の枠組み内で駐留するヒンドゥクシュ地方の治安維持と安定化がドイツの安全保障に結びついており、かつての自国の領土を防衛する領域防衛の考え方では、将来の連邦軍の役割を議論するには十分ではない、ということを象徴的に示す発言である。もちろん、「ヒンドゥクシュにおいても」安全保障が守られるのであって、領域防衛が不要であると言っているわけではないが、危機管理や平和維持・構築のために必要な連邦軍改革は、緊縮財政という困難な環境の下ではあったものの、こうして高度の輸送・行動能力の確保を中心として進められていった。

ハルツ改革とリスボン・プロセス

二〇〇二年夏の選挙戦の最中に発表された経済・社会・雇用市場改革のためのハルツ委員会報告は段階的に実施されたが、二〇〇三年三月に「アジェンダ二〇一〇」として中核部分がまとめられた。これは、経済のグローバル化が進み、社会構造が変容する中で、ドイツ経済を再活性化するための包括的な政策パッケージである。政策領域は、経済、職業教育、税制、雇用市場、健康保健、年金制度にまで及び、いわば経済の停滞に苦しむ病人ドイツを治療するための包括的な処方箋とも言える。ハルツ改革は職業紹介システムの改革（ハルツⅠ）に始まって、失業保険システムの改革（ハルツⅣ）に至るまで、立法化された。

経済がグローバル化しEUによって国境のないヨーロッパ市場が実現する中では、ドイツのみが高負担・高給付のシステムを維持することは出来ない。一連のシュレーダー・ハルツ改革は企業が国外に流出し、国内産業が空洞化するのを防ぐためには不可欠の改革であった。しかし、この一連の改革は、高い社会保障給付に慣れきって、失業しても働く意欲を持たなくなってしまったドイツの労働者に対して、社会保障給付の削減や条件の厳格化などによって、条件が多少悪くなっても仕事をすることを求めるものでもあった。「社会国家」というドイツ型福祉国家モデルをアデナウアー時代に確立し、そのシステムに慣れきっていたドイツの労働者からは、このような政策は強い批判を受けたこともまた事実である。

ＳＰＤと緑の党の連立与党に加えて、このような改革の基本的な方向性は野党からも支持された。唯一強い反対を唱えたのはＰＤＳであり、とりわけ旧東独地区ではＰＤＳは失業者などの強い支持を受け、州レベルや市町村など地方政治では大きな影響力を得るに至った。

しかし、連邦議会においてPDSはこのとき小選挙区で獲得した二議席しか保有しておらず、連邦の政治に大きな影響を及ぼすことはなかった。

第一次シュレーダー政権初期に財務相であったラフォンテーヌは、このようなハルツ改革への不満の高まりを見て、再び政治活動を活発化させた。二〇〇四年にはシュレーダー改革と対置される社会的公正を強調する政策プランを発表し、SPDの党内で支持が得られないと見ると、ついにSPDを離党した。そしてSPDを離党した左派の一部などが組織したWASG（選挙オルターナティブ雇用と社会的公正）はPDSと協力した。この過程でPDSは左派党PDSと名称を変更し、二〇〇五年の連邦議会選挙を戦うこととなった。両者は最終的に二〇〇七年に一つの政党としての左派党に合流した。

シュレーダー政権がドイツ国内で進めた「アジェンダ二〇一〇」による改革は、同時期にEU諸国でもそれぞれに独自の形で進められた経済社会改革の一環でもあった。EUは二〇〇〇年のリスボン欧州理事会で、一〇年後を目指してダイナミックで国際競争力のある知に基づいた経済を構築する戦略目標「リスボン戦略」を決定していた。その目標は、グローバル化の中でヨーロッパが情報・知などの分野に重点をおいて持続的な経済成長を続け、アメリカなどの競争相手と互角に競える経済を作り上げることであった。EUは市場統合では強い権限を持つが、構成国に対して経済・雇用政策を具体的に指示する権限はない。EUは共通の方向性を示すにとどまり、その具体的な方策は構成国のイニシアティブにまかされていた（この方式を開放型調整方式（ＯＭＣ）という）。シュレーダー政権はこれを「アジェンダ二〇一〇」としてまとめた。二〇〇四年秋にリスボン・プロセスの中間評価を行ったコック報告は、その進捗状況がＥＵ全体としては満足のいくものではないことを指摘し、プロセスの再活性化を求めていた。

ボローニャ・プロセス

新しい知を中心にすえた経済成長を考えるにあたって、ドイツでは常に障害となるものがあった。それは大学の制度である。ドイツの大学はかつて世界の学術の中心として多くの最先端の研究者を輩出した。しかし、ドイツの大学制度は学部と大学院を明確に分離せず、最初に得る学位がディプロームもしくはマギスターで、法学や医学では国家試験合格が課程修了であった。つまり、アメリカ型の学士、修士、博士という積み上げ型の学位体系とは異なるシステムを持っていた。これはＥＵの中での学生の自由な移動、留学を妨げる要因ともなっていた。さらに学位取得までの時間が他のＥＵ諸国と比べて長すぎることは、経済的な視点からも問題であった。ヨーロッパレベルで大学間交流を円滑にすべく一九九九年に二九のヨーロッパ諸国が結んだ合意はボローニャ・プロセスとして知られるようになった。これによって、ヨーロッパではほとんどの国で、学位やその取得のシステムが平準化された。

こうしてドイツでも学士（バチェラー）取得後に修士（マスター）を取得し、必要に応じてさらに博士（ドクター）を取得するというシステムが導入された。ドイツでは大学制度の問題は基本的に連邦を構成する州の権限に属する問題であり（第一章三参照）、これまで大規模な改革がなされることはなかった。しかし、ＥＵとは別の協定枠組みによるものであるが、ボローニャ・プロセスというヨーロッパの新しい展開の中で、ドイツの変わりにくい教育制度も変わったということは特筆に値しよう。

二五カ国へ拡大したＥＵ

二〇〇四年五月、ＥＵは一〇の新規加盟国を迎え、二五カ国に拡大した。ポーランド、チェコ、ハンガリー、スロヴァキア、スロヴェニアの中東欧五カ国と、エストニア、ラトヴィア、リトアニアのバルト三国、地中海の小国マルタとキプロスがＥＵに加盟した。シュレーダー政権は常にＥＵの拡大に積極的に賛成であった。とりわけ中東欧諸国の加盟については、その歴史的・政治的紐帯の強さからして、ドイツの政治エリートの中で反対する者はほとんどいなかった。

ＥＵの拡大は、既に一五カ国でも運営が困難になっていた複雑な制度の運用をさらに複雑にするものであったし、経済的になお弱体な諸国を加盟させることによってＥＵの予算にさらに負担がかかるなどの問題はあった。しかしドイツではそれらの懸念はあるにせよ、拡大ＥＵを構築していくことは必然と認識されていた。しかし、拡大が実現したからといって、一瞬で全てが同条件になるわけではなかった。新規加盟国が労働力の自由移動などで他のEU諸国と完全に同じ条件に到達するまでには移行期間をへなければならず、二〇〇四年の拡大はそのスタート地点でもあった。ドイツでは中東欧諸国からの安価な労働力が国内に流入することが懸念されていたため、マルタとキプロスを除く諸国の労働者には移動の制限を課していた。

欧州憲法条約の行方

フィッシャー構想に見たように、ドイツではEUの将来をめぐってさまざまな議論がなされていたが、二〇〇三年七月にジスカール・デスタン元仏大統領を議長としてまとめられた諮問会議の結論はドイツではきわめて肯定的にとらえられた。諮問会議に出席していたドイツの委員はフィッシャー外相、トイフェル・バーデン＝ヴュルテンベルク州首相らを始めとし、いずれもドイツから出された提案が満足のいく形で答申に組み込まれたことを評価していた。

諮問会議の答申は政府間交渉の紆余曲折を経て、二〇〇四年一〇月に欧州憲法条約としてローマで署名された。欧州憲法条約は当初二〇〇六年一〇月の発効が目指されたが、二〇〇五年五月にフランスで、六月にオランダで、国民投票によって批准が否決された。その結果、憲法条約の批准は一時棚上げされた。ドイツでは、連邦議会においても連邦参議院においてもフランス、オランダの国民投票前に、与党のみならず野党のほとんどの賛同を得て可決されていた。

フランスにおける批准否決は、ドイツとともに統合の中核を構成してきたパートナーであるだけに、大きな衝撃をもって受け止められた。しかし、シュレーダー政権はもはやヨーロッパの危機に当たって新しいイニシアティブを提言できるような状況にはなかった。

連邦議会の解散

フランスにおける国民投票の一週間前、二〇〇五年五月二二日、シュレーダー首相率いるＳＰＤはドイツで最大の人口を抱えるノルトライン＝ヴェストファーレン州の議会選挙において、歴史的な敗北を喫した。一九六六年以来ほぼ三九年を経てＳＰＤは同州で敗北し、ＣＤＵが政権を奪い取った。ＳＰＤの得票率はわずか三七・一％で、四〇％を割り込んだことは一九六〇年代以降一度もなかった。ノルトライン＝ヴェストファーレン州は連邦参議院において六票をもっており、この州がＣＤＵ政権となったことによって、連邦参議院の議席の三分の二が野党に占められることになった。ＳＰＤは、一九九九年にはヘッセン州に引き続きザールラント州を失い、二〇〇一年にはハンブルク、二〇〇二年にはザクセン＝アンハルト、二〇〇三年にはニーダーザクセンを失っていた。それがついにＳＰＤの牙城であったノルトライン＝ヴェストファーレンも失ってしまったのであった。

シュレーダー首相はノルトライン＝ヴェストファーレン州の選挙結果を見るや、連邦議会の解散を決断した。シュレーダー首相は信任投票にあたってＳＰＤ議員に棄権することを求め、意図的に信任投票で敗北する道を選んだ。第一章一で見てきたように、連邦議会は原則的に解散することを想定しておらず、通常は四年の議会期を満了するのがドイツ政治のシステムである。しかし、連邦参議院における敗北によって思い通りの改革の継続はもはや不可能と認識したシュレーダー首相は、連邦議会の解散を通して国民からの信任を確認し、政権を継続しようとした。

憲法上の解散権を有するケーラー大統領は、ＳＰＤ議員による意図的な信任決議の否決にもかかわらず、最終的には七月二一日に連邦議会の解散を決断した。後にこの決断は連邦憲法裁判所の判決によっても合憲と認められた。こうして二〇〇五年九月一八日に第一六回目の連邦議会選挙が実施された。

第七章　改革を引き継ぐ第一次メルケル大連立政権

一　大連立政権の特徴

二〇〇五年一一月二二日アンゲラ・メルケルは、連邦議会においてドイツの歴史上初の女性首相に選出された。九月一八日に行われた連邦議会選挙から政権発足まで、連立合意を形成するために約二ヶ月を要した。ドイツにおける大連立政権の発足は第二章二で紹介したキージンガー政権以来ほぼ四〇年ぶりである。本章では、このメルケル政権成立の背景とその政治課題について議論を進める。

九月一八日連邦議会選挙の結果

政権獲得をめぐって激しい選挙戦を戦った二つの大政党、CDU／CSUとSPDが連立を組むことには、もちろんさまざまな問題が存在していた。しかし有権者は、どちらの陣営にも多数を与えず、また緑の党やFDPなどの小政党一つと大政党一つが連立を組んだのでは議会において過半数を確保することはできない状況であった。

この選挙で、シュレーダー首相率いるSPDは二〇〇二年の選挙と比較して四・四％減の三四・二％、二九議席減の二二二議席を獲得した。メルケル率いるCDU／CSUも二〇〇二年から三・三%得票を減らし、三五・二%、二二議席減の二二六議席を獲得した。この結果を見る限り、大政党間ではわずかにCDU／CSUが優位であるが、その差は僅かであった。これに対して、SPDの連立パートナーとなるべき緑の党も僅かに議席を減らし五一議席を獲得し、CDU／CSUのパートナーとなるべきFDPは一四議席増ではあったが六一議席にとどまった。この選挙結果に大きく影響を与えたのは、PDSとSPDを離党したラフォンテーヌ元SPD党首の率いる連合（第六章二で見たように、正式に政党として一つになるのは二〇〇七年であるが、便宜上以下「左派党」とする）であった。PDSは前回の選挙では五%条項によって議席の比例配分が阻止され、小選挙区で獲得したのは僅か二議席であったが、二〇〇五年選挙で左派党は五四議席を獲得した。

超過議席の配分によって二〇〇五年選挙後の連邦議会の総議席数は六一四議席となったが、CDU／CSUもSPDも左派党とは連邦レベルで連立を組むことを頑なに拒否していたため、安定した議会内過半数を確保するためには、一つの大政党プラス二つの小政党の組み合わせによる連立か、大連立しかなかった。このうちSPDを軸としてFDPと緑の党が連立を組んでも、連邦参議院においてCDU／CSUが優勢で政治運営ができないため、現実的な可能性としてCDU／CSUとFDP、緑の党の連立か、大連立かが議論された。

CDU／CSUは黒、FDPは黄色、緑の党は緑と、政党のシンボルカラーである黒・黄・

緑を組み合わせるとちょうどジャマイカの国旗の色と同じになることから、この三党連立は「ジャマイカ連立」の可能性として一時盛んに議論された。しかし、ドイツの抱える多くの構造的な問題を克服するため、このような数合わせ的な連立ではなく、連邦参議院においても、連邦議会においてもより安定した多数を構成可能な大連立が最終的に選択された。

ＣＤＵ／ＣＳＵとＳＰＤの連邦議会での議席を合わせると四四八議席となり、議席総数の六一四議席の三分の二を優に超える。また連邦参議院においてももちろん安定した多数を構成可能である。ドイツにおいては憲法の改正は二つの議会それぞれで三分の二の多数を必要とするのみなので、大連立政権は常に憲法改正を行える多数を有していることになる。シュレーダー政権時代には連邦参議院の拒否によって進展しなかった（第六章一参照）社会・経済関連の構造改革に関するさまざまな法案も、大連立政権であれば実行が可能になる。

しかし、もちろん大連立政権にも否定的な見方や懸念は存在する。そもそも健全で政権交代可能な野党の存在が議会制民主主義の前提であると考えれば、野党に小さな政党しか存在しない事態は望ましくない。六〇年代末のキージンガー大連立政権の時代に「院外野党（ＡＰＯ）」という政府に対する議会外での抵抗運動がおきた（第二章二参照）のも、十分な批判的勢力が議会内に存在しなくなってしまったためである。

メルケル大連立政権においては、キージンガー大連立政権時よりも議会内の野党の比率は大きかった。六〇年代のドイツの政党システムはCDU／CSU、SPD、FDPの三党システムであり、野党はFDPのみであったが、二〇〇五年の選挙後には野党三党が存在し、FDP、左派党、緑の党で一六六議席を占めていた。また六〇年代末とは国内の社会・経済状況も国際環境も大きく異なっている。大連立政権に対する国民の支持は比較的に安定し、大連立への批判が叫ばれるよりも、むしろ本格的な改革が大連立政権によって実現することの方に期待が寄せられていた。

アンゲラ・メルケルとは何者か

大連立政権に対する国民の評価において、首相となったメルケルの存在は大きい。ドイツは女性の社会進出という点ではヨーロッパの中で決して進んだ国ではなかった。実際に権力を行使できる重要なポジションに女性の政治家が就いた例は、北欧や他の欧州諸国と比べても少なかった。しかしメルケル首相自身は自ら女性であることをことさら強調したりしない。

メルケル首相は女性という不利な立場にあったのみならず、東ドイツの出身でもある。一九五四年にハンブルクでアンゲラ・カスナーとして生まれるが、生まれてすぐに牧師であった父親の仕事のために東ドイツに移住した。ライプツィヒ大学で物理学を学び、結婚しメルケル姓を名乗った。一九八二年に離婚しているがメルケル姓を使い続けている。その後、研究者として研究所に勤務していたが、一九八九年の「ベルリンの壁の崩壊」後、市民運動から政治に参加するようになり、一九九〇年三月の東ドイツ初の自由選挙で首相となったデメジエール政権の副報道官となった。統一後の一二月の選挙でCDU所属の議員となり、一九九一年にコール政権で女性・青少年相に任命された。コール首相に見いだされて旧東ドイツ出身の三〇代半ばの若い女性が、権限のあまりない大臣になったことによって、メルケルはコール首相の操り人形であるかのように「コールの小娘」と揶揄された。

メルケルは一九九四年からコール政権が退陣する一九九八年まで環境相をつとめた。次第に政治家としてもCDU内での地位を固め、一九九九年にはCDUの幹事長に就任した。メルケルの政治家としての転機は、同年一一月に明らかになったCDUの献金疑惑であった。メルケルは疑惑解明を拒んだコール首相を批判し、ショイブレ党首が献金疑惑によって辞職すると、二〇〇〇年四月にCDU党首となった。旧東ドイツ出身で、CDUの献金疑惑にまったく関わっていなかったことから、新しいCDUの顔として、党首の座に就くことができた。

二〇〇二年の連邦議会選挙でメルケルはCSUのシュトイバー党首にCDU／CSUの首相候補の座を譲った。シュトイバーがシュレーダー首相に敗れると、CDU党首として連邦議会のCDU／CSU会派を率い、野党の顔となった。この過程でメルケルは党内で反対する勢力を抑えることにも成功し、二〇〇五年にはCDU／CSUの首相候補となり、一一月二二日についに首相の座を手にした。

メルケル首相は自ら、周囲から過小評価されるという特技を持っていると語ったことがあるが、コール首相に見いだされた旧東ドイツ出身の科学者は、CDUという大政党の中の激しい競争を生き抜き、ドイツ初の女性首相となった。ぎらぎらした政治家というイメージが強かったシュレーダー首相やCSUのシュトイバー党首と比べると、メルケルは地味な印象を与える政治家である。その話し方は誇大表現もなく切々と国民に訴えかけるものであった。メルケル首相は化学の教授と再婚しているが、前任者シュレーダー首相と違ってプライベートな側面を国民に見せることも少ない。官僚の提出した大量の資料を熟読・理解し、静かに決断する指導者としてのスタイルは、政府内でも高く評価されてきた。

メルケル内閣の特徴

第一次メルケル政権の閣僚は首相を含めて一六名である。CDUとSPDはそれぞれ八名の閣僚を出している。CDUは首相を出し、SPDはミュンテフェーリング前党首を副首相兼雇用社会相として入閣させた。本来ミュンテフェーリングはSPDを率いる党首として入閣するはずであったが、政権発足前の党内人事で自らが推薦した幹事長候補が党内左派の抵抗に遭い選出されなかったことで党首の座を明け渡した。その結果SPDの党首にはブランデンブルク州首相のプラツェックが就任した。プラツェックはメルケル首相と同世代で、同じく旧東ドイツの市民運動から政治的な活動を開始し、ブランデンブルク州の環境相、ポツダム市長を経て二〇〇二年にブランデンブルク州首相となっていた。プラツェックの党首就任によって、SPD内の権力闘争は一時的なものに終わった。

SPDは重要ポストの外相に当時四九歳のシュタインマイヤー前首相府長官を送り出した。シュタインマイヤーは、シュレーダーがニーダーザクセン州首相であったときからの腹心であり、メディアに登場することはほとんどなかったものの、シュレーダー政権下では首相府長官としてほぼすべての重要な政策決定に携わっていた。財務相にはSPDのシュタインブリュック前ノルトライン＝ヴェストファーレン州首相、環境相にはガブリエル前ニーダーザクセン州首相が就任した。二人はシュレーダー政権時代にそれぞれの州議会選挙で敗北し、州首相の座を失っていたが、大連立政権の発足にあたって、連邦政府で指導的な地位を有する政治家として返り咲きを果たしたとも言えよう。SPDの三名の女性閣僚（法相、保健相、経済開発援助相）はいずれもシュレーダー政権からの留任であった。

CDU／CSUの閣僚の中では、CSU党首シュトイバー・バイエルン州首相が経済・科学技術相として入閣することが目玉人事とされていたが、ミュンテフェーリングSPD党首が党首を辞退すると、シュトイバーも入閣を取りやめ、バイエルン州首相にとどまった。シュトイバーは連立交渉のパートナーとして信頼関係が構築されたミュンテフェーリングの辞任によって、CSU党首としてもはや入閣する理由を失ったと説明したが、党内でそのような考えに理解を示す者はほとんどなかった。そして党内から大変な批判を受け、内政におけるシュトイバーの影響力は大きく削がれた。その後、経済・科学技術相にはCSU院内総務であったグロースが就任した。CSUはこのほかに農相のゼーホファーを入閣させている。内政において常にメディアから注目される存在であるシュトイバーCSU党首が入閣しなかったことは、メルケル首相が閣内でリーダーシップを発揮するためには有利に働いた。

CDUは内相にショイブレ前CDU党首、国防相にユング・ヘッセン州議会議員、文部相にシャヴァン・バーデン＝ヴュルテンベルク州文部相、首相府長官にデメジエール・ザクセン州内相、家庭問題相にフォンデアライエン・ニーダーザクセン州社会・女性・保健相をあてた。このように地方で活躍している政治家が連邦で活躍の場を得たこともメルケル人事の特徴であった。

内閣の平均年齢をとるとそれほど若くはないが、就任時に五一歳のメルケル首相、四九歳の外相を擁する内閣は、ドイツ統一後に政治の世界で活躍し始めた人々が目立つ内閣になっている。第二次世界大戦時の記憶がないどころか、戦争時には生まれてすらいない人々、六八年の社会運動の時代にもまだ生徒であって大学生ですらなかった政治家が、ドイツ政治の中心を占めつつあった。

二　大連立による構造改革への挑戦

連立合意と政治課題

連立政権は議会内で多数を構成するために選択されるものである。しかし、単なる多数決のための数合わせではない。このため政策に関する確固たる合意が政党間でなされて初めて連立政権は意味ある存在となる。メルケル政権が九月の連邦議会選挙から一一月二二日の政権発足まで二ヶ月を要したのは、連立合意を形成するためであった。一一月一一日に完成したCDU／CSUとSPDの連立合意は本文一四三頁と、連邦制改革の作業部会がまとめた合意文書から構成されている。選挙戦で激しく相手を非難しあった政党どうしが政権を構成するためには、このような詳細な合意文書が不可欠である。ドイツは契約社会であり、政治の世界でも紙に書かれた合意は尊重される。舞台裏での取引や駆け引きはもちろん存在するが、このような公式文書の持つ意味は日本政治における意味よりもはるかに大きい（第九章一も参照）。

大連立政権の最大の課題はもちろん雇用と経済問題であった。五〇〇万人を超える失業者をいかに減らすか、そのための経済改革を大連立政権という幅広い政治的な力の結集によって実現しなければならなかった。連立合意の前文には、いわば政権のキーワードとも言える表現が並んでいる。「豊かさを守り、雇用を創出する」、「東側地域の再建を進める」、「財政を健全化する」、「社会保障を確保する」、「家族と子供を優遇する」、「教育と学術は未来の鍵」、

「持続可能性を実現し環境を守る」、「連邦制を改革する」、「市民の安全を守る」、「ヨーロッパと世界における責任あるパートナーとしてのドイツ」などあらゆる重要項目が盛り込まれていた。以下でこのうち特に重要な点をいくつか検討してみよう。

雇用と経済

連立合意の結果を伝えるニュースで特に大きく取り上げられたことの一つは、二〇〇七年から付加価値税（コラム⑤参照）を三％引き上げて一九％とすることであった。不人気な増税を政権発足の時期にアナウンスすることは誰しも避けたいが、メルケル政権は一年後の付加価値税増税を明確に示した。これは共通通貨ユーロを安定させるために、ＥＵの安定成長協定によって国家財政の赤字幅が制限されているにもかかわらず、ドイツは税収不足によって三年にわたってこの基準を満たせなかったことに加え、被雇用者の社会保障費負担を引き下げることによる不足分を補わなければならないためであった。

一〇年にわたる経済の停滞を克服し、規制緩和を進め、研究・開発に投資することによって、経済を成長軌道に乗せ、それによって雇用を創出し、税収を増加させるというのが、基本的な考え方である。容赦なく押し寄せるグローバル化の波に保護主義で抗するのではなく、企業の活力を引き出し、技術革新を進めてこそ、ドイツ経済の復活が可能になる。そのための条件を整えること、ヨーロッパの中での公正な競争条件を整え、企業の雇用コストを引き下げるなどして、雇用を促進することが目指されていた。シュレーダー首相が始めた雇用市場改革と社会保障給付との融合を進めるハルツ改革（第六章二参照）を継続し、働く意欲を引き出す政策にも引き続き重点が置かれていた。

雇用と経済のために、職業教育の充実や、さらには大学教育の改革による研究・技術開発環境の改善など、将来へ向けた幅広い意味での投資を拡充し、それによってドイツ経済を長期的に競争力のあるものにしようという政策にも力が入れられていた。グローバル化の中で、労働賃金や社会保障費負担が高いことによる高コスト体質のドイツ経済が活力を維持するためには、先端技術と優秀な研究者、技術者の養成は不可欠であった。

原子力エネルギーからの脱却は可能か？

第六章一で見たように、シュレーダー政権は将来的にドイツが原子力エネルギーから脱却することを決定していた。そしていわゆる再生可能なエネルギーとしての風力や太陽光などの利用を促進する政策をとった。しかし原子力エネルギーはなおドイツの電力需要において大きな比重を占めており、保守系の政治家には原子力からの脱却が、産業・技術政策から見ても、電力政策から見ても、正しい政策ではないと考えている者もいた。連立合意でもＣＤＵ／ＣＳＵとＳＰＤは原子力エネルギー利用に関しては異なった見解があることが明示されているが、大連立政権を可能にするためにシュレーダー政権の政策がこの分野では継承されることが合意されていた。

シュレーダー政権において緑の党が特に推進した石油利用などを抑制するための環境税を

さらに増税することは、エネルギーコストの増大につながるために、連立合意では否定されている。このように、エネルギー政策をめぐってCSU／CSUとSPDでは見解が異なる分野では、大連立政権において新しい政策展開は見られず、旧政権の政策をそのまま維持する方針がとられていた。このため、次章一で見るように、CDU／CSUとFDPの連立となった第二次メルケル政権では、政策転換が行われた。

連邦制改革

シュレーダー政権期に経済改革が進まなかった一つの大きな原因は連邦参議院の存在である。CDU／CSUを中心とする連立政権が州レベルで多数を占めていたため、連邦参議院ではCDU／CSUの同意なしに立法は不可能であった。SPDが多数を占めた連邦議会とCDU／CSUが支配する連邦参議院の対立が立法を不可能にした。連邦参議院の同意が必要な法律は、全体の七〇％程度と言われたが、これを四〇％程度にまで引き下げることによって、二つの議会で対立があっても立法をしやすくしようとすることが連邦制改革の一つの目標であった。

一九四九年の建国以来、連邦と州の権限をめぐる争いは継続してきた。メルケル政権における権限の再分配は、この意味で歴史的な意味を持つものである。しかし、州がそんなに簡単に権限を譲るはずはなく、今回の改革も、州に対して大学教育分野や環境政策分野の立法権限をさらに与えることによる妥協の結果でもあった。

さらに、この制度改正とは別の次元で、その後州レベルでも連立の組み合わせが非常に複雑化し、連邦レベルの連立も多様化したため、かつてのような連邦議会と連邦参議院の単純なねじれが主な問題となることは少ない政治状況となった。

初期メルケル政権の対外政策

メルケル首相の指導者としてのイメージは、首脳外交によって強く印象づけられた。環境相時代に国際交渉の経験はあるものの、外交分野での経験は多くなかったため、メルケル首相の外交手腕は未知数とされたが、政権が発足するとすぐに、フランス、イギリスなど周辺諸国を訪問し、その外交的なデビューを飾った。EUでは当時、二〇〇七年度から一三年度までの多年次財政枠組み（MFF）がフランス、イギリス、新規加盟国などの間で負担の平等性をめぐって争われており、合意できずにいた。二〇〇五年のEUはフランス、オランダの国民投票において欧州憲法条約の批准が否決されたり、フランスにおいて社会暴動が発生したり、多年次財政枠組みが合意できなかったりと、さまざまな危機を経験していた。このような悪い環境の中で、政権発足間もないメルケル首相はEU首脳会議の場で妥協案を作り、EU構成国を説得して中期財政枠組みを採択することに成功した。外交デビュー戦で困難な仲介者の役割を見事に演じたことによって、メルケル首相は国内外から賞賛された。同時期にイラクでドイツ人女性が誘拐されたり、イエメンで前外務事務次官の一家が誘拐されたりするなどの事件も起きたが、幸運にもめぐまれ、これらの危機をうまく乗り越えることができた。さらに二〇〇六年はじめにはアメリカを訪問し、シュレーダー政権期に大きく揺らいでしまった信頼関係の回復にも努めた。ドイツの首相として主張はしながらも、相手に十分に配慮し、信頼を勝ち得るメルケル・シュタインマイヤー外交は、国内でも高く評価された。

シュレーダー政権期には、フランス、とりわけシラク大統領との個人的な関係が前面に出過ぎ、外交的な自由度が損なわれていた。同じことはロシアのプーチン大統領との関係についても言える。また市場としての中国を強調しすぎたこともあった。仏・露・中に傾斜しすぎたシュレーダー外交は、それまでドイツ外交がかたくなに守ることに腐心してきたアメリカとの関係、大西洋同盟とヨーロッパとの関係において、バランスを崩してしまったと言うこともできよう。メルケル外交はまさにこの意味においてバランス回復外交であった。EUが引き続きドイツ外交の重要な柱であることは言うまでもないが、それによって対米関係を損なうことのない外交の展開が不可欠であった。

EUとトルコ

政権発足前にCDU／CSUとSPDの間で政策が明らかに異なっていた問題の一つは、トルコのEU加盟問題であった。シュレーダー政権は、フィッシャー外相の発言に代表されるように、トルコの加盟はヨーロッパの平和と安定のためには不可欠との立場をとっていた。国内に約二〇〇万人のトルコ国籍を持つ住民を抱え、既にドイツ国籍を取得している若者も多くいるドイツ社会において、トルコのＥＵ加盟問題は他のＥＵ加盟国における議論以上の重さを持っている。ドイツで最大の外国人集団はトルコ人である。

当時のトルコのＥＵ加盟をめぐる問題を考えるにあたっては、政治的な側面と社会的な側面に留意しなければならない。トルコはＮＡＴＯの構成国であり、国家としては徹底した政教分離による世俗主義をとり、民主主義が実現されていた。またＥＵへの加盟を実現するべくトルコの政治・経済・社会制度は急速に改革されてきていたために、公式の制度的側面を指摘してドイツがトルコのＥＵ加盟を否定することはできなかった。

しかし、一般的なドイツ人の見るトルコは、アタチュルク主義が貫徹された世俗的・民主的な国ではない。国家としての制度が整備され、人権規定も尊重されているはずなのに、トルコ北東部から迫害を逃れて来たクルド系住民がドイツで難民庇護申請を行っていることも問題であった。その数は減少していたとは言え、難民認定されるクルド系住民はなお存在していた。ＥＵ加盟をめざす国から迫害されて難民が来るとはどういうことなのか、と普通のドイツ人は疑問に思う。さらに、国家は世俗主義をとっていても、住民の多くはイスラム教徒である。ドイツに住むトルコ人が、過激なイスラム教のセクトに入っていて事件を起こすこともあった。その数は全住民から見れば相対的に小さな数であるかもしれないが、そのようなトルコ系住民とトルコという国家がドイツでは分かちがたく見られることもあった。

メルケル首相は政権に就く前はCDUの党首として、トルコのEU加盟はEUの統合能力を超えるものであり、トルコの社会経済改革はなお十分ではない、つまり公式にはともかく、事実として拷問が存在していたり、宗教的な自由が制限されていたりするなどの問題があり、EU加盟は慎重に議論しなければならないとしていた。そのためメルケルCDU党首は加盟に代わる選択肢として、EUとトルコとの間に特別に緊密な関係を規定する「特権的パートナーシップ」を構築することを提案していた。

連立合意が形成された時点では、シュレーダー政権で既定路線となっていたトルコのEU加盟交渉も既に二〇〇五年一〇月三日から開始されていた。そのため、いずれにしても長期にわたることが予定されていた加盟交渉そのものをドイツが取りやめさせることはもちろんなかった。しかし、これまでの新規加盟国のEU加盟交渉は加盟のための条件が整えばEU加盟を最終的には自動的に認めるものであったが、今回のトルコとの加盟交渉はEU加盟という結果に自動的に結びつくものではなく、EUの側の受け入れ体制とトルコの側の加盟条件が共に整った場合にのみ加盟を認め、条件が整わなければEUとの特権的な関係を構築するにとどめることが連立合意には規定された。メルケル政権が発足すると、加盟交渉は専門的・技術的項目も多く、時間のかかるものであることもあって、トルコ加盟問題への注目度は低くなっていった。

グローバルな課題とドイツの責務

シュレーダー政権は国連改革の機運が盛り上がっていたこともあって、国連の安全保障理事会の常任理事国の地位をドイツが得ることに力を注いでいた。安全保障理事会常任理事国となることを目指す有力な候補であるドイツ、日本、インド、ブラジル、いわゆるG４の核として、ドイツはメルケル政権になってもこの政策を継承した。このことは単にドイツが常任理事国の地位を得たいという問題ではなく、グローバルな諸課題の解決にあたって、可能な限り積極的に貢献し、責務を引き受けていくことを示している。ドイツ外交における国連を中心とした多角的な協力枠組みにおける貢献という基本原則は何ら変化していない。

この一つの例はイランの核開発問題をめぐるドイツ外交に象徴されているかもしれない。ドイツはイラン革命前の一九七四年からイランの原子力発電所建設計画に関わっていたので、イランの問題に当初から責任はある。しかし、メルケル政権においてもＩＡＥＡの理事国として仏・英とＥＵの外交上級代表とともにいわゆるＥ３・ＥＵという交渉チームを構成し、積極的に関わっていた。メルケル政権発足後はこのＥ３に米・露・中の外相も加え、国連安保理常任理事国プラスドイツがイラクの核開発問題では重要な枠組みとなった。もちろんドイツがこのような積極的な姿勢をとったところでイランの核問題が解決されるわけではないが、このような姿勢の積み重ねによって、ドイツは国際的な役割をより積極的に担おうとしていた。

シュレーダー政権の時代に進んだ連邦軍の改革と危機管理のための軍としての連邦軍の利用は、財政的・技術的制約はなお大きいものの、メルケル政権においてもさらに進んだ。アフガニスタンではＮＡＴＯに貢献し、二〇〇六年六月のコンゴでの民主化選挙の支援ではＥＵ部隊の中で活動した。危険な任務でありドイツが部隊の主力を提供することになるコンゴでの活動は、これまでの連邦軍の海外での活動のあり方をさらに積極的に変えることにもなった。コンゴの事例はアフガニスタンのようにＮＡＴＯの義務やアメリカへの協力とテロとの戦いで説明されるものではないし、旧ユーゴスラヴィアのボスニアヘルツェゴヴィナのようにヨーロッパの平和と安全に直結するものでもない。このような活動はドイツのグローバルな貢献のあり方を象徴していた。

一〇年後にドイツ経済を復活させる

メルケル首相は最初の施政方針演説で、小さな改革の積み重ねによって、一〇年後にドイツ経済を再び復活させる目標を示した。実現可能な具体的な改革を積み上げていくことによって、時間はかかっても確実に、構造改革を遂行してドイツ経済を根本的に立て直そうという意思の表明であった。このように実現可能なことを実行することを誠実に訴える姿勢は、国民の支持を集めた。二〇〇七年一月から付加価値税（コラム⑤）の一九％への引き上げが実施されたが、その後も経済状況は改善し、失業率は低下した。その結果、メルケル政権は比較的安定した国民の支持を得た。

ドイツの国民も、少しづつ変化した。ゴミ収集や保育園など地方公共部門の賃上げを求めた二〇〇六年春の長期にわたるストライキは、国民から厳しい批判を受けた。ゴミ収集などの仕事は、コストがかさみ権利ばかり主張する地方公務員ではなく民間企業にやらせればよいというような批判は、ストの権利を重視するかつてのドイツではなかなか聞かれなかった。グローバル化の波がドイツ経済に押し寄せ、かつてと同じやり方ではドイツ経済はもはやその優位を保つことはできないことに市民も気がついていた。メルケル大連立政権を支えるのはこのような改革に対する国民の強い期待であり、安定した議会内多数を背景として困難な課題に誠実に挑戦し成果をあげたことが、支持が安定していた背景といえよう。

三　大連立政権の終焉とメルケル首相の安定化

SPDと大連立

二〇〇五年四月、プラツェックSPD党首は健康上の理由から突如としてSPDの党首を辞任することを表明した。政治とは関係ない理由によって、わずか半年前に党首に就任し、高い人気を誇った五二歳の党首の突如の辞任にSPDは揺れた。後任にはラインラント＝プァルツ州首相で三月の州議会選挙で圧勝して再選されたクルト・ベックが就任した。ベックはある意味で典型的なSPDの政治家であり、電気技師として働いた後に、地方政治の経験が長い。プラツェックのように旧東ドイツの市民運動から参加したのではなく、三〇年以上SPDとともに歩んできた。シュレーダー政権期から地方ではSPDの退潮が著しかったが、その中で州の政権を一九九四年以来長年維持してきた。

このような党首を迎えて、大連立政権においてメルケル首相の活躍の下でやや影の薄くなってしまったSPDは新しい方向を模索した。SPDは新綱領をめぐる基本原則の議論をプラツェック党首の下で開始していたが、ベック党首の下で本格的な議論が開始された。二〇〇六年四月に提示された新綱領作成のための基本原則『刷新の力――二一世紀の社会的公正』は、一九五九年に国民政党となるべく綱領改正をおこない、一九八九年に新しい社会運動を取り入れるべくして行われた綱領改正に続く綱領改正の議論のたたき台となるものであり、大きな社会経済的変化に積極的に対応することを目指していた。

SPDの党首はベックであったが、世論調査を見る限り、SPDの顔として国民により好まれていたのはシュタインマイヤー外相であった。シュタインマイヤー外相はこれまで連邦議会に議席も持たず、SPDの党内での基盤は弱いとされてきた。しかし、外相としての安定した評価によって、メルケル首相に次いで国民から好まれていた。

「世界よ来たれ、友のもとへ」

「世界よ来たれ、友のもとへ（Die Welt zu Gast bei Freunden）」は二〇〇六年ドイツ・サッカー・ワールドカップの標語であった。一九五四年、敗戦から占領期を経てようやく国際舞台に復帰しつつあった西ドイツは、スイスにおけるワールドカップで優勝し、国民はドイツの復興への自信を回復したといわれる。一九七四年にも西ドイツはホスト国として優勝した。そして統一ドイツは一九九〇年のワールドカップも制した。一九三六年のオリンピックのために建設されたスタジアムは、二〇〇六年のワールドカップのために完全に改築された。決勝の舞台となったベルリンでは、ドイツ統一から一六年を経てようやく中央駅が完成したことに象徴されるように、さまざまな建築に象徴される長い復興のプロセスは終わりつつあった。優勝国となることはできなかったものの、ドイツは統一後の時代を終えて、次の時代に入りつつあった。

ベルリン中心部の連邦首相府（2001年完成）

その一つの兆しは、ワールドカップの時に見られた応援のドイツ国旗に見ることができよう。ドイツ人は戦後長い間、ドイツ人であることを誇りに思うことはできなかった。経済復興を成し遂げ、世界に通用する高い技術と品質を持ったメイド・イン・ジャーマニーの製品には誰しも誇りを持っていた。しかし、過去の暗い歴史は、ドイツ人そしてドイツ政治に重くのしかかっていた。二〇〇六年のワールドカップの際にはメディアのインタビューを受けた多くのドイツ人の若者が、ドイツ国旗を振りながら、ドイツ人であることを誇りに思うと答えていた。これはもちろん、ドイツのサッカーチームのことを誇りに思うということ、平和なワールドカップの運営がうまくいっていることに満足していることなどが大きく影響していたのであるが、ドイツを誇りに思う、と屈託なく若者が答えることはかつては想像できない光景であった。第二次世界大戦が時間的に遠くなり、連邦共和国の政治的、経済的、社会的な成果の積み重ねがますます厚くなるにつれて、ドイツ人の自国に対する認識も次第に変わっていった。

議長国としてのドイツ

二〇〇七年にはドイツは欧州理事会の議長国になり、同時にG8の議長国ともなった。ヨーロッパと世界の二つの重要な機関の議長国として、様々な課題で議題設定する機会を得たメルケル首相は、得意の外交において大きなチャンスを得た。

オランダとフランスの国民投票による欧州憲法条約批准否決（第六章二）を受けて、EUは二〇〇五年初夏からどのような形で憲法条約を再生させるかを議論した。二〇〇七年前半の議長国として、また一九五七年のローマ条約調印から五〇周年を祝う式典のホスト国として、メルケル政権は憲法条約の議論に一つの区切りをつけて、EUに新しい展望を与えなければならなかった。三月二五日のローマ条約五〇周年を祝う場におけるベルリン宣言の採択を受け、六月の欧州理事会において、ドイツは後にリスボン条約と呼ばれることになる改革条約の原案を作成した。憲法条約の批准失敗によって一度頓挫したEUの改革を再度スタートすることに大きな貢献をしたのであった。

EUでのリーダーシップと並んで、ドイツはG8の議長国としても、国際舞台における議題設定に積極的であった。G8サミットの会場となったハイリゲンダムは、警備を容易にするために、ドイツの中でも最も貧しく産業に乏しいメクレンブルク＝フォアポメルン州に位置する孤立したホテルのみが存在する場所であった。しかし、日本のようにG8の会場やその周辺をG8の誘致によって活気づけようとするような考え方はドイツにはなく、あくまでも単なる国際会議の場に過ぎなかった。

ハイリゲンダムサミットではアフリカ支援と地球温暖化防止がとりわけ大きなテーマとなった。地球温暖化をめぐる議論はドイツでは特に関心が高く、最終的には二〇五〇年までに温室効果ガスの排出を五〇％削減することを真剣に検討する、という合意がなされたのみであったが、この問題を積極的に取り上げたメルケル政権の姿勢は国民からも支持された。

ドイツ政党システムの五党制化

EU議長国として、またG8の議長国として、外交政策の展開では引き続き高い支持を得ているメルケル政権であったが、国内の政策展開では困難も多かった。メルケル政権がCDU／CSUとSPDから成る大連立政権であり、連邦議会においても連邦参議院においても圧倒的な多数を有している以上、議会での立法に関しては大きな問題は存在しない。しかし、大連立政権というドイツの民主主義においては例外的と考えられる政治運営がなされていたがゆえに、長期政権となることはできないと広く考えられていた。二〇〇九年九月の連邦議会選挙においては、メルケル首相率いるＣＤＵ／ＣＳＵか連立パートナーのＳＰＤのどちらに政権運営を任せるかを国民が選択することになると考えられていた。選挙後の議席配分によっては、新たに大連立を組むことが論理的には排除されたわけではないが、それぞれの政党は原則的には大連立政権は継続されないと認識していた。それにもかかわらず、メルケル政権が結果的に一六年続き、そのうち次章で扱う第二次政権を除けば全てＣＤＵ／ＣＳＵとＳＰＤの大連立政権であったことは、ドイツ政治の基盤にある社会構造と有権者の政治認識が変化してきたことを示している。

ＡｆＤがまだ存在しなかった当時、ドイツ政治を複雑なものとしていたのが左派党の存在であった。既に見てきたようにドイツの政党システムは一九八三年の連邦議会選挙まではＣＤＵ／ＣＳＵとＳＰＤとＦＤＰによる三党システム、それ以後は緑の党の登場によって四党システムとなっていた。この構造はドイツ統一を経ても変化しなかった。旧東ドイツの独裁政党であった社会主義統一党（ＳＥＤ）の後継政党であるＰＤＳは連邦議会に議席を有していたものの、国政レベルでは影響力を持ち得ず、旧東ドイツ地域の地方政治においてのみ影響力を有する政党であった。しかし、二〇〇五年の連邦議会選挙においてＳＰＤを離党したラフォンテーヌらと合流し、左派党として議席を獲得した（本章一参照）。ラフォンテーヌに代表されるようなシュレーダー路線のＳＰＤに反感を感じて離党した党員や、グローバル化やヨーロッパ化の進展にともなう社会経済的な競争の激化と福祉政策や労働者保護政策の変化に反対するいわゆる社会的な弱者は、貧富の差が拡大し社会経済的な格差がドイツにおいても拡大したことに抗議する左派党の政策を強く支持していた。

左派党は西ドイツ地区では二〇〇七年にブレーメン州議会に、二〇〇八年一月にはニーダーザクセン州とヘッセン州議会に議席を獲得した。ベルリンを含む旧東ドイツ地域においては州レベルでも議席を有していたものの、旧西側地域では支持を得られなかったＰＤＳは左派党となって旧西ドイツ地域においても重要な意味を持ち始めた。とりわけヘッセン州においては与党ＣＤＵと野党ＳＰＤ、それぞれの連立のジュニアパートナーであるＦＤＰと緑の党の議席が拮抗していたため、左派党がキャスティング・ボートを握る可能性が開かれた。とりわけＳＰＤにとって左派党と手を結んでも州政府の政権を得るべきか否かは大きな問題となっていた。こうしてドイツの政党システムは第一次メルケル大連立政権の時代に、左派党を加えた五党システムに移行した。

二〇〇九年の連邦議会選挙と大連立政権

二〇〇九年九月には連邦議会選挙が予定されていた。選挙が近づくにつれて、大連立政権を構成するCDU／CSUもSPDもそれぞれが首相を擁立して政権を単独で担うべく政策論争を展開した。その前哨戦としてSPDは二〇〇九年五月の連邦大統領の選挙に独自の候補ゲジーネ・シュヴァーンを擁立した。シュヴァーンはポーランドとの国境の町フランクフルト・アン・デア・オーダーの欧州大学の学長であり、二〇〇四年の大統領選挙にもSPDの推薦を受けて擁立されていた。当時CDU／CSUとFDPの候補であったケーラーは、連邦参議院からの票を得て連邦大統領となっていた。ケーラー大統領は国民から高く評価されており、強い支持を得ていた。にもかかわらずSPDが独自の候補擁立にこだわることは、政党としての独自色を出したいとの意図の表れであった。ケーラーは二〇〇九年五月の連邦集会で大統領として再選された。

二〇〇九年の連邦議会選挙戦は大連立政権を続けない前提で中道右派連合のCDU／CSU・FDPと中道左派のSPD・緑の党の陣営で争われた。SPD党首ベックは二〇〇八年九月に党内の支持が十分でないことなどへの不満から突如党首を辞任していたが、後任には一時期妻の介護のために政治の表舞台から身を引いていたミュンテフェーリングが選ばれていた。そして二〇〇九年選挙の首相候補はシュタインマイヤー外相となった。

二〇〇九年九月の連邦議会選挙は、中道右派連合のCDU／CSU・FDPが勝利した。

第八章　欧州複合危機とメルケル政権

一　保守中道に回帰した第二次メルケル政権

アメリカのリーマンブラザーズ社の破綻から世界経済を揺るがした二〇〇八年秋から二〇〇九年にかけての経済危機、いわゆるリーマンショックは輸出に大きく依存するドイツ経済にも深刻な影響を与えた。次節で見るように、ＥＵ諸国の中にはリーマンショックによって財政状況が特に悪化した国もあり、債務危機に至る背景となった。しかし、第一次メルケル政権下のドイツ経済は二〇〇七年の付加価値税の一九％への引き上げ後であったにもかかわらず、他の欧州諸国と比べると比較的早くに危機から回復した。このような状況の下で二〇〇九年の連邦議会選挙は戦われた。

第七章三で見たように、大連立という特殊な政権のあり方は継続すべきではないとの考え方から、メルケル首相を党首とするＣＤＵ／ＣＳＵは保守中道の政権を構成すべくＦＤＰとの連立が好ましいとして選挙戦を戦った。シュレーダー改革の負の側面に対処するためにＳＰＤは最低賃金の導入を求めていたが、ＣＤＵ／ＣＳＵとＦＤＰはこれに反対していた。ド

連邦議会選挙の政党別得票率

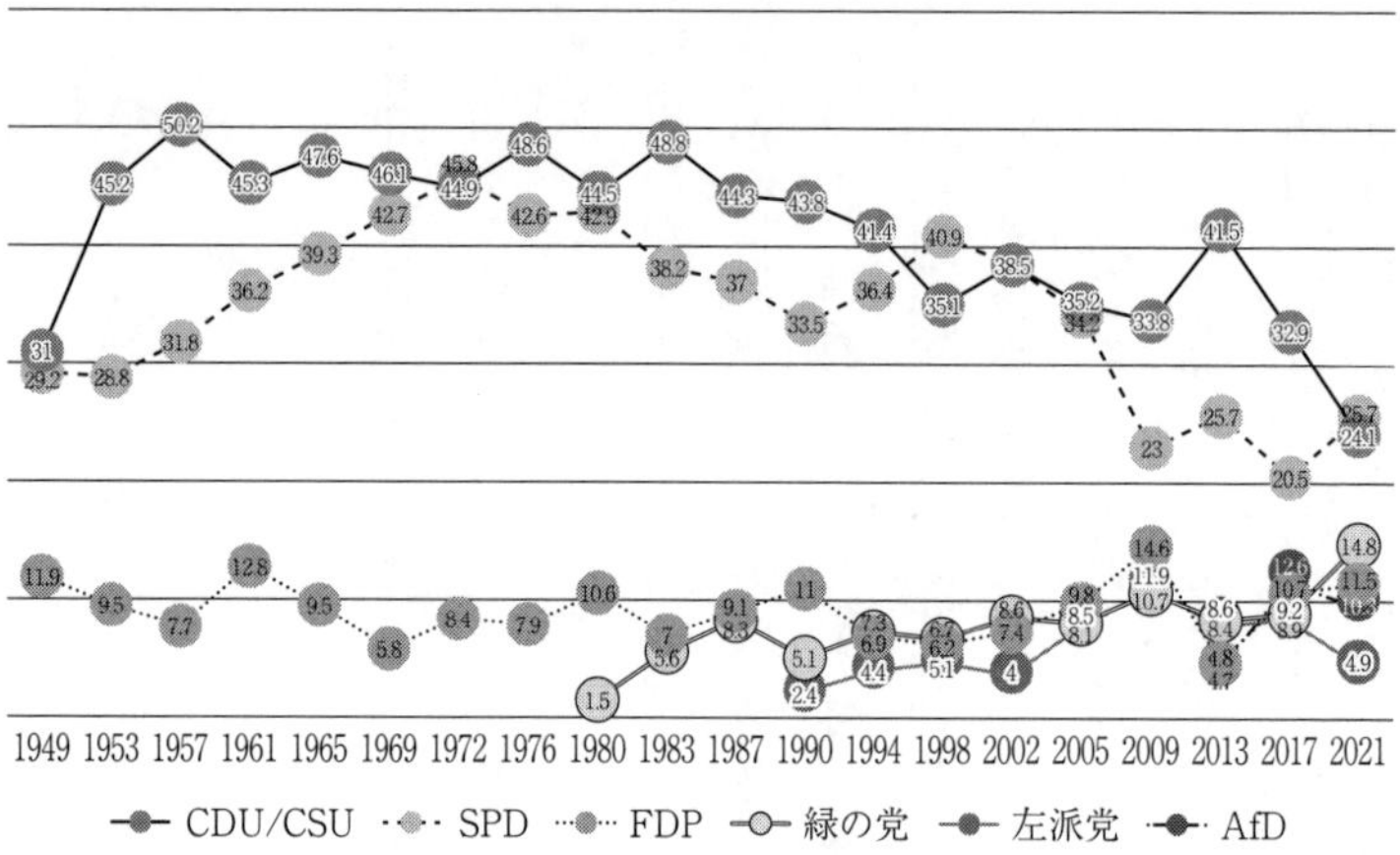

イツの社会的市場経済の原則は市場の論理を重視することであり、賃金に関しては企業の経営側と労働組合が賃金協約を締結することで、社会的要素を担保しながら市場経済の一部として機能してきた。当時の問題は、賃金協約でカバーされない労働者が増加していたこと、その結果低賃金労働により生活の維持が難しい人々が増えているということであった。最低賃金の導入への反論は、最低賃金が導入されると労働コストが上昇し、雇用そのものが失われるというものであった。この問題は第三次メルケル政権が再び大連立政権となったことでＳＰＤの要求により最低賃金の導入により最終的に決着がつくが、第二次メルケル政権は市場原理を重視していた。

二〇〇九年九月の連邦議会選挙でＣＤＵ／

ＣＳＵは二〇〇五年選挙時よりも得票率を減らしたが、ＳＰＤはそれ以上に大きく票を減らし、戦後最悪の二三％の得票に留まった（その後、ＳＰＤは二〇一七年選挙で二〇・五％を記録した）。ＳＰＤと連立を求めていた緑の党は一〇・七％と結党以来最大の得票をした。ＦＤＰは一四・六％と戦後ベストを記録し、ＣＤＵ／ＣＳＵとの連立政権で外務、経済、法務、厚生、開発の各省のポストを獲得し、大きな発言力を得ることとなった。こうして第二次メルケル政権は第一次政権と比べると市場と企業活力を重視する政権として大きな期待を受けて発足した。

しかし、この期待はすぐに失望に変わった。ＦＤＰのさまざまな強い要求とＣＤＵ／ＣＳＵの政策で合理的な一致を見いだすことは難しく、象徴的にはホテルという特定業界を利するのみと思われる減税が導入されるなど、大幅な規制緩和や新しい政策に期待してＦＤＰに投票した有権者の期待は裏切られた。その結果、ＦＤＰは次の二〇一三年連邦議会選挙で五％条項を超えることが出来ず、連邦議会の議席を全て失った。第二次メルケル政権の政策展開が困難であった背景には連立内の不協和音が続いたこともあるが、原子力エネルギー問題や次節で見るユーロ危機のような困難な課題への対処で論争が続いたこともある。

原子力エネルギーをめぐる紆余曲折

第六章一で見たように、ＳＰＤと緑の党の連立であったシュレーダー政権は二〇〇〇年に原子力発電の利用を将来的に止めることを決定し、二〇〇二年にはこれを法制化していた。この結果二〇二〇年にはドイツの全ての原子力発電所が停止されることになっていた。CDU／CSUは選挙時から原子力政策の転換を公約に掲げていたが、SPDが政権から外れた第二次メルケル政権は、再生可能エネルギーの導入を積極的に進めるのと同時に、安定した電源確保と産業への配慮の観点から国内の原子力発電の利用を一定期間継続することを決定した。二〇一〇年一〇月に連邦議会がこの法律を可決したため、原子力発電所は設備の建設時期に応じて一定期間稼働が継続されることになった。

ところが二〇一一年三月に東日本大震災の影響で福島第一原子力発電所の事故が発生すると、メルケル政権は原子力発電の安全性を再考し、エネルギー供給に関する倫理委員会に諮問するなどして原子力利用について技術的側面のみならず経済、社会、倫理的側面も含めて包括的なリスクに関する再検討を行い、原子力発電所を二〇二二年末までに順次停止することを決定し、二〇一一年六月に連邦議会はこの法案を圧倒的多数で承認した。

このように福島第一原子力発電所の事故はドイツ政治に大きな影響を与えた。連邦の原子力政策のみならず、州政治にも影響は及んだ。自動車製造のメルセデス・ベンツ社などドイツ経済を支える産業を多く抱える南西部のバーデン＝ヴュルテンベルク州では、日本の事故後まもなく三月二七日に州議会選挙が実施された。同州ではCDUが長年にわたって政権を担当していたが、原子力発電に反対する緑の党が大幅に得票率を伸ばし、SPDを越えて第二党となった。ＣＤＵは議会内で最大勢力を維持したが、緑の党とＳＰＤが連立を組み、州首相には緑の党のヴィンフリート・クレッチュマンが就任した。一九八〇年の結党以来、緑の党が連邦州の首相となったのはこれが初めてであった。クレッチュマン州首相は一九八〇年代から州議会議員を務めるなど政治経験も豊富で、現実的な政治運営と政策展開で、初の緑の党の州首相に対する不安を払拭していった。その結果二〇一六年のバーデン＝ヴュルテンベルク州議会選挙で緑の党はＣＤＵを上回り第一党となり政権を継続することができた。そして、二〇二一年選挙でも緑の党は第一党でクレッチュマン州首相は政権を維持した。第九章で議論するように、かつてはラディカルな存在であった緑の党は、ドイツ政治において政権を担当させても不安のない存在となり、州や地方の政治のみならず、連邦の政治においても政党システムのあり方に構造的な変化をもたらしている。

二　ユーロ危機と財政規律

メルケル首相はその一六年にわたる長期政権の期間中、ヨーロッパの秩序、ＥＵのあり方の根幹を揺るがすような大きな危機への対応に追われた。最初の危機はギリシャに端を発したユーロ圏諸国の債務危機であり、その危機は共通通貨を運用するシステム全体に大きな影響を与えることとなった。メルケル政権はＥＵ諸国からの救済の要請と、ユーロシステム構築時の債務肩代わり禁止原則との間で解を模索しなければならなかった。

財政規律の憲法規定化

ドイツとユーロ危機、より広くはドイツの共通通貨に対する姿勢を考えるにあたっては、ドイツが財政規律を極めて重視する政治文化を有していることに留意しておく必要がある。第一章一で見た安定の重視は、財政にも表れている。インフレにより経済が不安定化し通貨の安定が失われると社会と政治の不安定化をもたらすという戦前の経験は、戦後の連邦共和国が通貨の安定を経済発展の基盤とする考え方をもたらした。社会的市場経済が成功し、戦争からの復興と経済成長が可能になった背景には一九四八年の通貨改革とドイツマルクがあった。政治から独立したドイツ連邦銀行が通貨政策の番人となり、戦後ドイツ経済は常に安定した通貨を背景に経済を発展させてきた。一九九九年の共通通貨ユーロの導入に際しても第五章二で見た安定成長協定を結ぶなど、安定した通貨の背景としてのユーロ圏諸国の安定した国家財政、財政規律の重視が見られた。

第一章で触れたように、連邦制はドイツ政治の骨格をなしているが、連邦と州の権限関係の錯綜は大きな問題であった。第一次メルケル大連立政権下の連邦制度改革Ⅰは二〇〇六年九月に基本法改正として実現したが、そこで扱いきれず先送りされた問題が連邦と州の財政問題であった。二〇〇九年八月の基本法改正として実現した連邦制度改革Ⅱでは、この財政規律に厳格な規定が設けられた。一般に債務ブレーキとして知られるこの基本法の規定は、連邦と州の予算は原則として起債によることなく収支を均等させることを求めている。つまり、ＧＤＰの〇・三五％未満の許容範囲はあるものの、国債の発行などで予算を賄うことを禁じ、財政赤字が膨らんでいくことにブレーキをかける条項が憲法に導入された。この規定には移行期間が設けられており、連邦は二〇一六年度から、州は二〇二〇年度からの財政収支均衡が義務化された。もっとも、コロナ禍で見られたように、大恐慌や危機に際してはこの規定の例外とすることもできるが、このような規定を導入した幅広い政治的合意がドイツ政界には存在していることに留意しておくことは重要である。

二〇〇九年のドイツの債務ブレーキ規定の導入は、ＥＵの一九九七年の安定成長協定やそれを条約の中に取り込んだＥＵ運営条約第一二六条と過剰赤字手続きに関する議定書と密接に関連するものである。しかし、ＥＵからのヨーロッパ化圧力というよりも、連邦制度改革という国内制度の改革の必要性からこの制度を導入したことが重要である。ユーロ危機に際してＥＵレベルで同等の規定をもとめる財政条約が締結されるが、その考え方はドイツではより早期に存在していた。ＥＵ財政条約以前に厳格な財政規律の規定を有していたのはＥＵ構成国の中ではドイツとポーランドのみであり、ヨーロッパでは他にスイスに類似の規定があった。

財政規律条項の発効後は、移行期間中に財政赤字を削減すべく緊縮政策が継続されたが、国家予算を拘束するこの政策は、後に議論される連邦軍予算などにも影響を及ぼすなど、非常に広範な影響をさまざまな政策に与えた。

ユーロ危機と「ドイツのための選択肢（AfD）」の誕生

二〇〇八年九月のリーマンショック後には落ち込んだ経済を支えるためにEU諸国では財政出動が行われた。二〇〇九年一〇月にギリシャで政権交代が実現すると、新政府は前政権の財政赤字統計が虚偽であり、実際には大きな財政赤字が存在することを公表した。ギリシャ国債は信用を失い、ギリシャは債務危機に陥った。この債務危機は南欧諸国とアイルランドに波及し、欧州金融安定化メカニズム（EFSM）の設置など対応策もとられたが、次第にユーロ圏全体の危機へと展開した。さまざまな金融・財政ガバナンス改革が実施され、欧州中央銀行による国際無制限買い入れが実施されたり、大規模な金融支援を可能にする欧州安定化メカニズム（ESM）が恒久的な機関として設置されたりしたが、最終的にEU財政条約が締結された。このEU財政条約はEU構成国に財政規律規定を導入することを義務づける条約である。ドイツの債務ブレーキ規定と類似の規定を設けることがEUレベルの義務となったものであり、構成国の制度がEUにアップロードされたと言ってもよいものである。

このユーロ危機に際してドイツでは、危機に陥った諸国への対応で激しい議論が戦わされた。ヨーロッパ最大の強い経済を有し、ユーロ圏の中核として共通通貨を安定的に運用するための責務を有し、ＥＵの連帯の観点からも危機の克服に貢献すべきという考え方が一方にあった。他方で、苦境にあっても財政規律を遵守すべく努力してきたドイツの税金で、放漫財政を続けていた諸国を救済すべきではないという意見もあった。積極的に救済に動かないメルケル首相を非難する声はギリシャなどでは大きく、ドイツ国外ではこのような救済に及び腰な姿勢は、やる気のない「不本意な覇権国（reluctant hegemon）」と揶揄されることもあった。しかし、ドイツの財政規律に関する政治的コンセンサスを考えると、メルケル政権の慎重な対応も理解できよう。

メルケル政権はギリシャなどから救済の手を十分に差し伸べないことに対して批判された一方で、国内では救済策を講じることへの強い反対の声も上がった。「ドイツのための選択肢（ＡｆＤ）」はこの反対運動から生まれた政党である。二〇一三年秋の連邦議会選挙に向けて設立されたＡｆＤは、南欧諸国の債務危機で明らかになったように共通通貨ユーロの導入は誤りであったとする反ユーロ・欧州懐疑主義の政党であった。ハンブルク大学のマクロ経済学教授ベルント・ルッケが共同代表の一人であったが、ＣＤＵの政治家を始め、財界、ジャーナリズムなどからもメンバーが集まっていた。ＡｆＤは第九章四でも見るように、ドイツ政治においてさらに存在感を増し、特に旧東ドイツ地域の地方政治においては非常に大きな政党となっているが、設立当時は右翼的、移民排斥的色彩は強くなく、経済的な利益を守ろうとするナショナリストが中心で、反ユーロのかけ声に結集した人々の政党であった。

ＡｆＤは二〇一三年九月の連邦議会選挙では五％条項（第一章一）に阻まれ、連邦議会に議席を得ることは出来なかった。しかし、州議会で次第に議席を得るようになり、存在感を増していった。ギリシャ危機と支援問題は第三次メルケル政権まで続くことになる。ＡｆＤはこのギリシャ支援問題と、後に議論される二〇一五年からの難民危機を利用し、同時に党の立ち位置を右に旋回させながら大きくなっていく。

三　国際的な危機管理とドイツ外交

連邦軍の改革

シュレーダー政権は連邦議会の決議に基づき二〇〇一年のテロとの戦いである「不朽の自由作戦」の枠内でアフガニスタンに連邦軍を派遣したが、その後は国際治安支援部隊（ＩＳＡＦ）に連邦軍を送り、ＮＡＴＯの一員としてアフガニスタンで活動を続けてきた。アフガニスタンでのミッションは、次第により責任の重いものとなっていった。同時に連邦軍の犠牲者数も増加し、派遣ミッションへの国内の視線は厳しくなっていった。しかし、同時にＮＡＴＯの一員としてのドイツへの同盟国の期待も大きかった。伝統的な非軍事の平和主義を重視し、治安支援といいつつも事実上危険な戦闘状況に連邦軍が巻き込まれていることを危惧する市民と、国際的な責任の板挟みの中で、メルケル政権はアフガニスタンのミッションを継続していった。二〇〇九年九月にはドイツ連邦軍の空爆で多数の民間人の死傷者を出す事件が起きた。折しも第一次メルケル大連立政権から連邦議会選挙後の第二次メルケル政権への移行期であったが、第一次政権で国防相であり、第二次政権で労働相となっていたフランツ・ヨーゼフ・ユングが引責辞任することとなった。

第六章一で議論したように、このような危機管理ミッションで求められる国際的な役割に対応すべく、連邦軍改革は継続されていたが、第二次メルケル政権で国防相となったカール・テオドール・ツーグッテンベルク（CSU）はそれまで長年にわたって議論されていたもののCDU／CSU内で合意が形成できなかった徴兵制の停止を実現することに成功した。連邦軍を危機管理ミッションに十分対応できる組織に改組すると同時に規模を縮小し、二〇一一年七月から徴兵制度が停止された。徴兵制度は憲法の規定としては残されたが、多数の兵が自国や同盟国の領土を防衛するという領域防衛の概念を背景とした徴兵制度は、NATOの域外の紛争地域での危機管理、高度なミッションの実施には適していないという認識が広く共有されていた。また、ドイツを取り巻く安全保障環境は安定しており、領域防衛の必要性は冷戦時代とは比較にならないほど低下していると考えられていた。

リビア問題

アフガニスタンでは国内世論からの反発が強くなってもNATO内の役割を担い危険な任務を継続した一方で、第二次メルケル政権はリビア問題をめぐっては異なった対応をとった。アラブの春後の民主化プロセスでリビアのカダフィ政権と反体制派の衝突が激しくなると、二〇一一年三月に国連安全保障理事会でリビア飛行禁止区域を設定する決議が採択され、空爆が開始された。アメリカとフランス、イギリスをはじめとするＮＡＴＯ諸国が参加したが、ドイツはロシア、中国等とともに安保理決議の採択にあたって棄権し、空爆にも参加しなかった。

軍事力の行使に関して慎重な国内世論と連立パートナーであるＦＤＰに配慮したとはいえ、独仏協調や対米協調、ＮＡＴＯへの協力など、ドイツ外交が重視してきた枠組みから逸脱した事例となった（第六章二も参照）。多角主義へのコミットメントと冷戦後の国際的な責務への貢献という原則と、軍事力の行使は可能な限り限定的でなければならないとする原則がせめぎ合い、第二次メルケル政権で後者の立場を代表していたＦＤＰのヴェスターヴェレ外相の考え方が第二次メルケル政権の政策に影響した事例である。

大統領と政治

ドイツの大統領は議会の解散権など一部の例外を除いて儀礼的な存在であることは第一章で説明されているが、大統領は連邦集会の選挙で選ばれている政治的存在でもあり、政治的発言は自由である。国際通貨基金（ＩＭＦ）の専務理事から大統領となったケーラー大統領は、戦後ドイツで政治家ではない初の大統領であった。ＣＤＵ／ＣＳＵなど保守中道系から推されて大統領に就任すると、二〇〇四年から五年の任期はつつがなくこなし、二〇〇九年に再選されていた。二〇〇五年五月にアフガニスタンのドイツ連邦軍を訪問したが、帰国の際の発言が問題視された。ケーラー大統領は連邦軍兵士たちの活動を称え、同時に貿易に依存するドイツは緊急時には貿易の経路を守り、地域の不安定化を防ぐなど、利益を守るために軍事的な介入も必要であるという趣旨の発言をした。この考え方はそれまでの連邦政府の方針と乖離しているわけではなかったが、連邦軍を軍事的手段としてドイツの利益を守るために利用するという発言は、軍事的大国主義、砲艦外交を想起させるとの強い批判の声も上がった。ケーラー大統領は発言が誤解を招いたことは遺憾としながらも、批判は度を超えたものであり受忍できないとして、メルケル首相らの慰留も虚しく、あっけなく辞任してしまった。

後継者として、ニーダーザクセン州の首相で、メルケル首相の後継者として目されることもあったCDUのヴルフが連邦大統領として選出された。一九五九年生まれで五一歳であったヴルフは、州議会議員を経て二〇〇三年から州首相であった。このため政治経験は豊富であったが、連邦大統領としては異例の若さであった。ヴルフ大統領は多くの移民を受け入れ変容するドイツ社会の統合を重視する姿勢を示した。ところが、二〇一一年末に州首相時代に自宅の資金融資を低金利で友人から受けていたことと、その報道を抑えようとしたことが発端となり、汚職の嫌疑から検察の捜査を受けることとなった。この混乱からヴルフは二〇一二年二月に辞任した。象徴的・儀礼的な存在であるが、儀礼上はドイツで最高位にある大統領が二人続けて短期間に辞職したことは大統領職の権威を失墜させ、市民の大統領職に対する信頼を裏切るものであった。

幸いなことに、この不運の連鎖はヨアヒム・ガウクが大統領に選出されたことで断ち切られた。ガウクは旧東ドイツの反政府・市民運動を支えた牧師で、統一後は旧東ドイツの秘密警察と諜報活動を仕切っていた国家保安省（シュタージ）の秘密文書の管理を行った機関を統括した。この機関は正式名称が長く複雑であるため俗に「ガウク機関」と呼ばれた。いわば旧東ドイツの過去の闇を象徴する文書を適切に管理し、虐げられた市民が自分の過去の情報と向き合う機会を適切に運営した功績は高く評価されていた。「ガウク機関」の長を任期終了によって退任した後は、メディア出演なども多かった。自由と民主主義を重視し、その歯に衣着せぬ発言にはファンも多かった。ガウクは最終的に当初から推薦していたＳＰＤと緑の党のみならず、ＦＤＰ、最終的にはＣＤＵ／ＣＳＵの支持も受けて二〇一二年三月に連邦大統領に選出された。一九四〇年生まれのガウクは、二〇一七年の退任時には戦後最高齢の大統領となったが、市民運動で培われた視点と自由と民主主義の価値重視、わかりやすい話しぶりによって、失われかけた大統領への敬意と信頼を取り戻すことに成功した。

四　安定回復のための二度目の大連立——第三次メルケル政権と複合危機

二〇一三年九月の連邦議会選挙では、ＦＤＰは五％条項を突破できず連邦議会の全議席を失った。第二次メルケル政権初期のＦＤＰの行動と政策の停滞に嫌気がさした有権者がＦＤＰ離れを起こしたためである。ＦＤＰは人事の刷新などを行ったものの、二〇〇九年から二〇一三年にかけての第一七議会期を通して全く支持を回復できなかった。ＦＤＰは戦後はじめて連邦議会の議席を失い、同時に、新たに結党されたＡｆＤもこの選挙では議席を得られなかったため、連邦議会内の会派はＣＤＵ／ＣＳＵ、ＳＰＤ、緑の党、左派党のみとなった。その結果、連立政権の組み合わせの可能性としては、ＣＤＵ／ＣＳＵとＳＰＤの大連立か、ＣＤＵ／ＣＳＵと緑の党の連立のみとなった。しかし、ＣＤＵ／ＣＳＵと緑の党は隔たりが多く、交渉入りできなかった。数の上ではＳＰＤと緑の党と左派党の三党連立も可能であったが、ＳＰＤは以前より左派党との連立の可能性はないことを明言していたため、結局ＣＤＵ／ＣＳＵとＳＰＤの大連立となった。ＦＤＰが連邦議会から消え、ＳＰＤと緑の党の二党連立では過半数に遠く及ばないという状況から、大連立がやむを得ない選択肢となった。

再度のメルケル大連立政権

ＳＰＤは第一次メルケル政権で財務相を務めたシュタインブリュックを首相候補として連邦議会選挙戦を戦ったものの、メルケル首相に対する厚い支持もあって得票を伸ばしたＣＤＵ／ＣＳＵのジュニアパートナーとならざるを得なかった。

ＳＰＤはジュニアパートナーとなる以上は政策面において多くの譲歩を引き出すべく連立交渉に臨んだ。ＳＰＤのガブリエル副首相は第一次メルケル政権では環境相であったが、第三次政権では経済のみならず脱化石燃料・脱原子力、その代替としての再生可能エネルギーの導入を中心とするエネルギー政策分野の権限も得て経済・エネルギー相となった。また第一次政権で外相を務めたシュタインマイヤーが外相に復帰した。政策面では第一次政権からの継続性も強く見られるが、ユーロ危機後の変化する経済・社会情勢に対処すべく雇用、税制、ユーロ問題など多くの課題について詳細な連立合意文書が作成された。

この中で今日の視点から見て最も重要な新政策の一つは、ＳＰＤの主張を受けて導入された最低賃金である。最低賃金については本章の冒頭でも言及されているように、ＳＰＤは長年にわたって導入を要求してきた。労使間の賃金協約の自立性や規制の少ない市場経済を原則とする社会的市場経済を重視する立場から、ＣＤＵ／ＣＳＵは選挙戦においても否定的であったが、ＳＰＤの主張に譲る形で二〇一五年から一時間あたり八・五〇ユーロの最低賃金の導入が合意された。その後最低賃金制度は定着し、二〇二四年一月には時給一二・四一ユーロに引き上げられている。

ロシアによるクリミア併合と安全保障危機

第三次メルケル政権は国際問題への対応にも追われることとなる。二〇一四年のロシアによるクリミア半島の併合はドイツ政治に大きな衝撃を与えた。冷戦後のドイツは、ソ連とその後継国であるロシアとの関係を重視してきたが、ロシアがウクライナに介入し、領土を奪ったことによって、良好な関係に大きな影響を与えることになったためである。

シュレーダー政権期には、シュレーダー首相とプーチン大統領の個人的友人関係もあってロシアとの関係は強化されていた。ロシアからバルト海を経由して直接ドイツに天然ガスを送るパイプライン・ノルドストリームの建設はシュレーダー政権末期に動き出し、二〇一一年に創業を開始した。シュレーダー首相は退任後、パイプライン運営会社の幹部となり、パイプラインは二〇二二年のウクライナ危機で破壊されるまで独露経済関係の緊密さの象徴ともなった。パイプラインは直接独露間を結ぶことで地政学的リスクを回避し、天然ガスは温暖化ガスの排出量が少なく相対的にクリーンなエネルギー源と認識されていたので、さまざまな意味で好ましいエネルギー源とされていた。

第二章二と第三章一でも取りあげられている「接近による変容」政策は、ブラント首相のブレーンであったＳＰＤのエゴン・バールがアデナウアー的な対決的な力の外交姿勢に対抗すべく用いて以来、ＳＰＤの外交政策の原則となっていった。相手国に影響を与えるためには経済関係をはじめとして緊密な関係を結ぶことが前提となり（そのため時に「貿易による変容」とも表現される）、緊密な関係が基盤にあるがゆえに相手国に対して影響力を持つことが出来るとするものである。冷戦期の東方政策でしばしば用いられたように、これはそもそも関係性があまり密ではなく、異質で課題の多い相手国に使われる政策である。そして相手がこちらの考え方に共感し、変化することを前提としている。それは個人の政策決定者のレベルで変化を期待することもあるが、通常はより長期的に幅広い社会変化をもたらすことを期待している。

ロシアは民主的な政治体制と市場経済の国になりG8のメンバーにもなった。しかし、二〇〇八年のグルジア戦争（その後国名の日本語表記はジョージアに変更された）など問題も多かった。メルケル政権はシュレーダー政権と同じくロシアとの宥和を重視し、ウクライナをNATO加盟行動計画に参加させることには反対した。ロシアは二〇一四年のウクライナ政治の混乱とユーロ・マイダン革命に乗じて東部の分離独立を支援し介入を強め、クリミア半島を併合した。メルケル政権は国際法の原則に基づきクリミア併合を強く非難したが、同時に対話と交渉による問題解決も重視した。EUによる関係者の渡航制限や特定産業向け輸出の禁止などの制裁、G8からのロシアの追放などが実施されたが、同時に外交面ではシュタインマイヤー外相を中心としてウクライナ東部における戦闘の停止と問題解決に向けた努力が続けられた。シュタインマイヤー外相は独仏外交協調を重視し、二〇一四年九月のミンスク議定書（「ミンスク1」合意）を実効的なものにするため、フランスと協調しながら、ロシア、ウクライナに独仏が加わる「ミンスク2」合意をとりまとめた。これによってウクライナ東部での停戦を中心として、戦闘の終結と地域の安定化を目指した。

メルケル政権の対露政策は、ジョージア戦争にしても、クリミア併合にしても、ロシアとの決定的な対立を回避しつつ、国際法を重視するという二律背反的な要素を含むものであった。そして、ロシアによるクリミア半島の併合という既成事実を前にして、ドイツ外交が目指したのは交渉によってウクライナ東部の戦闘状態を終わらせ、安定させることであった。多角的・国際的な枠組みを重視しながら交渉を行い、EUの枠組みのなかでとりわけ独仏協調を軸としながら積極的なシュタインマイヤー外交が展開された。しかし、大国ロシアとの決定的な対決を望まず、国内の輸出企業への配慮やロシアからのエネルギー供給への依存もある中で、可能な選択肢は少なかった。「ミンスク2」合意によって一定期間は状況が落ち着くこともあったが、本質的な問題の解決にはほど遠かった。そしてロシアとの宥和を重視し続けた結果、二〇二二年のロシアによるウクライナ侵攻を止めることはできず、ドイツ外交は原則の再考を求められた。だからといって、軍事大国になる意思もなく、国民もロシアとの対立を望まず、経済的利益も放棄し難いドイツにとって、外交上の選択肢は少なかった。

冷戦後のドイツは、対立していた東欧諸国が体制移行により民主化し、NATOとEUに加盟したことによって、国境を接する諸国からは安全保障上の脅威を受けることはなくなった。そしてドイツはこの周辺の環境に安住してしまった。しかし、ロシアの行動はこの安全保障環境が変わり始めたことを示すものであった。ロシアと直接に国境を接し、ロシア語話者のエスニックマイノリティーも抱えるバルト諸国などのＥＵ構成国ではクリミア併合により安全保障上の脅威は非常に強く認識されるようになった。ＮＡＴＯは二〇一四年のウェールズ首脳会議でＮＡＴＯ構成国が軍事費をＧＤＰの二％に引き上げることを合意した。そして二〇一六年のワルシャワ首脳会議では「強化された前方プレゼンス」としてバルト諸国とポーランドへのＮＡＴＯ戦闘群のローテーション駐留が決定された。ドイツ連邦軍は二〇一七年からリトアニアに駐留し、この変化した安全保障環境に対応している。しかし、次章二で見るように、ドイツの軍事費は二％目標には遠く及ばない状況が続いた。それはドイツが軍事的な脅威にさらされる可能性は低いという認識の反映でもあった。

トランプ政権とのあつれき

二〇一七年一月にアメリカでトランプ政権が発足したことは、メルケル政権にとっては大きな試練となった。安全保障環境が変化する中で、自国中心主義を対外政策でも打ち出すトランプ大統領の政策は、多角主義と国際協調、自由貿易の強化を基軸とするドイツ外交とは相性の悪いものであった。しかし、ドイツにとってアメリカとの関係、大西洋関係は欧州統合と並ぶ外交の柱であることは変わりなく、アメリカ市場はドイツ経済にとって不可欠の重要な市場であることにも変わりは無かった。ＥＵとアメリカの経済関係を強化するための大西洋横断貿易投資パートナーシップ協定（ＴＴＩＰ）の交渉をメルケル政権は自由貿易強化の観点から積極的に支持していたが、トランプ大統領はこの交渉を中断してしまった。

またアメリカがＮＡＴＯを通して防衛費を過剰に負担しているとの認識から、トランプ大統領はＮＡＴＯの同盟国に対して防衛費の増額を強く求めた。既に議論したように、ドイツもＮＡＴＯの対ＧＤＰ比二％目標には同意していたものの、国内の政治状況や財政状況から、この目標を直ちに達成する方向に動くことは困難であった。

テューリンゲン州の左派党ラメロー政権

第三次メルケル政権期の内政を見た場合、政治と社会の変化を象徴する一つの出来事は、二〇一四年九月のテューリンゲン州議会選挙を受けて左派党、ＳＰＤ、緑の党の連立が成立し、政党のシンボルカラーをとって「赤赤緑」連立とよばれる政権が誕生したことである。東ドイツ地域の地方選挙では常に大きな勢力であり、テューリンゲン州では一九九九年の州議会選挙以降はＳＰＤを凌いでＣＤＵ／ＣＳＵに次ぐ第二の勢力となっていた左派党が、ついに州首相を出して政権を担うことになった。後に二〇一七年連邦議会選挙との関連でも議論するように、連立の組み合わせは政治的に限定されていた。ＡｆＤがこの選挙で一〇・六％の得票率で議席を獲得し、ＦＤＰは議席を獲得出来ず、ＣＤＵ／ＣＳＵはＡｆＤとの協力を拒否していたため、連立の組み合わせがＣＤＵ

／CSUとSPDの大連立の継続か、「赤赤緑」連立しかなくなっていた。

左派党はベルリンにおいて短期間政権に参画したことはあったものの、本格的に政権を担うのは初めてであった。ラメローはテューリンゲン州議会において左派党会派を率いており、連邦議会議員の経験も有しており、安定感はあったが、左派党の政権については不安を抱く者も多かった。しかし大連立が機能不全に終わった以上、長年にわたって第二党となっていた左派党を中心とする新しい政権を構成することが求められていた。ラメロー首相率いる「赤赤緑」連立は堅実な政策運営に成功した。

左派党は反NATOの非軍事的平和主義の主張を掲げるなど、連邦レベルでは戦後ドイツの幅広い政党間コンセンサスから逸脱していることから連立の対象とはなり得ない。しかし、安全保障・外交政策領域を持たない州ないし自治体レベルでは、ラメロー首相のように安定した政権担当能力を持つ者もいることを認識させた。その後「赤赤緑」連立はベルリン、ブレーメンでも実践された。

外交・安全保障政策への影響はないとしても、州の連立政権の組み合わせが増えたことは、その後の連邦の政治に影響を及ぼすこととなった。シュレーダー政権の時代までは、連邦議会と連邦参議院のねじれが立法に影響したが、この時期になるとCDU／CSU主導であれSPD主導であれ、大連立政権かザールラント州のCDU／CSU、FDP、緑の党の三党連立「ジャマイカ連立」政権、「赤赤緑」政権など、連立の組み合わせが複雑化した。そのことによって、連邦参議院における各州の投票行動が複雑化し、連邦レベルの与野党対立の構図を連邦参議院に持ち込むことは不可能になった。二〇〇〇年代の連邦制度改革により両院のねじれと政策権限の錯綜が、立法に過度の影響を与えないよう制度改革がなされたが、実際には政党システムの複雑化と連立組み合わせの複雑化によって、ドイツの連邦政治の合意形成は新たな次元に入っていった。

難民危機とドイツ社会

第三次メルケル政権は、内政問題もからんで継続していたギリシャの債務危機とウクライナ・安全保障危機への対応で忙殺されていたが、同時期には国際的にも内政問題としても非常に大きなインパクトを与える難民危機にも対応しなければならなくなった。アラブの春以降の北アフリカ諸国、中東地域の混乱、特にシリア内戦を逃れてヨーロッパへ向かう難民が急増し、一一〇万人の庇護申請者が入国した二〇一五年は、社会にも大きなインパクトを与える危機の年となった。

ドイツの難民問題は、その歴史的・法的背景を抜きに考えることはできない。ドイツ基本法は、戦前のナチ政権による人権侵害への反省から第一六条に政治的に迫害を受けている者の庇護申請の権利を規定していた。そのため、ドイツの庇護申請権は世界的に見ても寛容なものとなり、知れ渡ることとなった。ハンガリー動乱やプラハの春など社会主義諸国の混乱時には難民庇護申請者が増加した。しかし、特に一九八〇年代からドイツへの難民申請が大きく増加した。そして第五章二で見たように一九九一年からのユーゴスラヴィア内戦で庇護申請者は急増した。その結果、難民認定審査も難しくなり、ドイツ統一後の社会的問題もあって、難民問題が政治論争の対象となった。

最終的には、政治的迫害を受ける心配のない国からの庇護申請を認めないことによって、難民認定審査の負担を軽減する政策が導入された。このため一九九三年の基本法の改正により、難民庇護の規定は第一六条から別規定として第一六a条に移された。第一六a条は庇護申請の権利を規定すると同時に、EU構成国および安全な第三国からの入国者は庇護申請ができないことを規定した。ドイツは周辺を全てEU構成国に取り囲まれているので、ドイツの陸上の国境を越えて入国すると原則として庇護申請ができないという解釈になる。またEUの難民対応ルールであるダブリン規則は、難民はEUに入域した最初の国で登録・審査を行うことを規定している。これらにより、一九九二年には年間四〇万人を超えた難民は大幅に減少した。

しかし、アラブの春以降に再び難民は増加し、イタリアやギリシャは地中海を越えて流入する難民の増加に苦慮していた。二〇一五年に入ると地中海経由のみならず、バルカン半島・中欧を経由してEUに入域する難民が急増した。二〇一五年九月にメルケル首相はいわゆるバルカンルートを経てハンガリーに入国していた難民のドイツ入国を認めた。ハンガリー政府は難民審査のための受入手続きを適正に行わず、滞留する難民は非人道的な状況におかれていた。メルケル首相の決断は、人道的観点からの例外措置として歓迎する市民も多くいた一方で、EU諸国との協議も、連邦議会での審議もなく、政府の決断として多数の難民をドイツ国内に迎え入れたことには批判もあった。旧ユーゴスラビアからの難民の受け入れや、これまでの恒常的な難民受け入れにより、対応する経験値は高く、また多くの市民がこの人道的な難民受け入れを歓迎する政治文化を共有していたとはいえ、ドイツ社会には大きな負担となった。EUダブリン・システムを停止して、直接ドイツ国内に受け入れた難民も、もちろん庇護申請者として難民認定手続きの対象となり、一部は認定されず送還の対象となった。しかし、この時のシリアからの難民のほとんどはドイツへの受け入れが許可された。

EUレベルではダブリン・システムを再び機能させ、正規の手続きに復帰させることが目指された。欧州委員会はEU内での難民受け入れの負担の平準化をすべく、EU内での振分け・リロケーション政策を目指した。しかし、ハンガリー、ポーランド等の中東欧諸国は政策を共有することなく、難民受け入れでのEU内の連帯は機能しなかった。EUはトルコとの協定を締結することにより、EUに向かう難民の流れを発生源に近いところで抑える政策をとった。この協定により多数の難民がEUに向かうという意味での危機は二〇一六年春には収束した。しかし、難民の発生の根本的な要因であるシリアやアフガニスタンなど地域的不安定の問題に対処するにはＥＵもドイツも国際社会も十分な能力を持たず、二〇二三年夏に再び危機的状況となるまでの一時しのぎとなった。もちろんＥＵも手をこまねいていたわけではなく、二〇〇五年に設立されていた国境管理支援のためのＥＵの専門エージェンシーである欧州対外国境管理協力機関を大幅に改組・拡充し欧州国境沿岸警備機関（略称は変更されずＦＲＯＮＴＥＸ）に発展させるなど、具体的な制度発展も見られたし、難民の受け入れ・登録を迅速に行うためのホットスポットの整備も行われた。

この危機に際して、ＥＵ諸国の中でドイツは圧倒的に多数の庇護申請者を受け入れた。基本法第一六条ａの規範は、政権を担ったことのある主要政党の間で共有されていたし、社会の多数も難民受け入れを肯定的に捉えていた。しかし、短期間に多数の庇護申請者を受け入れたことが、反対する者の声を大きくし、社会を不安にさせたことは間違いない。

難民危機の前年、二〇一四年一〇月からドイツでは「西洋のイスラム化に反対する欧州愛国者（ＰＥＧＩＤＡ：ペギーダ）」と称する大規模なデモがいくつもの都市で発生していた。移民の増加による社会のイスラム化、難民受け入れに反対するデモは、難民受け入れに寛容であったドイツ社会の変化を示すものとして警戒された。しかしこの運動は、難民危機の前までには概ね沈静化していた。ＡｆＤの中にはペギーダに賛同する者もいたが、ルッケ党首のように批判する者もいた。二〇一五年七月の党大会でＡｆＤ内の対立は明らかとなり、反ユーロを主な主張とする創設時からのメンバーの多くが離党した。その結果、ＡｆＤは右翼的主張でまとまる政党へと性格を変えていった。この混乱の結果、難民危機の時点でＡｆＤの世論の支持率は大きく低下し、泡沫政党化していくように思われた。ところがＡｆＤは二〇一五年秋から二〇一六年にかけての社会不安とメルケル政権の難民政策への不満の声を集めて、急速に支持を拡大していった。二〇一六年のいくつかの州議会選挙で議席を獲得し、二〇一七年の連邦議会選挙ではついに国政レベルでの議席を獲得した。

第三次メルケル政権にとって難民政策は非常に大きな試練であった。第六章一で見たように、かつてＣＤＵ／ＣＳＵは移民の社会統合や国籍問題では保守的な立場を維持し、ドイツは移民国ではないとの立場を保持していた。しかし二〇一五年六月にメルケル首相は市民との対話番組において、ドイツは既に移民国だとの認識を示した。メルケル首相はＣＤＵの中ではリベラル派であるとはいえ、多数の移民・難民を受け入れ、ドイツ社会が変化したことを明言したことは、ドイツ社会と政治の変容を象徴的に示しているといえよう。ドイツ経済は労働力を求めており、少子高齢化するドイツで経済の活力を維持するためには国外から人材を受け入れなければならないという認識は財界では共有されていた。二〇一五年からの難民危機においても、庇護申請者の社会統合のスピードアップ、労働市場への参入の柔軟化が行われていた。リーマンショックの一時期を除き、一六年にわたるメルケル長期政権の間ドイツ経済は成長し、労働市場は常に好調であったと言ってよい。この経済環境もドイツが難民危機を乗り越えることができた重要な背景である。それでも社会不安と不満が増大し、AfDの党勢が拡大したのは、二〇一五年大晦日のケルン暴動事件など、難民・庇護申請者が関与した重大な事件が発生したことがあげられよう。

ドイツにおける難民問題は歴史的背景があることを説明してきたが、この時期になると一九七〇年代までにガストアルバイター（コラム④参照）としてドイツに移民した人々の子供たちがドイツ社会で重要な役割を担っている。手続き的には難民審査は厳格に実施されるが、多くの移民を受け入れてきた社会は変化し、難民・移民の第二世代、第三世代が活躍するようになって、しだいに難民と移民を明確に切り分けて論じることは難しくなっている。そして背景は何であれ、社会に統合して市民として活躍させるという視点が次第に重要になってきている。

五　第四次メルケル政権と首相の長い引退

二〇一七年連邦議会選挙とAfDの衝撃

メルケル首相は二〇一七年秋の連邦議会選挙に再びCDU／CSUの首相候補として立つことを二〇一六年一一月に表明した。これに対してSPDは二〇一七年一月に入って、予想外の候補としてEUの議会である欧州議会の議長であったマルティン・シュルツを選出した。シュルツはメルケル首相より一歳若い一九五五年生まれであるが、初期の地方政治の経験を除くと一九九四年以来ずっと欧州議会議員であった。シュルツは二〇一二年から欧州議会議長となり、二〇一四年の欧州議会選挙にあたってはEU委員会の委員長となるべく中道左派の社会民主進歩同盟（S&D）の筆頭候補者となった。

二〇〇九年一二月に発効したリスボン条約第一七条七項は、EU委員会の委員長は「欧州議会の選挙結果を考慮して」EUの首脳会議である欧州理事会が欧州議会に提案し、選出されると定めている。欧州議会はこの条文を議会権限の強化に向けて利用すべく解釈し、欧州議会選挙で最大会派（政治グループ）の筆頭候補者がEU委員長として選出されるべきと「筆頭候補手続き」を主張して選挙戦を展開した。欧州議会の政治グループは中道保守系の欧州人民党グループ（EPP）とS&Dが長く二大勢力となっていた。そのため、「筆頭候補手続き」によれば、ほかにも自由民主系グループ（二〇一九年選挙までは欧州自由民主同盟（ALDE）、選挙後にリニューヨーロッパに改称）や緑グループなども筆頭候補者を出すものの、実質的にはEPPかS&Dのどちらかの政治グループの筆頭候補者がEU委員会の委員長となる。シュルツはS&Dを率いて、EPP候補のユンカー元ルクセンブルク首相と戦った。

二〇一四年の選挙ではＥＰＰグループが第一勢力となったため、ユンカー元ルクセンブルク首相がＥＵ委員会委員長に就任した。シュルツはドイツ選出の委員としてユンカー委員会に入ることを望んだが、メルケル政権はＣＤＵのエッティンガー元バーデン＝ヴュルテンベルク州首相を委員とした。そのため、シュルツはその後Ｓ＆Ｄ会派の支持を受けて再び欧州議会の議長となっていた。

シュルツは欧州議会においては非常に知名度の高い政治家であったし、欧州議会議長としてドイツ国内でも知られてはいたものの、国内政治における存在感は大きくなかった。ドイツにおける欧州議会議員の位置づけは、一九七九年の欧州議会の直接選挙の導入以降、ＥＵの存在感の高まりとあいまって次第に高くなってはいたものの、連邦議会議員と比べてもまだ存在感の薄いものであった。シュルツは欧州議会議長を二期務め、ＥＵ委員長となるべくＥＵレベルの筆頭候補者ともなっていたので（ドイツの欧州議会選挙においてＳＰＤの比例リストの筆頭候補者）、知名度は十分高かった。さらに、欧州議会にいたことで国内政治の具体的課題にはほとんどかかわってこなかったことから、有権者にとっては新鮮さもあった。欧州統合の理想を高く掲げ、ＥＵ機関の強化を訴え、国内ではシュレーダー改革の問題点を是正しようとする姿勢は高く評価された。すでに一二年の長期政権となっていたメルケル首相と比べての斬新さは「シュルツ効果」となって世論調査でのＳＰＤの支持率を押し上げた。

しかし「シュルツ効果」でＳＰＤの支持率がＣＤＵへの支持率に迫ったのは二〇一七年二月から三月にかけての短期間で、三月のザールラント州議会選挙での敗北以降、シュルツを旗印としたＳＰＤの勢いは削がれていった。

二〇一七年九月の連邦議会選挙でＳＰＤは戦後最悪の二〇・五％しか獲得できず、ＣＤＵも大きく得票を減らして第一党となることはできなかった。ＦＤＰは一〇・七％を得て、二〇一三年選挙で失っていた連邦議会の議席を回復した。緑の党と左派党はともに得票率を下げた。この選挙でＡｆＤは一二・六％を獲得し、ＣＤＵ／ＣＳＵ、ＳＰＤに次ぐ第三勢力となって連邦議会に初めて議席を獲得した。

ＡｆＤ内では、ルッケと並んで党設立時の共同代表の一人であり、二〇一五年にルッケが離党してから党の顔となっていたフラウケ・ペトリが、ＡｆＤの連邦議会筆頭候補のアレクサンダー・ガウラントらと党内で批判しあう状況が続き混乱していた。ガウラントの歴史修正主義的・保守的発言をペトリは批判した。それでもＡｆＤは、連邦議会選挙で社会の不満を集めて支持の基盤とすることに成功し、七〇九議席のうち九四議席を得た。特に東ドイツ地区ではＡｆＤは強い支持を得て、ザクセン州では三つの小選挙区議席を獲得した。その一つを獲得したペトリは選挙直後に離党し、党内の対立を印象づけた。第三の大きな議会内会派となったＡｆＤの存在は連邦議会の雰囲気を険しくした。

連邦議会では各会派（連邦議会議員の五％以上が集まると会派となる）は少なくとも一名の副議長を出すことができるが、ＡｆＤから推薦された議員は連邦議会で副議長に選出される多数を得られず、ＡｆＤ所属の副議長はいない。議会の専門委員会では会派の大きさに応じて委員長職が割り振られるため、二〇一七年選挙後、ＡｆＤは財務委員会、法務・消費者保護、観光の三つの委員会で委員長職を獲得した。

ＣＤＵ／ＣＳＵ、ＳＰＤ、ＦＤＰ、緑の党、左派党のいずれも、法案の作成や議案の審議にあたってＡｆＤと協力しないことを明言していた。このためＡｆＤがドイツ連邦議会の審議結果に影響を及ぼすことは実際には無い。その点ではＡｆＤはドイツの外交・安全保障・ＥＵ政策、さらに内政の諸政策に対しても、実質的な影響を与えてはいない。しかし、ＡｆＤが非常に対立的・敵対的な表現を用いることもあって、連邦議会の議論では常に激しい論戦となる。難しいのは、ＡｆＤを排除しつつ政治を運営するための工夫が常に必要になることであった。

第四次メルケル政権の動揺

二〇一七年の連邦議会選挙の結果、議会で過半数を超えられる連立の組み合わせは、ＡｆＤを排除すると（左派党も連邦レベルでは連立対象とならない）、二つしかなかった。一つの可能性は第三次メルケル政権と同じ大連立の継続であったが、ＣＤＵ／ＣＳＵもＳＰＤも大連立の継続を望んでいなかった。投票日に選挙結果が出るとシュルツははっきりと大連立の継続を否定し、ＳＰＤが野党となることを明言した。もう一つの可能性はＣＤＵ／ＣＳＵ、ＦＤＰ、緑の党の三党によるいわゆる「ジャマイカ連立」である。政党のシンボルカラー、黒、黄、緑の組み合わせがジャマイカの国旗の配色と同じであることから（ＣＳＵのシンボルカラーは青であるがカウントされない）、ＳＰＤ、ＦＤＰ、緑の党の連立の配色が信号機と同じであるため信号連立と呼ばれることと対比される。「ジャマイカ連立」は二〇〇九年から二〇一二年にかけてザールラント州政府の連立として州レベルでの経験はあったものの、連邦レベルでの連立協議は初めてであった。

ＣＤＵ、ＣＳＵ（議会内ではＣＤＵと統一会派を組むが、連立協議では独立した政党として行動する）、ＦＤＰ、緑の党の四党は具体的な政策分野について連立政権の政策の方向性を協議した。とりわけＣＳＵ、ＦＤＰ、緑の党は環境政策、移民政策、税制など多くの分野で要求事項が相互に矛盾した。二〇一七年一一月一九日、ＦＤＰのリントナー党首が誤った政権運営を行うよりも政権入りしない方がよい、と発言し交渉を打ち切ってしまった。

高齢を理由に一期で引退したガウク大統領に代わって、二〇一七年二月に外相を辞し、大統領に選出されていたシュタインマイヤーは、再選挙を回避すべく、あらたな連立政権を構成するよう各政党に働きかけた。ＡｆＤを排除して安定的な政府を構成するために結局残された選択肢は、ＣＤＵ／ＣＳＵとＳＰＤの大連立政権の組み合わせのみであった。大連立の継続を望んでおらず、とりわけ地方組織や若手組織の反対が強かったＳＰＤは慎重であったが、最終的に連立協議に応じた。二〇一八年二月に両党は連立協議をまとめ、ＳＰＤは党員投票を経て、この合意を承認した。三月一四日に連邦議会でメルケル首相が選出され、第四次メルケル政権が発足した。二〇一七年九月の連邦議会選挙からほぼ半年を経ての政権発足であり、戦後のシステムにおいて最長の暫定内閣を第三次メルケル政権の閣僚たちは務めた。

第四次メルケル政権はＣＤＵからメルケル首相を含め七名、ＣＳＵから三名、ＳＰＤから六名の閣僚で構成された。連立協議でも重要な役割を担ったＳＰＤのオーラフ・ショルツ・ハンブルク州首相は財務相兼副首相となり、外相にはＳＰＤのハイコ・マース前法務・消費者保護相が就任した。国防相はＣＤＵのフォンデアライエンが再任となった。

一七五頁からなる連立合意文書は、ヨーロッパ政策を冒頭に位置づけており、その意味ではドイツの対ＥＵ政策の積極性を訴えるものになっている。しかし、困難な状況の下での望ましい目標設定としてはさまざまな議論がなされているものの、実現可能性や具体性という点ではややもの足りないものであった。ユーロ危機を越えて未来を見据え、安定して繁栄したＥＵを目指すとしても、現実にはイギリスのＥＵ離脱問題への対処は大きな課題であった。さらに、第四次メルケル政権は、トランプ政権の誕生によってギクシャクした対米関係への対応、中国との関係の変化と経済的利益のバランスの再定義など、国際環境の変化への対処も大きな課題となった。

半年の暫定政権を経てようやく発足した第四次メルケル政権であったが、二〇一八年一〇月のバイエルン州選挙で姉妹政党のCSUが前回選挙と比べて一〇・五％得票を減らし、単独過半数を失い、ヘッセン州議会選挙でもCDUが一一・三％も得票を減らす大敗を喫した。バイエルン州もヘッセン州もドイツ経済を牽引する大きな州であり、CDU／CSUにとって衝撃は大きかった。この大敗を受けて、メルケル首相は次回の二〇二一年の選挙以降は首相を継続しないこと、CDU党首を後継者に譲ることを表明した。しかし同時に、二〇二一年までは首相を継続し、政権を維持することも表明した。従来メルケル首相は首相職とCDU党首職は分離しないとしていたため、この意思の表明は大きな驚きをもって迎えられた。

二〇一八年一二月のハンブルク党大会でのCDU党首選では、第四次メルケル政権の発足時にザールラント州首相からCDU幹事長に転じていたアネグレート・クランプカレンバウアーと、かつてCDU議員団長であったフリードリヒ・メルツ、イェンス・シュパーン厚生相が争った。選挙の結果、メルケル首相の路線に近いクランプカレンバウアー幹事長がCDU党首に選出された。

クランプカレンバウアーのザールラント州首相としての政治手腕は高く評価されており、南西部のカトリックを背景とする彼女は、北東部のプロテスタントを背景とするメルケル首相とは対照的であったが、それ故に後継者としても適任と目された。

イギリスのEU離脱

二〇一六年のイギリスの国民投票によるEU離脱決定はドイツにも大きな衝撃を与えた。独仏協調を重視し、フランスとの関係を欧州統合の柱としているとはいえ、ドイツはイギリスも含めた欧州統合の展開を望んでいたし、一九六〇年代からのイギリス加盟申請時には積極的な支持を与えていた。EUの共同市場におけるイギリスの存在は大きく、ドイツの企業もイギリスとの経済関係は重要なものであった。経済統合の枠組み、域内市場からの離脱と、しかもその後の関係を破壊するようなハードなイギリスの離脱（ブレグジット）には懸念の声が大きかった。イギリスはEU財政にも大きな貢献をしていたため、イギリスが離脱すればドイツへの負担増も懸念されたし、外交・安全保障上の大国であるイギリスがいないことでEUの共通外交・安全保障政策のプレゼンスが下がる懸念もあった。しかし、ブレグジットの衝撃を緩和するために、これまでの統合の成果を犠牲にすることも考えられなかった。

イギリスがEUを離脱した二〇二〇年は新型コロナウイルス感染症危機（コロナ禍）が世界を襲い、二〇二二年にはロシアによるウクライナ侵攻が起きるなど、大きな危機が続いた。そのことによってブレグジットの衝撃への注目は下がったともいえよう。また、ドイツ経済は好況が続いたこともあり、ブレグジットの影響はマクロなドイツ経済にとっては小さかった。ＥＵの結束は後に見るように、コロナ禍で揺らいだものの、ＥＵ復興基金の設立により持ち直した。その時のメルケル首相のＥＵの連帯を重視した交渉姿勢は、イギリス離脱後のＥＵの大国ドイツの責任を十分に認識させる行動であったと評価できよう。

マース外相によるドイツ外交の継続性と変容

第四次メルケル政権期にはノルドストリーム２の建設が始まり、二〇二一年九月には完成した。その後のウクライナ危機とショルツ政権の判断によってノルドストリーム２が稼働することはなかったものの、このプロジェクトの進行に象徴されるように、対露政策は基本的には大きな変化はなく、経済関係は維持されていた。二〇二〇年にロシアの反政府活動家アレクセイ・ナワルニが毒殺未遂されると、治療がベルリンで行われたこともあり、ドイツではロシアの人権抑圧がとりあげられ、プーチン政権との関係が疑問視された。メルケル政権の対露政策は大筋では変わることはく、関係性の維持により変容を求める政策が継続された。他方で、前任者のシュタインマイヤーやガブリエルの時代と比べると、ロシアとの関係はより緊張感のあるものとなった。これはマース外相が言論の自由や人権問題などで折に触れてより強くロシアに対して批判的発言を行ったことによる。マース外相もＳＰＤの「接近による変容」政策を継承していないわけではないが、アプローチのスタイルがより価値・規範を重視した発言に変化していったといえよう。

このことは対中国政策についても同様である。連立合意文書にも対中政策では経済の重要性を強調すると同時に、中国の権力志向的な姿勢の強まりに対して、ルールに基づいた国際秩序の重要性が強調されているが、経済関係を重視して中国への依存を強めすぎた状態から、バランスのとれた対中政策、対アジア政策の必要性も折々に指摘されるようになった。

この背景として、第三次メルケル政権から第四次メルケル政権にかけての時期に、中国との関係性の変化に留意する声が大きくなったことも重要である。この時期の中国はドイツの貿易の輸出入総額では最大の貿易相手国であり、中国はドイツの得意とする輸送機器、機械製品、電子機器などの重要な市場であった。しかし、二〇一六年にドイツを代表する産業用ロボットメーカーのクーカ（ＫＵＫＡ）が中国企業に買収されると、先端技術が中国にコントロールされ、ドイツの強さの源泉が奪われるのではないかとの懸念も強くなった。ドイツは自由な貿易と自由な市場経済によって戦後の繁栄を築いてきたこともあって、国家が企業の活動に介入することには抑制的であるべきとの考え方が強かった。第二章一で見た社会的市場経済の考え方である。しかし、中国の企業は国家を背景として異なる論理で、つまりは政治的な意図も企業・経済活動の背後にあって、市場を利用しているとの懸念が強くなった。また、ドイツ企業が中国においては必ずしも自由な行動ができず、投資や買収などで制約を受けているにもかかわらず、中国企業は自由を謳歌できるという非対称性、互恵的でない関係が問題視された。二〇一七年には対外経済令が改正され外国企業によるドイツの企業買収規制が強化されたが、その後次第に買収規制は強化されていった。特に安全保障や社会経済のインフラ産業について制限が強化された。同時に、EUレベルで共通の枠組みがなかったことから、EUレベルの投資規制の枠組みも整備されていった。

二〇一九年三月にはEU委員会と外務・安全保障上級代表が対中政策文書を発表した。EUの対中認識をあらわすこの文書では、中国を「パートナー」、「競争相手」、「体制のライバル」と三つのカテゴリーで表現し、とりわけEUとは異質の「体制のライバル」であるとの認識は、対中懸念をよく表している。この文章の発表後、ドイツでも中国を単なる経済の視点からではなく、より大きな政治・安全保障の点からも見なければならないとの認識は強まっていった。もちろん、中国市場への依存、深い経済関係をできるだけ毀損しないように政治・安全保障の視点を導入するという難しいバランスをとる必要がある。第四次メルケル政権は、中国との経済関係を重視し続け、対決姿勢に転換したわけではないが、経済関係一辺倒で、時に法の支配対話や人権問題を協議するという姿勢から次第に政治的リスクにも配慮する方向に向かい始めた。

フォンデアライエンEU委員会委員長

二〇一九年五月末に実施された欧州議会選挙の結果を受けて、新たなEU委員会委員長の選出が始まったが、二〇一四年に利用され慣行となると思われた「筆頭候補手続き」は利用されなかった。二〇一四年には実質的に欧州議会内の二大政治グループ、ＥＰＰとＳ＆Ｄの間での争いとなった。当時は両者が欧州理事会を構成する政府に強い圧力を加えることもできたし、結果的に候補者もルクセンブルク元首相ユンカーとなり構成国の首脳が集まる欧州理事会にとっても受け入れやすいものであった。しかし、二〇一九年の欧州議会選挙の結果、ＥＰＰとＳ＆Ｄの両者を合計しても得票率は過半数に及ばず、これまで安定的に多数を構成してきた中道の大きな政治グループが衰退した。これは構成国レベルでもこの時期にほぼ共通の現象としてみられた。それまで政権を担ってきた中道政党の衰退であり、ドイツで言えば国民政党とよばれるＣＤＵ／ＣＳＵとＳＰＤがどちらも相対的に小さくなり、あらたにＡｆＤのようなポピュリズム政党が伸張した。

メルケル首相は「筆頭候補手続き」を利用し、選挙の結果最大勢力となったＥＰＰのヴェーバー欧州議会議員をＥＵ委員長とすることに賛成したが、フランスのマクロン大統領をはじめとして、欧州議会がリスボン条約の解釈によって議会権限を強化すべく設定した「筆頭候補手続き」に否定的な認識を持つ首脳もいた。マクロン大統領は筆頭候補とは関係ないドイツ国防相でＣＤＵのウルズラ・フォンデアアライエンを推した。そして欧州理事会はフォンデアアライエンをＥＵ委員長として承認した。ＣＤＵはＥＰＰを構成するため、議会選挙の結果を一定程度は反映させており、かつ欧州理事会常任議長をはじめとする他の人事とのバランスにおいても首脳たちが合意できるものであった。これでＥＵの人事は政治的な方向性、出身国、ジェンダーなどを他の人事と抱き合わせで構成国の首脳が政治的に判断するというEU政治の原則に立ち戻ったことになる。「筆頭候補手続き」を無視された欧州議会にはフォンデアライエンの選出に批判的な声もあったが、フォンデアライエンの政策と運営の姿勢に同意して、人事は承認され、フォンデアライエン委員会は二〇一九年一二月に発足した。

AfDによるテューリンゲン州の混乱

フォンデアライエンがEU委員長に転出したため、メルケル首相は後任にクランプカレンバウアーCDU党首を充てた。国防相はドイツ政治においては国際的な要請と国内の議論の板挟みになる難しいポジションであり、連邦軍の改革、さらには安全保障環境の急速な変化への対応など、課題は山積していた。課題が困難であればこそ、対処に成功すれば新たなCDU党首としてメルケル首相の後継の地位を固めることができるとも考えられた。

しかしクランプカレンバウアーCDU党首は二〇二〇年二月に突如として二〇二一年連邦議会選挙での首相候補を辞退し、党首の辞任を表明した。党内をまとめることができなかったことが理由であるが、ここでもAfDと左派党のドイツ政界への進出が影響していた。既に見たように、テューリンゲン州では二〇一四年の州議会選挙をうけて左派党のラメローが赤赤緑連立を率いて州首相となっていた。五年の議会期を経て二〇一九年一〇月に行われたテューリンゲン州議会選挙では、左派党は前回選挙から票を伸ばし三一・〇%の得票率であったが、連立パートナーであるＳＰＤが議席を減らし、同時に野党のＡｆＤが二三・四％もの得票をした。ＣＤＵも大きく票を減らした結果、ラメロー政権を支えていた赤赤緑連立では議席の過半数に届かなくなった。それどころか、ＣＤＵ、ＳＰＤ、緑の党、ＦＤＰのこれまで連邦レベルで政権に入ったことのある政党全ての議席を足し合わせても過半数に届かなかった。安定した政権を組むためには、左派党を中心としてＳＰＤ、緑の党に加えてＦＤＰが連立に加わる必要があった。しかし市場経済を重んじるＦＤＰは東ドイツの社会主義統一党の流れを汲む左派党の政策の対極にある政党であって、連立の可能性はなかった。

計算上は過半数を超えられる連立の組み合わせとしては、左派党と保守系のＣＤＵ、またはＡｆＤとＣＤＵ、左派党とＡｆＤの組み合わせがあるが、いずれも政治理念、政策が全く対極的であって実現の可能性はなかった。メルケル首相のＣＤＵは連邦レベルでも地方レベルでも一貫してＡｆＤとのいかなる協力も否定していた。

このような状況の下で、左派党のラメロー首相が赤赤緑連立を続け、少数与党として政権を継続することになると予想された。州首相を選出するには第一回投票と第二回投票では議席数の過半数の賛成が必要であったが、現職のラメロー首相もＡｆＤの候補も過半数をとれず、相対多数で首相を選出できる第三回投票に進んだ。

第三回投票では左派党のラメロー、ＡｆＤのキンダーファーターという第二回投票までの候補に加えて、最小会派で九〇議席中五議席しか持たないＦＤＰのケメリッヒが加わった。この投票でＣＤＵは独自の候補を出さずＦＤＰのケメリッヒに投票した。ＡｆＤの議員は一致して自党の候補ではなくＦＤＰの候補に投票した。その結果、ＡｆＤ、ＣＤＵ、ＦＤＰの票が赤赤緑連立の票を上回ってしまってケメリッヒが州首相として議会で選出された。そしてケメリッヒは直ちに選出を受諾し、州首相としての宣誓を行ってテューリンゲン州首相となった。

ＡｆＤが一致してＦＤＰの候補に投票することは予想外であったとはいえ、州首相となったケメリッヒには連邦レベルのＦＤＰを含む全ての政党から激しい批判が向けられ、直ちに辞任することが求められた。ケメリッヒは閣僚を任命することもなく、三日後に辞任し、その後ラメロー前首相が赤赤緑連立の議会内少数派連立により州首相に選出された。ラメロー首相は早期の議会選挙の実施を目指すとしたが、予想外のコロナ禍の影響と情勢の変化によって選挙は結局実施されず、二〇二四年の定例選挙まで少数派政権が継続することとなった。

ＡｆＤが裏から支えてＦＤＰ候補を州首相に選出してしまったという出来事は、連邦の政治にも大きな衝撃を与えた。テューリンゲン州ＣＤＵの代表モーリングは同時にＦＤＰ候補にＣＤＵが投票したことの責任をとって辞任した。連邦レベルのＣＤＵはテューリンゲン州のFDPがケメリッヒを支持しないように求めていた。問題はテューリンゲン州内にとどまらず、クランプカレンバウアーCDU党首は辞任を表明した。もっとも、クランプカレンバウアー党首の辞任はこのテューリンゲン州の混乱が直接のきっかけとなったとはいえ、以前からのリーダーシップの失敗によるものであると考えられる。フォンデアライエンの後継者として激務の国防相になり、同時に国民政党であるCDUをまとめてリーダーシップを発揮することはできなかった。ザールラント州首相として実績をあげ、地元の選挙で強かったクランプカレンバウアーは連邦の政治の中では輝くことができず、メルケル首相の後継者としての地位を失った。

CDUは二〇二〇年四月に新しい党首を選出予定であったが、コロナ禍は政治日程にも大きな影響を与えた。党首の選出は二度にわたって延期され、最終的には二〇二一年一月にノルトライン＝ヴェストファーレン州首相のアルミン・ラシェットがオンライン党大会と郵便投票によって選出された。

コロナ禍とEUの連帯

二〇二〇年一月末にはドイツでも新型コロナウイルスの感染者が確認され、二月のカーニバルなどではクラスターも発生し、感染は拡大していった。三月一八日にはメルケル首相がテレビを通じて、この感染症危機は第二次世界大戦以来の重大な危機であり、医療崩壊を防ぐためには個人の自由を制約する行動制限が必要であるとのメッセージを国民に伝える事態となった。メルケル首相の科学者としての合理的なリーダーシップは当初国民から支持され、危機によって与党CDUの支持率は上昇した。長期政権で首相・CDU党首の後継をめぐってはっきりしない状況であったが、コロナ禍はメルケル政権への支持を再び上昇させた。コロナ禍でも、行動制限と医療・保険制度によってドイツではイタリアのような厳しい医療崩壊状況にはならなかった。連邦制度による権限関係のゆえに、感染症への対処はメルケル首相と連邦政府のみならず、大きな権限を持っている州の一六名の首相との協議で進められた。保健政策でも経済・社会活動制限でも州政府抜きには対処は考えられなかった。州によって考え方も異なるがゆえに、州ごとに異なる対応がとられることも多々あったが、メルケル首相は危機における優れた政治コミュニケーションとリーダーシップで対応したと評価できよう。

第一次メルケル政権期に基本法改正によって導入された財政規律条項（本章二）は、連邦では二〇一六年から、州レベルでは二〇二〇年から移行期を終えて適用となっていたが、コロナ禍への対処は大きな財政出動を必要とした。コロナ禍における操業時間短縮とそれにともなう給与減収分を補償する労働時間短縮手当などの諸政策のため補正予算が組まれた。コロナ禍は非常事態と定義され、連邦議会の承認を得て財政規律条項の例外とされた。これによって二〇二〇年予算は債務ブレーキ条項による起債制限の例外とされ、積極的な財政出動が可能になった。そしてこの例外運用は二〇二二年度まで継続された。コロナ禍はドイツ経済にも大きな影響を与えたが、もともと好況にあったドイツのマクロ経済はコロナ禍にも耐えることができた。そして、その状況を維持するためにドイツが政治的・社会的コンセンサスに基づいて運用してきた厳しい財政規律条項を外して対応したことは、EUレベルの政治にも波及した。

二〇二〇年三月のコロナ禍の初期にはドイツもいくつかの隣国との国境を封鎖し、自由な人の移動を制限した。またコロナ禍のような危機に際してEUレベルの調整も十分でなかったことから、EUの連帯は本当の危機には十分機能しないのではないかとの疑念もわいた。しかし、次第にEU構成国間の連帯と協力も機能するようになっていった。そのような状況の下で、医療・保健などの緊急対応を越えて、社会・経済分野でもEUレベルの協力が必要であるとの声が大きくなっていった。コロナ禍による社会・行動制限は経済的に大きな損失をもたらした。ユーロ危機時に構築された欧州安定化メカニズム（ESM）や欧州投資銀行（EIB）など既存の枠組みを用いて対策がとられたが、より抜本的にコロナ禍からの回復を実現するための制度構築の議論も始まった。

ドイツはフランスとの共同でコロナ禍からの復興のための基金の設立を提案し、二〇二〇年五月にEU委員会はEUからの補助金と融資を組み合わせた七五〇〇億ユーロにおよぶ復興基金の構想を提案した。ＥＵ財源の使い方に非常に厳しく、財政規律を重んじるオーストリア、オランダ、デンマーク、スウェーデンは「倹約四カ国」と揶揄され、南欧諸国を支援することになるこの提案に反対した。ドイツもそれぞれのＥＵ構成国が財政規律を遵守する重要性とＥＵレベルでの財政統合への慎重な姿勢から、従来であれば「倹約四カ国」と行動を共にしてもおかしくなかったが、メルケル首相はＥＵの連帯を重視して復興基金の構想をまとめるべく交渉にあたった。ドイツは七月から一二月の二〇二〇年の下半期にＥＵ理事会議長国となっていたこともあり、ＥＵレベルでの合意の形成をメルケル首相は重視した。また既に説明したように、ドイツでは国内のコロナ禍対応を国内の財政規律条項の例外としていた。そのためＥＵレベルでの新たな危機対応にＥＵとして基金を作り対応することに対しても主要政党間でコンセンサスが存在しており、メルケル首相に交渉の基盤を与えていた。ヨーロッパの安定と繁栄はドイツの利益でもあるというドイツの戦後コンセンサスは、時に自国の利益や財政規律とぶつかり、ユーロ危機の時には債務危機に陥った国の自己責任論が強調され、救済に消極的なドイツの姿勢は非難された。しかしコロナ禍においては、感染症危機ということもあってＥＵの連帯を重視する国内コンセンサスがメルケル政権の行動を支えていたといえよう。ドイツのＥＵ議長国としてのスローガンは「共に、ヨーロッパを再び強く」と、やはり連帯を強調していた。

二〇二〇年七月の臨時欧州理事会は延長を重ねて五日間にわたって首脳が妥協点を探った。二〇二〇年にはEUの通常予算である二〇二一年から七年度にわたる多年次財政枠組み（MFF）も交渉されていた。最終的に欧州理事会はこのMFFと欧州復興基金の合意形成に成功した。財政規律を重視する国々に配慮してEUからの補助金と返済義務のある融資の比率を見直したり、国内経済の構造改革と連動させることなどを合意の条件として、七五〇〇億ユーロという巨額の欧州復興基金が設立された。

インド太平洋戦略

第四次メルケル政権の対中政策が徐々に変化してきたことは既に議論したが、二〇二〇年六月に香港で国家安全維持法が施行されると、ドイツではさらに中国の強権的姿勢に対する批判が大きくなった。しかし同時に経済関係への配慮もあり、対中国で具体的にとれる政策の選択肢は少なかった。

二〇二〇年九月にメルケル政権は「インド太平洋指針」を閣議決定した。この戦略文書は、インド太平洋地域に対する注目が高まり、いくつかのEU諸国でもインド太平洋への関与を規定する文書が発表されている中で、ドイツのインド太平洋への関与のあり方を規定するものとなった。中国が念頭に置かれていることは自明であるものの、この文書はインド太平洋地域を包括しかつ包摂しながら対処しようとするものである。つまり、国際法に基づき対等なパートナーとして行動することを前提として、地域のどの国とも協力的な関係を構築し、自由で開かれた海上交通路の構築や連結性の強化を目指すものである。

ＥＵは二〇二一年三月に「インド太平洋地域における協力のためのＥＵ戦略」を理事会で採択した。そして九月には、欧州委員会と外務・安全保障上級代表が「インド太平洋戦略に関する共同コミュニケーション」を発表した。こうしてＥＵレベルにおいてもインド太平洋は一つのまとまりとして、明示的な政策の対象となっていった。中国と敵対せず、多角的かつ包括的に地域協力の枠組みを強化する方向を提示することで、状況変化に対応しようとする政策は、力による対抗ではなく多角主義と法の支配を前提とする協力で状況に対応しようとするドイツ外交の特徴であるとも言えよう。

インド太平洋地域への関与の強化を象徴する行動としては、二〇二一年のフリゲート艦バイエルンの派遣も象徴的である。ＳＰＤ左派の中には批判的な声もあったが、艦船をほぼ二〇年ぶりにインド太平洋地域に派遣して象徴的にプレゼンスを示す行動は、マース外相やカレンバウアー国防相の新しい状況への積極的な関与を示す姿勢をあらわしている。その後、連邦軍の空軍が二〇二二年九月に日本にユーロファイターを派遣し共同訓練を実施するなど、この地域への関与を継続している。

ラシェットＣＤＵ党首と連邦議会選挙

二〇二一年一月にメルツ元ＣＤＵ／ＣＳＵ議員団長とレットゲン連邦議会外務委員会委員長を破ってアルミン・ラシェット・ノルトライン

＝ヴェストファーレン州首相がCDU党首となった。クランプカレンバウアー前党首同様に州首相からの党首就任であった。CDU／CSUの連邦議会選挙の首相候補として、二〇〇二年の選挙のようにより広い支持を集められると想定されるCSUの筆頭候補がなる場合もあるが、二〇二一年四月にCSU党首のゼーダー・バイエルン州首相が首相候補を譲ったために、ラシェットCDU党首が首相候補として連邦議会選挙を戦うことになった。SPDは早々と二〇二〇年八月に副首相・財務相のオーラフ・ショルツを首相候補とすることを決めていた。二〇二〇年後半から二〇二一年はじめのほとんどの世論調査は、CDUがSPDに対してほぼダブルスコアで優位であることを示しており、同時に緑の党に対する支持はSPDに対する支持を上回る状態が続いていた。実際の選挙でも、二〇二一年のEU議会選挙ではCDU／CSUが二八・九％、緑の党は二〇・五％、SPDは一五・八％と、SPDは緑の党の後塵を拝していた。メルケル首相に引退を決意させた二〇一八年のバイエルン州議会選挙でもCSUが三七・二％、緑の党は一七・五％、SPDは九・七％で、ヘッセン州議会選挙ではCDUが二七・〇％、緑の党とSPDは同率の二九・八％であった。つまりこの間の重要な選挙でも世論調査でもSPDは常に不利な情勢にあった。

緑の党は地球温暖化・気候変動問題への関心の高まりから支持を集めていたが、新たな魅力ある政策を提示できていないと認識されていたSPDは苦戦していた。この状況下で、緑の党は結党以来はじめて連邦議会選挙で首相候補を立てることを決定した。緑の党はジェンダー平等の観点からドイツ統一による同盟九〇との合同後は常に男女一名ずつの共同党首で党を運営してきた。連邦議会選挙で首相候補となれるのは当然一名であるため、アナレーナ・ベアボックが二〇二一年四月に首相候補となった。もう一名の共同党首であったハーベック元シュレースヴィヒ＝ホルシュタイン州副首相・エネルギー転換・農業・環境相と比べると、一九八〇年生まれで、幼い娘二人の母でもあるベアボックはこれまでの首相候補としては圧倒的に若く、連邦議会議員と共同党首の経験はあるものの、州レベルでも連邦レベルでも閣僚経験はない異色の候補であった。ＣＤＵとの州レベルの連立政権を運営し、安定感のあるハーベックも有力な候補であったが、ベアボックはその斬新さが選挙戦のはじめには大きな魅力となり、緑の党の支持率は急上昇した。二〇二一年五月の世論調査の中には緑の党に対する支持率がＣＤＵを上回るものもあり、連邦レベルで緑の党を首相とする政権が誕生する可能性も取り沙汰された。しかし、ベアボックの副収入の申告が不正確であったり、著書の剽窃疑惑が報道されたりすると支持率は低下していった。

連邦議会選挙ではＣＤＵのラシェット、ＳＰＤのショルツ、緑の党のベアボックが旗印となり、三党は首相のポジションを獲得すべく争った。

二〇二一年七月中旬、ドイツ南西部は記録的な集中豪雨に襲われた。ラシェットが首相を務めるノルトライン＝ヴェストファーレン州と隣接するラインラント＝プファルツ州では川の氾濫で家屋が流され、多数の死者もでてまれに見る大災害となった。シュタインマイヤー大統領が被災地を視察した際に地元州の首相として同行したラシェットは折り悪く大統領の背後で不謹慎な笑いを浮かべた姿を報道され、選挙戦にも影響を与えた。優位に選挙戦を戦っていたCDUは八月に入ると世論調査で支持率の下降傾向が明らかとなり、勝ち目のないと思われていたSPDが支持を伸ばしていった。

アフガニスタンからの撤退

洪水と並んで連邦議会選挙直前にドイツ政治に大きな衝撃を与えたもう一つの事件は、アフガニスタンでタリバンが政権を奪取し、大混乱のうちに退避作戦が実施されたことであった。第六章一で見たように、二〇〇一年にシュレーダー政権は政権の信任を賭けてドイツ連邦軍のアフガニスタン派遣を決定した。タリバン政権崩壊後は、さまざまな国際的な枠組みの中でアフガニスタンの復興に協力し、連邦軍は多くの犠牲を払いながらもISAFと後継ミッション「確固たる支援任務（RSM）」の活動を支えてきた。この活動内での連邦軍の死者は最終的に五九名にまでなった。連邦軍を同盟・国土の防衛軍から、国際的な危機管理の軍隊に改組する試みは、予算制約もあり十分な成果を達成できなかったが、「ヒンドゥクシュ（アフガニスタン）でもドイツの安全は守られる」という安全保障認識の転換は、冷戦後のドイツの外交・安全保障政策を考える上で非常に重要な意味を持った。

アメリカのアフガニスタン撤退を受けてドイツ連邦軍も二〇二一年七月末に撤退したが、この二〇年の活動はドイツの対外政策の中で非常に重い意味を持つものであった。それにもかかわらず、アメリカ撤退後にガニ政権はあっという間に崩壊しタリバン政権が全土を掌握してしまった。アメリカ軍がカブール空港の利用を可能にしている間にドイツは八月一六日から二六日にかけて連邦軍による退避ミッションを実行した。連邦軍のA400M輸送機を用いて退避者をウズベキスタンのタシュケントまでピストン輸送する作戦そのものは困難な状況の下でも着実に実行された。しかし、政治的に見れば、連邦政府がアフガニスタンの状況判断を誤り、連邦軍に協力してタリバンから迫害される恐れのある現地の関係者の退避が遅れたことが強く批判された。また長年にわたるアフガニスタンへの関与が無に帰してしまったことで、地域の安定化と平和構築の難しさを強く認識させることとなった。

アフガニスタン問題はドイツが単独で関与していたわけではなく、アメリカが撤退する以上はその力の空白は他国では埋めることができないことも自明であったが、そのような国際環境の下でのドイツの貢献はどうあるべきかについて、連邦議会選挙戦においても議論は続いた。しかし、アフガニスタンへの連邦軍の派遣はシュレーダー政権以来二〇年にわたってCDU／CSU、SPD、FDP、緑の党が全て関与することで続けられてきた政策でもあり、失敗の反省は共有されていたものの、選挙の中心的な争点となったわけではなかった。

ドイツ連邦大統領官邸「ベルヴュー宮殿」

第九章　変わるドイツとショルツ政権

一　三党連立とショルツ首相

二〇二一年九月二六日に実施された連邦議会選挙でＳＰＤはＣＤＵ／ＣＳＵを凌いで第一党となった。選挙のおよそ二ヶ月前の八月頃の世論調査からＣＤＵ／ＣＳＵとＳＰＤの形勢の逆転が見られたが、ＳＰＤは投票者の二五・七％の支持を受け、二四・一％の得票率にとどまったＣＤＵ／ＣＳＵに僅差ではあったが勝利した。ベアボックを首相候補として春先には大きな支持を集めていた緑の党は失速したものの、それでも一四・八％と結党以来最高の成果をおさめた。ＦＤＰは微増の一一・五％を得た。その結果、ＳＰＤ、緑の党、ＦＤＰの連立によって安定した政権を構成できる展望が開けた。ドイツの政党システムの変容により、もはや国民政党と称された大きな政党一つとジュニアパートナー政党一つの連立では議席の過半数には達しないことが前提とされており、かつ、大連立政権はこれ以上継続すべきではないということも前提となっていた。その結果、政党のシンボルカラーの組み合わせから「信号連立」と呼ばれるＳＰＤ、緑の党、ＦＤＰの連立が目指されることとなった。

ＡｆＤは初めて連邦議会に議席を得た前回選挙の勢いは維持できず、一〇・三％の得票となった。左派党は四・九％の得票で五％条項を超えることができなかったものの、三つの小選挙区を獲得できたので、議席の比例配分も受けられた。また、連邦の政治に影響することはないものの、この選挙では南シュレースヴィヒ有権者連盟（ＳＳＷ）が六〇年ぶりに候補を立て、一議席を獲得した。ＳＳＷはデンマーク系マイノリティーを代表しており、連邦選挙管理委員会が承認したマイノリティーには五％条項が適用されないため、〇・一％の得票で議席を獲得できた。ＳＳＷはシュレースヴィヒ＝ホルシュタイン州議会では常に議席を有しているが、連邦議会で議席を獲得したのは一九四九年選挙以来となった。

「信号連立」へ向けた交渉

連邦議会選挙の結果を見ると、議会議席七三六の過半数三六九を超える政党の連立組み合わせの可能性は三つあった。最も議席が大きくなるのはＳＰＤ、緑の党、ＦＤＰの「信号連立」であり、その次はＣＤＵ／ＣＳＵ、緑の党、ＦＤＰの「ジャマイカ連立」、そしてＣＤＵ／ＣＳＵとＳＰＤの大連立である。選挙前に話題にのぼった左派連合であるＳＰＤ、緑の党、左派党の連立では過半数を超えられなかった。左派党との連立の可能性については社会政策の近さから時に言及されることもあり、また、左派党からはＳＰＤとの連立に意欲を示す発言も見られた。しかし、左派党が軍事力の行使に反対であり、ＮＡＴＯ、外交・安全保障政策でこれまでのドイツ外交とは異なる姿勢を変えないことから、

ＳＰＤ内には連立は現実的ではないとの認識が広く共有されていた。

また、数字の上ではＡｆＤと組めば議席数の過半数を超えられる組み合わせは増えるが、どの政党もＡｆＤとはいかなる場合も協力しないことを明言しており、ＡｆＤを入れた可能性を検討する必要はない。

ＦＤＰは政策の近さから選挙戦においてはＣＤＵ／ＣＳＵとの保守中道政権が望ましいとの認識を示していたが、ＳＰＤの議席がＣＤＵ／ＣＳＵの議席を上回ったことから、ＳＰＤを中心として連立政権を構成する方針で緑の党とＦＤＰはまとまっていった。予備交渉を経て一〇月半ばから連立交渉がおこなわれ、各政策分野で詳細な合意形成のための協議が行われた。そして一一月二四日に「信号連立」を発足させる交渉はまとまり、各党の承認手続きを経て連立政権が発足することとなった。

三党の連立合意文書はＡ４で一四四ページからなり、ブラント首相の「もっと民主主義を実現しよう」になぞらえて、「もっと進歩を実現しよう」と謳い、ＣＤＵ主導の政権との違いと新しさを打ち出そうとしている。合意文書の冒頭でも指摘されているように、企業活力、自由な市場経済を最重視するＦＤＰと、気候変動・環境政策を重視しそのための規制の導入に積極的な緑の党では多くの政策が異なるし、政策の方向性がそもそも逆を向いているものもある。それでも約一ヶ月をこえる議論の成果として、政権としてまとまった方向性を打ち出し、経済環境の変化、国際環境の変化に対応することが目指されている。連立合意文書では政策領域ごとに詳細に政権の目指す方向性が示されており、二〇二五年の次の連邦議会選挙まで政策の基本方針が拘束されることになる。もちろんこのように文書を作成しても実際に政権運営が始まればさらに詰めていかなければならない部分が出てくるので、異なる政党間の連立は容易ではない。それでも連立合意文書をみれば、多くの重要政策分野についての基本姿勢はわかるし、党内から異なる意見が出てきても一定の枠をはめることが可能となる。アデナウアー政権初期の連立政権合意は文書化されていないが、時代とともに詳細な連立合意文書が作成されるようになり、近年ではドイツの連立政権の運営にとって連立合意文書は重要な政策運営の基盤となっている（第七章二も参照）。

二〇二一年一二月八日に発足したショルツ政権ではＳＰＤから七名、緑の党から五名、ＦＤＰから四名の閣僚が送られている。緑の党からは共同代表として選挙戦でも活躍したハーベックが副首相兼経済・気候変動相として、首相候補であったベアボックが外相として入閣した。さらに、エズデミル元共同代表が農相となり、トルコからの「移民の背景を持つ」（本人または両親のどちらかが移民）政治家が初めて閣僚となった。ＦＤＰのリントナー党首は財務相に就任した。

ショルツ首相の政治スタイル

一九五八年生まれのショルツ首相は学生時代からSPD青年部で頭角を現し、ハンブルクを地盤として政治活動を行ってきた。シュレーダー政権期に連邦議会議員となり、その後短期間ハンブルク市（＝州）内相となるが、再び連邦議会議員となった。第一次メルケル政権で副首相兼労働・社会相であったミュンテフェーリングが妻の病気を理由に退くと、後任の労働・社会相となった。第二次メルケル政権でSPDが政権からはずれると、ショルツは二〇一一年二月のハンブルク市議会選挙でCDUを破って大勝し、SPDが単独過半数を制する形で第一市長（＝州首相）に選出された。そして二〇一五年の州議会選挙では絶対過半数を失ったものの、SPDは緑の党と連立し、ハンブルクにおけるショルツ政権は維持された。

人口が一八〇万人を超えるハンブルク市は一つの都市であると同時に連邦を構成する一六州の一つであるが（他にベルリン、ブレーメンが都市州。第一章三参照）、港湾物流をはじめとする企業も立地し、強い経済を有している。二〇一七年七月にはハンブルクでG20が開催された。この際にG20に反対する抗議デモに乗じた過激な行動が暴動に発展し、警備の不手際もあって、多くの負傷者がでると同時に、店舗などが破壊された。ハンブルク市の最終責任者であったショルツ市長に対しても、批判が向けられた。大都市の中心部で開催されることに対しては当初から懸念があったにもかかわらず、暴動をコントロールできなかったことは、その後の大規模会議開催にあたっての大きな教訓ともなった。

第八章五で見たように、シュルツ前欧州議会議長を首相候補として二〇一七年九月の連邦議会選挙を戦ったＳＰＤは大敗し、戦後最悪の結果となった。そのためＣＤＵを中心としたジャマイカ連立が目指されたものの、交渉はまとまらず、最終的にシュタインマイヤー大統領の仲介もあってＣＤＵ／ＣＳＵとＳＰＤの大連立の継続で政権を構成することとなった。ショルツは連邦議会議員選挙に出馬しておらず、ハンブルク市長を継続するつもりであった。しかし、再び大連立政権でＳＰＤが連立に参画することになり、さらにシュルツ党首が自ら方針を変更して外相ポストを要求して党内を混乱させ、批判を受けて結局閣内に入らない判断をしたことから、ＳＰＤの要として副首相兼財務相として入閣することになった。

ショルツは州レベル、連邦レベル、ＳＰＤの党務などあらゆる政治経験が豊富な熟練の政治家であり、連邦首相となったことに違和感はない。メルケル首相と同様に、政治的パフォーマンスを好まず、実務に集中する政治スタイルを好む。ドイツのメディアは感情を顕わにしない淡々とした実務的な語り口をロボットのようだと評した。そのためメルケル首相の後継者としての安定感はあるとしても、政局に風を吹かせて世論を動かし有利な状況を巧みに作り上げるタイプの政治家ではない。

また二〇一九年一一月にはショルツ財務相はガイビッツ元ブランデンブルク州議会議員と

の男女ペアでSPD党首選に臨んだが、サスキア・エスケン連邦議会議員とヴァルター・ボーヤンス元ノルトライン＝ヴェストファーレン州財務相のペアに敗れている。つまり、現職の財務相でありながら、SPD党内でも幅広い支持は集まらず、あまり目立つことのない党内左派のペアに破れた。エスケンとボーヤンスの共同党首は党内での支持はともかくも、国政レベルでの知名度は低く、首相候補として連邦議会選挙を戦うことはできないため、ショルツが二〇二一年連邦議会選挙ではSPD首相候補となった。

ショルツ首相の妻ブリタ・エルンストは同じくSPDの政治家であり、ハンブルク州議会議員、シュレースヴィヒ＝ホルシュタイン州教育相、その後二〇一三年春まではブランデンブルク州教育相を務めていた。連邦制をとるドイツでは教育は主に州の権限下にあるため、州教育大臣会議が国全体の教育政策の調整にもあたることからわかるように、州レベルの閣僚であっても大きな職責を持つ。エルンストは現職であった期間は職務を優先しファーストレディーとしてショルツ首相と登場することは無かった。メルケル首相の夫も大学教授としての職務を優先して国際会議など政治の場に登場することは多くなかったが、首相夫人といえども自分の職業を当然に大切にし、それが社会的にも何ら問題とならないことは、現在のドイツ社会のあり方をよく映し出しているともいえよう。

ジェンダー平等の影響

エスケンSPD共同党首をはじめとして、SPDは二〇二一年連邦議会選挙においてもジェンダー平等の重要性を訴え、ショルツは首相候補として自分が首相になったあかつきには閣僚を男女同数にすることを公約していた。CDU／CSUもFDPもジェンダー平等の原則に何ら異論はなく、ドイツでは男女の完全平等は法制度においては整備されている。問題は、法的な男女平等が達成されているにもかかわらず、特に経済界で活躍する女性の活躍が十分ではないことである。問題解決のために国家がさらに積極的にクォータの設定などで介入すべきと考えるか、市場経済の原則に忠実に国家の介入に抑制的であるべきかによって問題への対処が異なる。二〇二〇年七月には男女平等化戦略という包括的な戦略と具体策が連邦政府によって採択され、賃金格差の解消をはじめとして経済・社会活動での多様な対策の方向性が示された。しかし、メルケル政権下では経済界で活躍する女性の比率が急速に増えることもなかった。企業の経営に携わる層での女性の比率が低いことは特に問題であったが、国家による規制を導入することには反対も強かった。

政治の世界では、緑の党は早い時期から男女の共同代表を導入し、SPDも二〇二一年の党首選からは男女の共同代表制となった。連邦議会議員の女性比率は二〇二一年選挙後には約三五％であるが、この数字は選挙によってあまり大きく変動していない。緑の党と左派党では女性議員が男性議員数を上回っており、SPDでは女性の方が少ないがある程度同数の方向に近づいている。それと比べるとＣＤＵ／ＣＳＵとＦＤＰでは女性議員は少なく、ＡｆＤでは特に男性議員が多い。

二〇二一年の組閣では閣僚を男女同数とする原則が適用された。そして国を代表する主要機関、連邦大統領、連邦首相、連邦議会議長、連邦憲法裁判所長官の男女同数にも配慮する慣習が確立されてきたといえよう。二〇二一年選挙後にはミュツェニヒＳＰＤ議員団長の名前が連邦議会議長候補としてあがっていたが、男女同数とする原則が重視され、女性のベルベル・バース議員が連邦議会議長に選出された。連邦議会で女性が議長となるのは一九七〇年代のアネマリー・レンガー（ＳＰＤ）、コール政権期のリタ・ジュースムート（ＣＤＵ）に次いで三人目であった。

なお、ショルツ政権発足時の閣僚は男女同数であったが、後に見るように、女性のランブレヒト国防相の後任が男性のピストリウスとなったため、男性閣僚の数が女性を上回ることになった。後任探しにあたっては男女同数の重要性に言及する報道も多かったが、政治家としての能力と担当する政策分野の専門性、ウクライナ戦争という大きな危機への対応と国際的調整能力などの基準に照らして、ＳＰＤの政治家の中で安全保障問題において即戦力となり得て、政治的なリーダーシップを発揮できる人材は限られていた。

二　ロシアによるウクライナ侵攻と「接近による変容」政策の終わり

「信号連立」によるショルツ政権は、気候変動という人類的危機への対応とデジタル化の促進など大きな課題に積極的に取り組む姿勢を示していたが、政権発足直後から国際的な安全保障環境の変化に直面することとなった。二〇二一年一二月に入るとロシア軍がウクライナ国境に兵力を集結させていることが報じられ、緊張感が高まった。ドイツ政府はこれまで通り積極的な外交努力を継続した。しかし二〇二二年二月二四日にロシアがウクライナへの侵攻を開始すると、ドイツ政界には大きな衝撃が走った。

「信号連立」の合意文書では、ウクライナの一体性の回復に協力することが謳われているのと同時に、ロシアとの関係の重要性も明示されていた。ロシアの対ウクライナ政策の問題性、クリミア半島占領の不法性、ロシア国内の人権状況の問題などを指摘しつつも、未来に向けての気候変動政策での協力などパートナーとしてのロシアへの言及もあった。ロシアが多くの問題を抱える厄介なパートナーであっても、エネルギーや経済関係などで重要な相手であり、安定した関係を維持していれば軍事的な行動に出て全てを台無しにしてしまうようなことは無いはずだというのがショルツ政権の基本的な認識であり、それはメルケル政権時代から変わらないドイツの認識であった。

ショルツ首相のＳＰＤは伝統的に「接近による変容」の党であった。第二章二と第三章一で検討したブラントの東方政策以来、力で圧力をかけ相手の行動を変えるのではなく、関係性を密にすることによって相手の考え方を徐々に変え、最終的に行動がかわることを目指す政策がＳＰＤの対外政策の特徴となっていた。もちろん、防衛政策における軍事的要素の重要性を蔑ろにするものではないが、経済関係、社会交流、外交によって敵対する国々とのあいだでも安定した関係を構築していけるという認識である。これは第二章一で見たアデナウアー時代の体制間競争をハルシュタイン・ドクトリンのように対立的な選択を迫って勝ち抜こうとする政策、ないしは西ドイツが経済的に豊かになってその経済力によって相手を従わせるような考え方とは対照的である。第八章五で見た第四次メルケル政権によるフリゲート艦をインド太平洋地域に派遣した政策をミュツェニヒＳＰＤ議員団長はヴィルヘルム外交的と批判したが、一九世紀末から二〇世紀にかけてのドイツの軍事力拡大に似た国際的な関与の拡大に批判的な声は、ＳＰＤ左派の中には存在し続けていた。そして対ロシア政策においてはこの左派的な軍事的要素に批判的な平和主義路線と経済関係を重視する路線とが一体となり、宥和的な政策が展開されてきた。ショルツ首相が完成して操業認可を待つ状態になっていたノルドストリーム２について、企業の問題であって政治の問題ではないという姿勢をとり続け、二〇二二年二月一五日にモスクワを訪問して最後までプーチン大統領と事態の収拾のための交渉に尽力した背景にはこのような考え方がある。

しかしロシアによるウクライナ侵攻は、このような政策が間違っていたことを明らかにした。侵攻開始から三日後の二月二七日、ショルツ首相は日曜日にもかかわらず連邦議会で演説を行い、「時代の転換（Zeitenwende）」という表現を用いて事態を説明し（コラム⑧も参照）、侵略戦争の開始前と後では世界が変わってしまったという認識に立って、ドイツ外交・安全保障政策の転換を行うことを表明した。ＮＡＴＯ内での協力、防衛力強化のために通常の連邦軍予算に加えて一〇〇〇億ユーロの特別予算枠を設定し、連邦軍の整備を行うという具体策も示された。前章四でも見たように、ＮＡＴＯにおける防衛費のＧＤＰ二％目標をドイツはずっと達成できず、またそのための政治的なコンセンサスも十分になかった。この状況を変えるべく一〇〇〇億ユーロを通常の国家予算とは別の基金として設定することが提案された。これによって予算不足から長年にわたって整備が進まなかった連邦軍の装備の問題が解決され、新しい危機的な安全保障状況への対応が可能になった。これは同時に、ＮＡＴＯの集団防衛において、ドイツがヨーロッパの大国としての責務を果たすことをはっきりと示す決定であった。もっとも、これまでの連邦軍改革の停滞の経験を振り返ると、予算枠が設けられることと、実際に予算が執行されることでは別々の論理が作用することもあるので、どのようにこの予算が運用されていくかには注意が必要である。

この決定は財政規律の憲法規定（第八章二）に抵触することになるが、予算を社会保障に向けるべきと主張した左派党や基本法改正なしで連邦軍予算は増額できると主張したAfDを除き、主要政党に所属する議員の圧倒的多数は一致して賛成し、基本法を改正し、特例としてこの特別予算枠を基本法の債務ブレーキの適用外とした。

ウクライナ支援のあり方をめぐる逡巡

ショルツ政権は過去の政策の誤りを認め、極めて短期間に安全保障政策の転換を行った。NATOの枠内でリトアニアに駐留していたドイツ連邦軍はさらに拡充されることになり、中東欧諸国との具体的な協力もさらに密なものとなった。その後、F-35戦闘機やCH-47F大型輸送ヘリコプターの大量調達など連邦軍の装備調達をめぐる決定もなされ、連邦軍の能力向上も進められることになった。

しかし、ショルツ政権は「時代の転換」認識を示したにもかかわらず、当初はウクライナからも同盟国からも、行動のもたつきを強く批判された。それはロシアによるウクライナ侵攻直前にドイツがウクライナに供与を申し出た軍支援装備がヘルメット五千個であったことが象徴するように、ウクライナが必要とし求めている装備とはかけ離れたドイツの論理に基づく支援であったためである。アメリカやイギリス、東欧諸国が防衛のための軍事支援に積極的に動き出した時点でも、高度な殺傷兵器の供与は状況をさらに緊張させ、ドイツが紛争に巻き込まれるリスクが高まるとの判断をショルツ政権は変えなかった。地域紛争に殺傷兵器は輸出しない、軍事的な関与をドイツが行う場合はNATOやEUのような国際的な枠組みの中で行うという原則を重視し、ウクライナをめぐる緊張が高まった段階でも、あくまで外交交渉とロシアとの関係の維持を重視した。ロシアによる侵攻の開始後、対ロシア制裁とEUの枠内での支援には積極的な協調姿勢を見せていたものの、ドイツがウクライナに対してどのような兵器・軍装備品を供与するかについては国内でも論争が続き、ドイツの煮え切らない姿勢に批判の声が高まった。

ショルツ政権内でもSPDと比べると、緑の党とFDPは国際的規範の遵守と連帯の観点からウクライナ支援に積極的であり、特に緑の党ではハーベック経済相やベアボック外相をはじめとして、兵器の供与にも積極的な議論が見られた。緑の党は理念と原則を重視する党であるが故に、国際法を破り主権国家ウクライナを侵略したロシアに対して非常に厳しい認識を有している。ハーベックやベアボックは党内では現実主義の右派に属するが、連邦議会で欧州問題委員会委員長を務めるアントン・ホーフライター議員のような左派とみなされる議員たちもウクライナ支援をめぐっては積極的な武器供与を求めていたことは、緑の党の変化を象徴していると言えよう。一九九〇年代前半までの緑の党の左派は非軍事の平和路線であり、連邦軍のNATO域外派兵に反対していた。しかしウクライナ問題をめぐっては、かつて優位だった左派的主張は緑の党のなかでは少数派となった。

この問題で特に渦中に立たされたのはクリスティーネ・ランブレヒト国防相であった。ランブレヒト国防相は、第四次メルケル政権のカタリーナ・バーリー法相が欧州議会選挙でSPD筆頭候補となって欧州議会に転出したことから法相となった。その後ギファイ家族相が博士論文の剽窃疑惑で辞任したため、連邦議会選挙まで四ヶ月であったこともあって家族相も兼任した。そして二〇二一年のショルツ政権発足と同時に意外にも国防相となった。

ランブレヒトは一九九八年から連邦議会議員であり、SPD内では議会内左派グループに属していた。現職閣僚であり、一九六五年生まれで高齢でもないにもかかわらず、二〇二〇年秋には既に次の連邦議会選挙には出馬しないことを表明していたこともあって、国防相就任は意外と捉えられた。法曹資格を有し、法相を務めていたことは妥当であっても、それまでの議員経歴のなかで安全保障問題に関与したことはなかった。ドイツの閣僚人事は、連邦議会議員である必要はないこともあって、当選回数よりも、政策担当能力、男女比、出身州や党内バランスなどを首相が総合的に判断して決定する。ランブレヒトの閣僚としてのポジションは多分にジェンダー、党内政治バランスが強く作用していたものと考えられる。

コラム⑪

難しくなった名前の発音　第四次メルケル政権のカタリーナ・バーリー（Barley）法相は、父親がイギリス国籍で母親がドイツ国籍で自分は二重国籍であることを公言している。自分の苗字はイギリス式の発音なのでバーリー（発音記号では［'ba:li］）であるが、ドイツ語の二重母音「ey」は必ず「アイ」と発音されるため、ドイツでは「バーレイ」と読まれることが圧倒的に多く、いちいち訂正はできないと言っている。外国系の名前は、以前はドイツ語式に発音されることが一般的であった。近年では社会が多様になり移民の背景を持つ市民の増加によって、原語に近い発音が用いられることが多くなってきている。そうなると、原語の発音を知らないと人の名前は正確に発音できないという厄介な事態となる。エズデミル農相はトルコ系であり、ファーストネームはCemだがドイツ語式ならチェム、トルコ語式ならジェムとなる。このように良く知られた名前では、原語に忠実に発音するのが現在のドイツ語では一般的である。新型コロナウイルス・ワクチンの開発で一躍有名になったビオンテック（Biontech はドイツでは英語式にバイオンテックと発音される方が一般的）社の創業者は、YouTubeなどで本人が発音しているように、ドイツではウガー・ザーヒン（Ugur Sahin）と名乗っていたが、トルコ語式ならウール・シャーヒン（Uğur Şahin［u'ur ʃa:hin］）となる。これは移民の子としてドイツで育った本人がドイツ式の発音を使用するという判断をしたためである。大きな趨勢としては外国語の名前は原語に忠実な発音を用いるというのがドイツでの名前の読み方となっている。しかし最後は本人がどう発音しているか聞いてみないとわからないという難しい状態になっている。

ランブレヒト国防相からピストリウス国防相へ

ウクライナ支援はＮＡＴＯ諸国と歩調を合わせつつも、国内、とりわけ与党ＳＰＤ内の慎重論にも配慮しつつ実施された。そのため初期には、ショルツ首相の「時代の転換」演説によって対ロシア政策の認識転換があったにもかかわらず、世界大戦につながるような不慮の事態や、ドイツが戦争の当事者となってしまうことへの懸念から、ウクライナへの兵器供与は遅々として進まなかった。初期にはかつて東側陣営に属した諸国が装備の共通性からすぐに利用できるソ連製の戦車等の兵器をウクライナに渡し、その代わりにドイツがそれら東欧のＮＡＴＯ諸国に新型の兵器を渡すという交換方式で合意した。しかし、実際にウクライナが兵器を入手するまでには時間がかかった。またドイツは防空システムも供与したが、これも実際の引き渡しには時間がかかった。

さらにドイツ製の戦車レオパルト2をウクライナに供与することが大きな論争となった。この問題は二〇二三年一月まで議論が続いたが、最終的にはドイツは自国のレオパルト2の供与を一月二五日に発表し、ＮＡＴＯ諸国からのウクライナへの供与も承認した。この過程で、ランブレヒト国防相はウクライナへの兵器供与問題を主導的に解決することができないどころか、ブレーキになっており、ＳＮＳの使い方など政治コミュニケーションにも問題があることを批判され、二〇二二年一月一九日に辞任した。後任となったのはボリス・ピストリウス・ニーダーザクセン州内相であった。既に触れたように、ランブレヒトの後任を女性にしないと閣内のジェンダーバランスが壊れるため、後任は当然に女性という議論もあったが、適任者がなかったことからショルツ首相はピストリウス州内相を指名した。州の内相ではあるが、ＳＰＤの幹部会メンバーであり、第四次メルケル政権の連立合意交渉にも移民問題担当として参加していた。また二〇一九年のSPD党首選にも出馬している。二〇一三年からニーダーザクセン州内相であり、警察などの内務分野でも州権限の強いドイツにおいては十分な政治経験を有しており、その行動力が評価された。ピストリウス国防相は就任するとウクライナ支援とドイツ連邦軍の改革で直ちに積極的な行動を見せた。そしてレオパルト2の供与も進み、ドイツ連邦軍内における政治的リーダーシップへの信頼感も回復した。

気候変動政策とエネルギー政策をめぐる苦悩

ショルツ政権発足時の連立合意文書では、気候変動政策を社会的市場経済やイノベーションと整合させる形で進めることが冒頭から重要項目として論じられている。気候変動を抑え、将来の地球環境を守ることを迅速に政策として進めるという緑の党の主張と、同時に社会的市場経済の原則に立ちドイツが経済、技術の先進国としての地位を確保するためにイノベーションによって気候変動対策を進めることが常に併記されている。また原子力利用は既に終わった問題として、EUの再生可能エネルギー指令の実現にあたっては原子力を利用しないことも明記されている。その結果、従来の再生可能エネルギーと、その再生可能エネルギーから作り出される水素である「グリーン水素」の導入を積極的に進めることが強く主張されている。しかし「グリーン水素」への移行は時間もかかるため、移行期には石炭よりも相対的に温暖化ガス排出量が少ないガスにも依存しなければならない。

さらに、温暖化ガスの排出抑制には憲法の規定も影響している。第四次メルケル政権期の二〇一九年に制定された気候保護法は、温暖化ガスの排出量を実質的にゼロとする「気候中立」の達成を二〇五〇年とし、二〇三〇年までの温暖化ガスの排出量を一九九〇年比で少なくとも五五％削減することを定めていた。しかし、二〇二一年三月に連邦憲法裁判所がこの法律は二〇三一年以降の削減目標を規定していないために、将来世代への配慮がされておらず、基本法第二〇ａ条に定められた将来世代に対する国家の保護義務を果たしていないとの判断を示した。これを受けて第四次メルケル政権は直ちに気候保護法を改正し、「気候中立」の達成を五年前倒しの二〇四五年とし、二〇五〇年以降は温暖化ガスの削減量が排出量を上回る「カーボンネガティブ」を実現すること、さらに二〇四〇年までの削減目標と、その後の目標設定手続きを定めた。

このような社会的背景を受けて、緑の党が連立に加わったショルツ政権は気候変動政策を政権の重要な柱としてスタートを切ったのであったが、ロシアによるウクライナ侵攻はドイツのエネルギー政策に大きな影響を与えた。ロシアからのガス輸入のためのノルドストリーム2の操業認可は経済の問題であって政治判断の対象ではない、とショルツ首相が侵攻前に発言していたことは既に見たが、侵攻後、ノルドストリームによるロシアからのガス輸入は政治問題となった。石炭や石油のように輸入を制限する制裁は行われなかったが、ロシアへのエネルギー依存の象徴ともなっていたパイプラインによる天然ガス輸入の継続はドイツには象徴的な意味を持った。ＥＵはウクライナ侵攻後に「リパワーＥＵ」としてロシアへのエネルギー依存を削減し、エネルギー安全保障と気候変動問題への対処のための包括的な政策パッケージを発表した。ウクライナ侵攻を受けて、ロシアの化石燃料への依存を低下させると同時にクリーンなエネルギーへの早期の移行を促す政策がＥＵ共通の目標として設定された。ガスについてもロシア依存からの脱却が目標とされた。

しかし、実際には行動を起こしたのはロシアであった。ロシアはガス供給を制限することによって制裁を発動した諸国に圧力をかけようとした。ロシアは技術的理由をあげて二〇二二年夏からノルドストリーム１によるガス供給を制限しはじめ、九月には供給が完全に停止した。また、誰が破壊工作を実施したかは不明なままであるが、九月末にはノルドストリーム１も操業開始前だったノルドストリーム２も破壊され、再開の可能性はなくなった。ドイツはオランダやベルギーからのパイプラインによるガス供給を増加させ、同時にガスの消費量を削減する政策をとると同時に、海外から液化天然ガスを輸入するためのターミナル施設の建設を急ピッチで進めた。また、不足する電力を補うために、停止していた石炭火力発電所も再稼働が容認され、さらに、きわめて厳しいエネルギー事情となった冬に対応するために、二〇二二年末で停止されることになっていた三つの原子力発電所の稼働を二〇二三年四月一五日まで稼働させるための法改正を実施した。エネルギー価格の上昇は産業や消費者には大きな打撃となったものの、電力不足が危惧された冬の危機はこうして乗り越えられた。

次の課題はエネルギー安全保障と安定供給を維持しながら、「気候中立」へ向けてさらに再生可能エネルギーの導入と水素化を進めることである。CDU／CSUの一部からは原子力発電を継続利用すべきとの声もあったが、ショルツ首相は原子力の議論は既に終わっているとして、ドイツが目指すグリーン・エネルギーへの転換を進める政策を包括的に展開している。ドイツ経済を支える化学などエネルギー消費の大きな産業へ価格競争力のある安定したエネルギーの供給を確保しながら、同時に再生可能エネルギーの導入を大胆に進める政策は、薄氷を踏みながら前進するものかもしれない。しかし、再生可能エネルギーの導入と水素関連技術のイノベーションによって気候変動対策の先頭を走るというビジョンが社会で支持されていることも、政府の政策を支えている。

三　国際秩序の変容とドイツの対応

国家安全保障戦略

ショルツ政権の外交政策の基本路線は、連立合意文書にもあるように、価値に基づき、ヨーロッパ統合の基盤に立って、マルチラテラルな協力を原則とするものである。価値とは、平和、自由、人権、民主主義、法の支配、持続可能性などであり、これらの価値に基づき政策が展開される。ＥＵや国連をはじめとするマルチラテラリズムを外交政策の枠組みとする基本路線はいずれもドイツ外交の継続性を表すものでもあり、その点ではショルツ政権はドイツ外交の基本路線を忠実に守っている。第二次メルケル政権ではＦＤＰが、第一次、第三次、第四次政権ではＳＰＤが外相ポストを担っていたことから、基本路線が変わらないことは当然ともいえよう。ＣＤＵ／ＣＳＵ、ＳＰＤ、緑の党、ＦＤＰは外交・安全保障政策においては基本政策が共有されており、個別の政策では判断に差異が見られるとしても、政策の基本路線に論争がない点はショルツ政権でも維持されている。

連立合意文書では一年後に包括的な「国家安全保障戦略」を提示するとされていたが、ウクライナ侵攻や環境変化により政府内の調整に時間がかかった。ドイツが依拠する戦略文書は既に多数存在しており、二〇一六年の防衛白書（ドイツの防衛白書は戦略文書的役割を持つため毎年作成されるわけではない）、より広い外交政策全般にかかわる二〇二一年の「マルチテラリズム白書」、紛争地域、崩壊国家などへの対処に重点を置いた二〇一七年の「危機の回避、紛争の解決、平和の促進指針」、二〇二一年の「サイバーセキュリティー戦略」、二〇二二年のＥＵの安全保障・防衛政策の「戦略的コンパス」文書、ＮＡＴＯが二〇二二年に策定した「戦略文書」などがある。新しい「国家安全保障戦略」はこれらを統合し、省庁横断的に連邦政府全体が一体となって取り組むための包括的な文書である。この包括性こそが、初めて策定された「国家安全保障戦略」の特徴でもある。そのため安全保障の概念も広く定義されている。

「統合された安全保障」という広く捉えられた安全保障を実現するために、三つの柱、すなわち「強固な防衛」、「レジリエンス」、「持続可能性」が設定されている。「強固な防衛」とはＮＡＴＯの同盟の義務、領域防衛を中心に据え、同時に世界の平和と安全保障、地域の安定と貧困への対処、兵器輸出のコンディショナリティーなどにも目配せするものである。不安定な地域の危機管理やグローバルな安全保障の課題に重点を置き、ドイツやＮＡＴＯの防衛がやや後ろに退いていた認識が払拭され、バランスをとりながらもＮＡＴＯの領域防衛が全面に出ている。冷戦後のドイツではヨーロッパの平和は自明であるとの認識から域外の課題への取り組みに安全保障政策を向けてきたが、自由民主主義の下での平和を守るという冷戦期からの基本的な認識（第一章二参照）に回帰している。

「レジリエンス」は、経済安全保障を中心として、外からの影響力に対処し自由で民主的な社会を守ることを目指している。高いイノベーションの能力、技術開発、デジタル化などにより強靱で競争力のある社会作りが念頭に置かれている。強靱さによって基本的な価値を守るということである。

「持続可能性」は気候変動への対応に代表されるように、社会、経済活動の基盤となる環境に注目し、食料安全保障からグローバルな保健衛生、医薬品の確保に至るまで幅広い安定した人間の活動に関する安全保障を念頭に置いている。

これらの要素を統合的にとらえ、社会からの幅広い支持を背景に、国際的な協力によって安全保障を実現する戦略には、包括的な視点が重要である。そのために政府が一体として行動すべきとの認識が示されていることは一つの大きなステップである。しかし同時に、メルケル政権時代からの懸案であった新たな「国家安全保障会議」の設置は見送られた。主要閣僚から構成される「連邦安全保障委員会」はこれまで武器輸出の許可などを行ってきたが、あらたな安全保障会議にはより広い省庁横断的調整機能、統合的な行動を容易にするための機能を与えるという議論がなされていた。FDPからの要求もあり、議論が続けられたが、制度的な変更は結局行われなかったことも指摘しておきたい。

中国戦略

「国家安全保障戦略」と並行してショルツ政権発足後には対中国戦略文書の策定も進められた。第八章五で見たように、ドイツの対中政策は第四次メルケル政権下で明らかに変化した。二〇一九年のEU文書で使われた「パートナー」、「競争相手」、「体制のライバル」という中国の表現はドイツにおいてもすっかり定着した。二〇二三年の「国家安全保障戦略」における表現も同様である。

対中関係についてEUでは、二〇二三年一月のダヴォス会議でフォンデアライエンEU委員会委員長が、デカップリング（切り離し）ではなくデリスキング（リスク削減）が必要と発言するなど、どのように見直していくかについて議論が進んできた。デリスキング政策とは、アメリカのトランプ政権下の対中強硬路線である経済関係の切り離しのような極端な政策は、ＥＵは経済的に重要な中国に対して取るべきではなく、経済関係を維持しながら安全保障上のリスクを最小化していくことが必要との考え方である。

二〇二三年七月に発表された「対中戦略文書」にも、デリスキングの考え方が組み込まれている。「競争相手」や「体制のライバル」の色彩の強くなった中国に対して、ドイツが利益を守りながら対処するための処方箋とも言えよう。中国がドイツ企業にとって重要な市場であり、生産拠点となっていることに変わりはない。政策変更によって中国との経済関係を犠牲にできるような関係性でないことも明らかである。そのためデカップリングははっきりと否定されている。

「対中戦略文書」はドイツ政府の対中認識を明示的に公表し、複雑な対中関係においてドイツの利益をどう守るかの方向性を示そうとするものであり、「国家安全保障戦略」と同様に省庁横断的に包括的な対中戦略を構築しようとしている。そのためこの文書によってこれまでのドイツの対中政策が直ちに変化するわけでもなければ、具体的な指示があるわけでもない。つまり、厳しくなった関係性を前提として、将来的にリスクを下げていくための大きな方向性が示された戦略文書であると言えよう。ドイツ産業連盟（ＢＤＩ）も地政学的なリスクを見極めながら中国との経済関係を重視し、気候変動問題などのグローバルな課題でのパートナーとしての役割も認めるというデリスキング政策に支持を表明している。

しかし、対中政策には連立政権の中でも温度差がある。ベアボック外相は二〇二三年九月の訪米時に、英語のインタビューで習近平国家主席を独裁者と言及し、中国から批判を受けた。人権、法の支配を特に全面に出して対中政策を議論する緑の党の認識からすれば、外交的表現ではないものの、認められない発言ではない。しかし同時に、既にこれまでの経済関係の緊密化によって生まれている経済的結びつきが傷つくことは直ちにドイツ経済に影響が及ぶため、不用意に価値規範の原則の観点から中国との対立を煽るべきではないとの声もある。デリスキングのためにはＥＵやドイツ国内の経済を強靭化し、さらに活力あるものにする必要があり、経済・産業政策の問題となる。このような状況において、「対中戦略文書」は長期の視点から「体制のライバル」とつきあうための方向性を示そうとしたと言えよう。

フェミニスト外交政策

ショルツ政権の連立合意文書にはフェミニスト外交政策への言及があり、女性の権利を世界的に強化し、社会の多様性を促進するという目標が掲げられている。これを受けて、ドイツ外務省は二〇二三年二月に「フェミニズム外交政策指針」を公表している。その中でも触れられているように、フェミニスト外交は男女の平等を実現しようとするが、女性のためのみの外交政策という意味ではなく、社会の全員を包み込む外交政策であり、排除ではなく包摂のための政策であり、価値に基づくドイツの外交政策の重要な一部を構成するとされている。また安全保障政策であれ、経済活動であれ、女性を含むあらゆる社会の構成員が平等に参画することが望ましいとして、権利の平等、実際の社会参加での平等、経済・物質的資源のみならず教育などの社会的資源へのアクセスの平等が求められ、それを前提としてさまざまな分野の外交政策の立案を行うことを求めている。

ショルツ内閣における男女平等人事の重要性については既に見たが、フェミニスト外交政策はさらにそれを外務省の政策展開や組織の人事にも浸透させようとするものである。しかし現実離れした理想主義を掲げるだけでは、厳しい国際情勢下の具体的な政策形成には役に立たないとの批判もある。それにもかかわらずベアボック外相が指揮をとる外務省は理想を掲げて、規範から導き出される外交政策の重要性を国際的に訴えている。女性でありながらフェミニスト的要素を強調しなかったメルケル元首相と異なり、ベアボック外相は積極的に女性外相であることと、外交政策の対象としての女性にも言及するようになっている。この政策が社会的に十分受け入れられ、定着していくかが注目される。

プラハ演説とEUの進む道

ショルツ政権のEU政策の基本路線はメルケル政権から変化していない。EUを気候変動や自由な国際秩序の維持など、ドイツ一カ国では対応できないあらゆる課題にとりくむための基盤と認識し、外交政策の基軸としている。しかし同時に、現状のEUのままでは課題への対応がおぼつかず、EUの制度改革が不可欠であるため、ドイツは積極的に制度改革へ向けた努力を行うべく機会を捉えては訴えている。EUは「ヨーロッパの将来のための会議」を二〇二一年五月から一年間開催した。欧州議会、理事会、委員会などEU機関の代表に加えて、構成国議会、市民社会からの代表も参加し、デジタルプラットフォームを利用したり新たな市民参加の方法も取り入れたりしつつ多様な政策分野について意見集約を行い、最終的にEUの改革案がまとめられて提出された。ショルツ政権はこの「会議」を、欧州憲法条約に至った二〇〇〇年代前半の動きになぞらえて、今後のEU改革の刺激と捉えて重要視していた。連立合意文書でもEU条約の改正の前提としてこの会議が捉えられていた。改革案では欧州議会に法案発議権を与えることによる権限強化や、閣僚理事会での多数決の拡大などが求められていた。

ショルツ首相は二〇二二年八月にEU理事会議長国であったチェコのプラハにあるカレル大学でドイツのEU政策についての演説を行った。これは第六章一で紹介した二〇〇〇年のフィッシャー外務大臣によるフンボルト大学演説を意識したものと考えられる。フィッシャー演説はEUのあり方についての大胆な提案を行い、欧州憲法条約に向かう流れに刺激を与えた。ショルツ首相の演説は、ヨーロッパ全体の問題の解決にはEUを中心に据える必要があり、マクロン仏大統領の主導する欧州政治共同体のような協議枠組みよりも、ＥＵの拡大を実現することによって本質的な対応が可能であることを指摘している。同時に、拡大を進めるためにはＥＵ構成国数が増加しても、政策決定が滞らないように、特定多数決を利用できる政策領域を拡大することを求めている。ＥＵの拡大か統合の深化かが問題ではなく、ＥＵの拡大のための統合の深化が不可欠であるとの考え方である。そして、ＥＵが東に拡大していくプロセスを中欧のドイツは東西南北の仲介者としてまとめる意思を示している。これはＥＵにおける大国としてのドイツのリーダーシップを求める声に応えようとするものではあるが、ショルツ首相の表現は抑制的であった。また、ＥＵの問題点の指摘と改革案の提案も、精緻な議論のまとめではあるが論争になりそうな具体的ポイントは避けられていて、抽象度が高い。そのため、プラハ演説はショルツ首相の狙ったようなＥＵレベルでの反響は少なく、ＥＵの改革へ向けた大きな刺激を与えることはできなかった。きちんと機能して問題解決にあたれるＥＵに向けて制度改革を進めるべきとショルツ政権は主張しているが、共感を得て改革へ向けた機運を盛り上げることには成功していない。しかし、一九七〇年代から八〇年代の単一欧州議定書に至る過程や、二〇〇〇年代の欧州憲法条約からリスボン条約に至る過程を振り返ると、短期的には大きな影響を与えられずとも、長期的には多くのイニシアティブの積み重ねが実を結ぶことも歴史が示している。ショルツ政権が長期的にこの問題に刺激を与え続け、議論の方向性を保てるかが重要なポイントとなろう。

不安定化する世界と移民

ＥＵの骨格を規定する政策決定過程の制度改革の議論が続く中で、ＥＵは直ちに対応しなければならない課題にも直面する。アフリカ、中東などの情勢の悪化もあり、二〇二二年後半から増加し始めたＥＵへの難民・移民は、二〇一五年の難民危機を想起させるほどのレベルに近づいた。ドイツでも二〇二二年後半から二〇二三年にかけて難民庇護申請者が増加するとともに、不法な入国者も増加し、社会問題化した。第八章四で見たように、ＥＵ諸国に取り囲まれているドイツでは、ダブリン規則がきちんと運用されていれば難民に紛れて入国する不法入国者は抑制できるはずであるが、密入国ブローカーの暗躍により、実際には多数の不法入国者が大きな問題となった。好況が続き、失業率が低いのみならず、労働力不足が問題となってきたドイツでは難民認定された人々の社会と労働市場への統合の迅速化の措置がとられてきたが、二〇二三年の状況は、難民認定の展望がないにもかかわらず移民としての入国を試みる人々の増加もあり、認定審査に至るまでの受け入れキャパシティーが限界に近づいた。世論調査でも、難民・移民問題に対する政府の対応に批判的な声がはっきりと見られるようになった。

シェンゲン圏内では国境検査が廃止されているため、かつて国境にあった検問設備は廃止されている。そのため外国からの陸路での入国者には連邦警察による抜き打ち検査が実施されてきた。しかし、二〇二三年秋にはドイツとオーストリア、ポーランド、チェコ、スイスの国境に常設の検問所が設けられ、不法な入国のチェックが実施されるようになった。ショルツ政権は州政府、野党CDUとも協議の上で、難民認定されず送還対象となった者の送還を迅速化する手続きを導入したが、不法移民の増加とそれに対する社会的不満の増大は、寛容な難民受け入れ政策をとってきたドイツにとって大きな試練となっている。国際社会の不安定化による移民の増加に対して、基本法一六条aで規定された難民保護の規範を遵守しつつ、社会の不満を抑えAfDなど右翼ポピュリズムのさらなる拡大に対処しなければならないという難しい状況が続く。

四　ドイツ政治外交の展望

連邦議会選挙の前哨戦としての欧州議会選挙と州議会選挙

二〇二一年の連邦議会選挙から二年を経て、二〇二三年一〇月で四年の議会期の半分が過ぎた。ショルツ政権は初の信号連立政権として、政策のベクトルの違うSPD、緑の党、FDPをまとめながら、時代と環境の変化にドイツを適応させる道を探ってきた。

メルケル前首相に引退を決意させたのは二〇一八年のバイエルン州とヘッセン州の州議会選挙であったが、そこから五年を経て、二〇二三年一〇月に両州で選挙が実施された。どちらの州でも政権与党の三党は議席を減らし、有権者から厳しい評価を受けた。連邦議会選挙を前提とした複数社の世論調査結果でも、政権与党三党は二〇二一年選挙時よりも支持を失っている。ＣＤＵは世論の支持を拡大してはいるが、もっとも支持を拡大しているのはＡｆＤである。つまり、これまで戦後ドイツの政治を安定的に運営してきた政権運営経験のある政党が全体として地盤沈下し、既存のシステムへの不満を糧とするＡｆＤが力をつけている。

二〇二五年秋に予定される連邦議会選挙までの注目すべき政治日程は、二〇二四年六月の欧州議会選挙と、同九月に予定されている東ドイツ地域のザクセン州、テューリンゲン州、ブランデンブルク州の州議会選挙である。

欧州議会選挙は連邦議会選挙に準じる国政レベルの選挙と位置づけられているが、政権を選択する選挙ではない。そのため、政権与党への不満をぶつけるだけの選挙になりやすいなど、連邦議会選挙と同じに考えることはできない。ＡｆＤがどのくらい勢力を拡大するかが注目されるところではあるが、ＡｆＤについて考える時には、東ドイツ地域三州での選挙結果が今後のドイツ政治を展望する上でも重要である。ザクセン州ではＣＤＵ、ＳＰＤ、緑の党の三党で政権を運営しているが（二〇一九年選挙でＦＤＰは議席を得られなかった）、さらにＡｆＤが議席を増やした場合、ＡｆＤと左派党の両方を排除したままでは政権運営が難しくなる可能性もある。ブランデンブルク州も似た状況にある。テューリンゲン州をめぐる連邦政治の混乱は第八章四で紹介したが、左派党を中心とした連立の行方も不透明である。左派党連邦議会議員団の共同代表もかつて務め、メディア露出も多く知名度の高いヴァーゲンクネヒトが二〇二三年一〇月に数名の議員と共に左派党を離党し二〇二四年一月に新党を結成した。左派党の分裂が今後のドイツ政治に与える影響にも注目しなければならない。

第一章一でみた安定を志向する政治制度と安定した政党システムによって、戦後ドイツの政治は運営されてきた。政党システムの複雑化と、特にＡｆＤの登場によって戦後ドイツ政治の基本的なコンセンサスに異論を唱える勢力が登場したことと、それがさらに拡大傾向にあることは、懸念される要素である。外交・安全保障政策、対ＥＵ政策では与野党間のコンセンサスが固い基盤となって政策の継続性を特徴づけてきた。今後もそれが可能であるかどうかは、戦後ドイツ政治を担ってきた政権担当経験のある政党が国際情勢の変化に満足のいく対応をとることができるかにかかっている。

二〇二三年の選挙制度改革（第一章一参照）も議席配分に一定の影響を与えることになるであろう。

ドイツと揺れるリベラル国際秩序

第二次世界大戦後のドイツは東西に分断され、ドイツ連邦共和国は西側陣営の一員として国際社会に復帰した。アメリカを中心とした市場経済に基づく国際秩序と自由と民主主義を重んじるリベラル国際秩序の下で、西ドイツは社会的市場経済という市場と国家の関係を規定する独自のコンセプトの下で経済的な繁栄を達成することができた。ドルを基軸通貨とするGATTの自由貿易体制の下で輸出志向の経済は豊かさをもたらし、安定した政治の基盤となった（第二章二）。基本的人権、連邦主義、民主主義の原則に依拠し、これらの原則を守るためには、「闘う民主主義」とも称されるように、左右両極の反体制勢力を抑制することも厭わず、安定した社会を守ってきた（第三章二）。東ドイツとの体制競争に勝利し、一九九〇年に東ドイツを吸収する形で統一が実現した後も連邦共和国の制度はそのまま維持された（第四章二）。

しかし、アラブの春後の民主化の後退と不安定化、中国の経済的台頭と「体制のライバル」への変化、アフガニスタンでのタリバン政権の復活やアフリカでの相次ぐクーデター、ロシアのクリミア併合とウクライナ侵攻は、いずれもドイツが恩恵を受けてきたリベラルな国際秩序を揺るがしている（第八章三・五）。イギリスのEU離脱も、ヨーロッパの諸国が主権を共有しながらグローバルなアクターとして行動する結束に傷をつけた。

冷戦期からドイツはアメリカの構築した秩序の下でヨーロッパの経済大国として、過去の過ちを繰り返さないこと、そのために単独行動を慎むことを重視してきた。その保証として多角主義、つまりは国連、ＯＳＣＥ、ＥＵ、ＣｏＥの中での協調行動を重視し、軍事的には

NATOの一員としての義務を果たしてきた（第六章一）。第五章二や第七章二で見たように、冷戦後の国際環境の変化に合わせて、連邦軍は連邦議会の決議があればNATO域外での活動も行うようになったが、政治の手段としての軍事力の利用には抑制的であった。

ロシア、中国など大国がリベラルな国際秩序に背を向け、各地で民主主義が後退する状況において、自由な貿易を維持・発展させ、民主主義を前提とした国々による国際秩序の維持は難しくなっている。ウクライナ侵攻後の「時代の転換」によって認識を転換させたショルツ政権のドイツはウクライナへの高度な兵器の供与を行い、リベラル国際秩序の一員としてのウクライナを守り、ロシアに接するバルトのEU諸国、中東欧諸国に対してNATO内でのコミットメントを強化している。しかし、ドイツはアメリカの代替になる軍事力は有していないし、保有しようとする意思も持っていない。これまで見てきたように、ドイツの連立政権を運営してきたどの政党も、戦後のリベラル国際秩序のなかでのミドルパワーとしてのドイツの位置の重要性を認識してはいるものの、秩序をみずから担うような野心は有していない。また、そのような能力をドイツが得られるというような妄想も抱いていない。

ショルツ政権には緑の党の右派のようにリベラル規範を特に重視し、対外政策に反映させようとする声がある一方で、対話による融和路線、現実対応を重視する声もある。ショルツ首相の政治スタイルは課題への実務・政策対応型であり、ビジョンに基づきリーダーシップをとるタイプではない。これまでのドイツ政治の基本原則を大切にしながら、課題への対応を続けるスタイルで、国際秩序の変動期にどこまで対応できるであろうか。

将来の展望は、これまでの行動の延長線上にあると考えるのが妥当であろう。国際的には多角主義の重視、大西洋関係・NATO・対米関係の重視、EUの制度強化を支えるという基本的な方向性は変わらないであろう。もしそれが変わってしまうとしたら、AfDの台頭と政策への影響力の獲得が現実のものとなる時であろう。AfD台頭の背景となっている社会的不満にどのように対応できるか、大きな分岐点に立たされているのかもしれない。もっとも、AfDを勢いづけている難民・移民の流入のように、国際環境の変化がドイツ政治には大きな影響を与える。しかし、ドイツには単独で国際環境をコントロールする能力はない。そうであるからこそEUやNATOにおける貢献が重要になるわけだが、そこでもドイツが単独のリーダーシップをとれるわけではない。フランスの考えるヨーロッパの利益とビジョンにドイツが全て賛同できるわけでもない。

二〇一九年一月、独仏は一九六三年のエリゼ条約（第二章一）を基盤とする協力関係をさらに発展させるためにアーヘン条約を締結した。そこでは安全保障から社会分野まで幅広い分野での協力強化が謳われ、EUの中軸としての両国の協力、そのための協議枠組みの一層の強化が合意されている。しかし、その後の展開を見ると、いくら制度的枠組みを強化しても、独仏協力が実際の課題解決のために新しい次元に入ったと言えるような状況にはないことも明らかである。結局、ＥＵの制度改革にしても、ＥＵ拡大の問題にしても、独仏は常に異なる利害を調整しながら、進むほかはない。うまくいかなくても、独仏が協力するほかないという認識が守られることが重要である。アメリカとの関係でも同じことが言える。大西洋関係はＥＵ・独仏関係とならぶドイツ外交の柱であるが、アメリカの単独主義的行動、多角主義への批判的姿勢が強まる時に関係は難しくなる。

たとえ議会内でＡｆＤの議席が増えても、実際の政府の政策への影響力を排除できる間はドイツの対外行動には大きな影響は出ない。これまでは大連立や三党連立によりＡｆＤの排除を続けてきた。今後ともそのような対応が続けられるか否かの試金石となるのが、まずは二〇二四年の欧州議会選挙と東部三州の州議会選挙となる。ドイツ政治の安定性と政策の継続性を守れるか否かはリベラルな国際秩序の行方も左右することになる。

ドイツ政治外交の今後にますます注目していかなければならない。

あとがき

初版から一五年を経て第2版をまとめることができた。第七章までは初版の骨格を維持したが、第八章以降は書き下ろしなので、初版の時と同じように、あれも書きたい、これも書かなければと思い、四苦八苦した。

本書はドイツ政治に興味を持った人のための、最初の一歩、ドイツ政治理解への入り口である。ここに書かれていないドイツ政治の歴史的事件や政治的な課題をあげだしたらきりがない。それでも本書を読めば短時間のうちに現代ドイツの雰囲気や政治的な背景が少しでも分かるものにしたいと考えながら作業を進めた。筆者の興味関心から、ドイツの外交やEUとの関わりにやや比重がかかった記述になっている。

今回の改訂では欧州複合危機がドイツに与えた衝撃について多くの紙幅を割くこととなった。欧州複合危機に対応した長いメルケル政権が終わってショルツ政権となっても、ドイツがヨーロッパと密接に結びつき、EUの中に組み込まれていること、それがドイツ政治を特徴づけていることに変わりはない。ロシアによるウクライナ侵攻、中国の台頭、動揺する国際秩序など、ヨーロッパをとりまく環境が激しく変わる中で、ドイツがどのように対応しようとしてきたかが、少しでもわかりやすい形で説明できただろうか。

本書は簡潔さとわかりやすさに重きを置いているので、詳細に知りたいテーマを見つけたら、それらの新しいドイツ関連の研究書にもチャレンジしてもらいたい。初版出版からのこの一五年の間には日本語でも優れたドイツ政治関連の書籍が多数出版されている。日本語で一通り学習したら、ドイツ語の研究書も読み進めて欲しい。

二〇二四年に入ってショルツ政権の行方はますます不透明になり、ＡｆＤの不気味な存在感がさらに増している。本書が描いてきた連邦共和国の政治的特徴がもしかすると変わってしまうのではないかと思えるほどの大きな変化が、ドイツ政治に見られるようになるかもしれない。そうならないことを願いつつ、第２版の執筆を終えたいと思う。

最後に、本書を出版する機会を与えてくださった信山社の皆様、とりわけ改訂の企画を提案して下さった今井守氏、編集を担当して本書を完成させて下さった高畠健一氏には記してお礼申し上げたい。

二〇二四年一月一二日

森井裕一

◇文献案内

さらに深く現代ドイツについて読み進めたい方のために、関連文献を紹介する。本書の性格上、日本語で読める文献で、比較的新しく入手しやすい書籍のみをあげている。

アンドレアス・レダー（板橋拓己訳）『ドイツ統一』岩波書店、二〇二〇年

池本大輔・板橋拓己・川嶋周一・佐藤俊輔『ＥＵ政治論――国境を越えた政治のゆくえ』有斐閣、二〇二〇年

石田勇治（編）『図説ドイツの歴史』河出書房新社、二〇〇七年

石田勇治『過去の克服――ヒトラー後のドイツ（新版）』白水社、二〇二三年

井関正久『ドイツを変えた六八年運動』白水社、二〇〇五年

井関正久『戦後ドイツの抗議運動――「成熟した市民社会」への模索』岩波書店、二〇一六年

板橋拓己『アデナウアー――現代ドイツを創った政治家』中央公論社、二〇一四年

板橋拓己『分断の克服　一九八九－一九九〇――統一をめぐる西ドイツ外交の挑戦』中央公論社、二〇二二年

板橋拓己・妹尾哲志（編）『歴史の中のドイツ外交』吉田書店、二〇一九年
板橋拓己・妹尾哲志（編）『現代ドイツ政治外交史――占領期からメルケル政権まで』ミネルヴァ書房、二〇二三年
遠藤乾『ヨーロッパ統合史（増補版）』名古屋大学出版会、二〇一四年
遠藤乾『欧州複合危機――苦悶するEU、揺れる世界』中公新書、二〇一六年
川喜田敦子『東欧からのドイツ人の「追放」――二〇世紀の住民移動の歴史のなかで』白水社、二〇一九年
クンドナニ、ハンス（中村登志哉訳）『ドイツ・パワーの逆説――「地経学」時代の欧州統合』一藝社、二〇一九年
ゲッパート、ドミニク（進藤修一・爲政雅代訳）『ドイツ人が語るドイツ現代史――アデナウアーからメルケル、ショルツまで』ミネルヴァ書房、二〇二三年
近藤正基『ドイツ・キリスト教民主同盟の軌跡――国民政党と戦後政治 一九四五−二〇〇九』ミネルヴァ書房、二〇一三年
中村登志哉『ドイツの安全保障政策――平和主義と武力行使』一藝社、二〇〇六年
西田慎・近藤正基『現代ドイツ政治――統一後の二〇年』ミネルヴァ書房、二〇一四年
平島健司『ドイツの政治』東京大学出版会、二〇一七年

三好範英『ドイツリスク――「夢見る政治」が引き起こす混乱』光文社、二〇一五年
三好範英『メルケルと右傾化するドイツ』光文社、二〇一八年
森井裕一（編）『ドイツの歴史を知るための五〇章』明石書店、二〇一六年
森井裕一（編）『ヨーロッパの政治経済・入門〔新版〕』有斐閣、二〇二二年

◆Webサイト

ドイツ連邦政府
http://www.bundesregierung.de/
ドイツ外務省（編）『ドイツの実情』（随時改訂・ダウンロード可能な日本語版あり）
http://www.tatsachen-ueber-deutschland.de/

■ 事項索引 ■

欧文

あ行

か　行

さ 行

た　行

な 行

は 行

ま 行

や　行

ら　行

わ　行

人名索引

あ 行

か 行

さ 行

た　行

な　行

は　行

ま　行

や　行

ら　行

人名索引

＊姓名は社会的・一般的に用いられている形で表記した。

＊フォンデアライエン（von der Leyen）のように複数語から構成される姓は，一部のみを省略できない場合続けて一語とした。

＊ロシア語名はドイツ語式表記とした。

〈関連年表〉

1945年5月8日	ナチ・ドイツ、連合軍に無条件降伏
1946年4月22日	（東地区）共産党とSPDの融合による社会主義統一党（SED）の成立
1947年3月12日	トルーマン・ドクトリン発表（「封じ込め政策」）
1948年6月20日	西側地区における通貨改革
6月24日	ソ連によるベルリン封鎖開始（～1949年5月12日）
8月10-23日	ヘレンキームゼーにて憲法起草会議
9月1日	西側占領地区の州代表とベルリン代表により憲法制定のための「議会評議会」開始
1949年5月5日	欧州評議会の設置
5月23日	基本法公布、ドイツ連邦共和国（西ドイツ）建国
8月14日	西ドイツで初の国政選挙
9月15日	アデナウアー、初代連邦首相に選出（第1次政権はCDU/CSU･FDP･DPの連立）
10月7日	ドイツ民主共和国（東ドイツ）建国
1950年5月9日	シューマン・プラン（欧州石炭鉄鋼共同体（ECSC）構想）発表
6月25日	朝鮮戦争勃発
10月24日	プレヴァン・プラン（欧州防衛共同体（EDC）構想）発表
1952年5月26日	ドイツ条約調印
7月23日	ECSC条約発効
9月10日	ルクセンブルク協定締結
1953年6月17日	東ドイツで労働者蜂起、ソ連軍による鎮圧
9月6日	第2回連邦議会選挙
1954年8月30日	フランス議会がEDC条約の批准を否決
1955年5月5日	西ドイツがNATOに加盟し外交的主権を回復
9月9-13日	アデナウアーのモスクワ訪問、ソ連と国交正常化
1956年10月23日	ハンガリー動乱

1957年1月1日	ザールラントがフランスから返還される
3月25日	欧州経済共同体（EEC）条約と欧州原子力共同体（EURATOM）条約調印
9月15日	第3回連邦議会選挙
1958年6月1日	ドゴールが仏大統領に就任
1959年11月15日	SPD党大会でバート・ゴーテスベルク綱領採択
1961年8月13日	東ドイツ、ベルリンの壁構築開始
9月17日	第4回連邦議会選挙
1962年10月26日	シュピーゲル事件
1963年1月22日	独仏友好協力条約（エリゼ条約）締結
10月16日	エアハルト首相就任（政権はCDU/CSU・FDPの連立）
1965年5月12日	イスラエルとの国交樹立
9月19日	第5回連邦議会選挙
1966年12月1日	キージンガー大連立政権（CDU/CSU・SPD）発足
1967年1月31日	ルーマニアと国交樹立
6月14日	経済安定成長法発効
7月1日	EEC、EURATOM、ECSCの融合で欧州共同体（EC）発足
1968年1月1日	付加価値税導入
1月31日	ユーゴスラヴィアとの国交回復
8月21日	チェコスロヴァキアの民主化（「プラハの春」）にソ連軍介入
1969年9月28日	第6回連邦議会選挙
10月22日	ブラント政権（SPD・FDP）発足
1970年3月19日	ブラント首相、東ドイツ訪問
8月12日	独ソ間でモスクワ条約締結　オーデル・ナイセ川によるポーランド国境、東西ドイツ国境を事実上承認
12月7日	ワルシャワ条約締結、ポーランドとの国交正常化
1971年6月24日	東独ホーネッカー政権成立
9月3日	ベルリン協定締結
10月20日	ブラント首相、東方政策の功績でノーベル平和賞受賞
1972年11月19日	第7回連邦議会選挙
12月21日	東ドイツと基本条約調印、東西ドイツ関係正常化

1973年1月1日	ECにイギリス、アイルランド、デンマーク加盟（EC9）
1974年5月6日	ギョーム事件
5月16日	シュミット首相就任（SPD・FDP）
1975年8月1日	全欧州安全保障協力会議（CSCE）、ヘルシンキ最終議定書を採択
1976年10月3日	第8回連邦議会選挙
1977年10月13日	ルフトハンザ機ハイジャック事件
1979年3月13日	欧州通貨制度（EMS）発足
5月3日	イギリスでサッチャー政権成立
6月7-10日	欧州議会第1回直接選挙実施
12月12日	NATO二重決定
12月27日	ソ連アフガニスタン侵攻
1980年10月5日	第9回連邦議会選挙
1981年1月1日	ECにギリシャ加盟（EC10）
1982年9月9日	「ラムスドルフ・ペーパー」をめぐるSPDとFDPの対立
10月1日	建設的不信任によってコール首相就任（CDU/CSU・FDP）
1983年3月6日	第10回連邦議会選挙
6月19日	シュトゥットガルト欧州理事会、「欧州連合へ向けた厳粛な宣言」採択
11月22日	連邦議会、INFのドイツへの配備を承認
1984年2月14日	欧州議会「欧州連合条約草案」採択
1985年1月7日	ドロールEC委員会発足
3月11日	ソ連ゴルバチョフ書記長就任
6月14日	EC委員会「域内市場白書」発表
1986年1月1日	ECにスペイン、ポルトガルが加盟（EC12）
4月26日	ソ連チェルノブイリ原子力発電所爆発事故
1987年1月25日	第11回連邦議会選挙
7月1日	単一欧州議定書（SEA）発効
9月7-11日	東独ホーネッカー国家評議会議長、西独訪問
1989年5月2日	ハンガリー、オーストリア国境の鉄条網を撤去
10月7日	東独建国40周年記念式典

10月9日	ライプツィヒの月曜デモ、数万人を動員
10月18日	SED 中央委員会特別総会でホーネッカー辞任、クレンツが SED 書記長就任
11月9日	ベルリンの壁崩壊
11月28日	コール首相「10項目プログラム」発表
1990年3月18日	東独で人民議会の選挙
7月1日	東西ドイツ間の経済通貨同盟発効
10月3日	ドイツ統一
10月14日	旧東独5州で州議会選挙実施
12月2日	第12回連邦議会選挙
1993年11月1日	欧州連合（EU）条約（マーストリヒト条約）発効
1994年7月12日	連邦憲法裁判所判決、 NATO 域外へのドイツ連邦軍派遣を合憲とする
10月16日	第13回連邦議会選挙
1995年1月1日	EU にスウェーデン、フィンランド、オーストリア加盟（EU15）
1998年9月27日	第14回連邦議会選挙
10月16日	連邦議会においてコソボへの連邦軍派遣承認
10月27日	シュレーダー政権（SPD・緑の党）発足
1999年1月1日	共通通貨ユーロ導入
3月11日	ラフォンテーヌ財務相、欧州中央銀行の金利引き下げ政策を批判、辞任
3月24日	コソボ問題を巡り、NATO によるセルビア空爆開始
4月7日	ヘッセン州で政権交代、連邦参議院で CDU 多数派となる
5月1日	アムステルダム条約発効
2000年1月1日	新国籍法発効
3月23-24日	リスボン欧州理事会で「リスボン戦略」採択
2001年9月11日	米同時多発テロ、シュレーダー首相は米への無条件の連帯を表明
11月16日	OEF 作戦への連邦軍派遣を議会が承認
2002年1月1日	共通通貨ユーロの流通開始

8月16日	「ハルツ委員会報告」
9月22日	第15回連邦議会選挙
2003年2月1日	ニース条約発効
3月14日	「アジェンダ2010」発表
2004年5月1日	EU に10カ国（ポーランド・チェコ・ハンガリー・スロバキア・スロベニア・エストニア・ラトビア・リトアニア・マルタ・キプロス）が新規加盟（EU25）
10月29日	欧州憲法条約署名
2005年5月22日	ノルトライン＝ヴェストファーレン州議会選挙において SPD 敗北
5月29日	フランス、国民投票により欧州憲法条約批准を否決
6月1日	オランダ、国民投票により欧州憲法条約批准を否決
7月1日	シュレーダー首相、不信任を成立させ、連邦議会解散
9月18日	第16回連邦議会選挙
11月22日	第1次メルケル大連立政権（CDU/CSU･SPD）発足
2007年1月1日	付加価値税が16%から19%に引き上げられる ルーマニアとブルガリアが EU 加盟（EU27）
3月25日	EEC 条約調印50周年「ベルリン宣言」
12月13日	リスボン条約調印
2008年6月12日	アイルランド、国民投票によりリスボン条約批准を否決
2009年9月27日	第17回連邦議会選挙
10月28日	第2次メルケル政権（CDU/CSU･FDP）発足
8月1日	債務ブレーキを規定した基本法改正が発効
12月1日	リスボン条約発効
2011年5月12日	緑の党のクレチュマンがバーデン＝ヴュルテンベルク州首相に就任
7月1日	連邦軍の徴兵制停止
2013年7月1日	クロアチアが EU 加盟（EU28）
9月22日	第18回連邦議会選挙
12月17日	第3次メルケル政権（CDU/CSU･SPD）発足
2014年12月5日	左派党のラメローがテューリンゲン州首相に就任

2015年９月４日	難民危機への対応でハンガリー経由の難民受け入れをメルケル首相が表明
2016年６月23日	イギリスの国民投票でＥＵ離脱が過半数
2017年９月24日	第19回連邦議会選挙
2018年３月14日	第４次メルケル政権（CDU/CSU･SPD）発足
10月29日	メルケル首相が次期選挙で引退を表明
2019年12月１日	フォンデアライエン欧州委員会発足
2020年１月31日	イギリスがEU 離脱（EU27）
７月21日	欧州理事会が欧州復興基金設立で合意
2021年９月26日	第20回連邦議会選挙
12月８日	ショルツ政権（SPD･緑の党･FDP）発足
2022年２月24日	ロシアによるウクライナ侵攻開始
２月27日	ショルツ首相による「時代の転換」演説
2023年３月17日	連邦議会が選挙制度改革を採択（2025年連邦議会選挙から適用予定）
６月14日	国家安全保障戦略の発表
2024年6月6-9日	欧州議会選挙（ドイツの欧州議会選挙で16歳選挙権導入）実施予定日（ドイツでは９日投開票）

〈著者紹介〉

森 井 裕 一（もりい　ゆういち）

1965 年　群馬県生まれ
1994 年　東京大学大学院総合文化研究科国際関係論専攻
　　　　博士課程退学，琉球大学法文学部専任講師
1999 年　筑波大学社会科学系／国際総合学類専任講師
2000 年　東京大学大学院総合文化研究科助教授
2007 年　東京大学大学院総合文化研究科准教授
2015 年　東京大学大学院総合文化研究科教授

〈主要著作〉

『ヨーロッパの政治経済・入門〔新版〕』（編著，有斐閣，2022年）
『ドイツの歴史を知るための50章』（編著，明石書店，2016年）

〈現代選書〉

現代ドイツの外交と政治（第２版）

2008（平成20）年12月22日　第１版第１刷発行
2024（令和６）年３月30日　第２版第１刷発行

著　者　森　井　裕　一
発行者　今　井　　貴
発行所　信山社出版株式会社
〒113-0033 東京都文京区本郷6-2-9-102
電　話 03（3818）1019
FAX 03（3818）0344
info@shinzansha.co.jp

 印刷・製本／亜細亜印刷
ISBN978-4-7972-3309-4　C3331

「現代選書」刊行にあたって

物量に溢れる、豊かな時代を謳歌する私たちは、変革の時代にあって、自らの姿を客観的に捉えているだろうか。歴史上、私たちはどのような時代に生まれ、「現代」をいかに生きているのか、なぜ私たちは生きるのか。

「尽く書を信ずれば書なきに如かず」という言葉があります。有史以来の偉大な発明の一つであろうインターネットを主軸に、急激に進むグローバル化の渦中で、溢れる情報の中に単なる形骸以上の価値を見出すため、皮肉なことに、私たちにはこれまでになく高い個々人の思考力・判断力が必要とされているのではないでしょうか。と同時に、他者や集団それぞれに、多様な価値を認め、共に歩んでいく姿勢が求められているのではないでしょうか。

自然科学、人文科学、社会科学など、それぞれが多様な、それぞれの言説を持つ世界で、その総体をとらえようとすれば、情報の発する側、受け取る側に個人的、集団的な要素が媒介せざるを得ないのは自然なことでしょう。ただ、大切なことは、新しい問題に拙速に結論を出すのではなく、広い視野、高い視点と深い思考力や判断力を持って考えることではないでしょうか。

本「現代選書」は、日本のみならず、世界のよりよい将来を探り寄せ、次世代の繁栄を支えていくための礎石となりたいと思います。複雑で混沌とした時代に、確かな学問的設計図を描く一助として、分野や世代の固陋にとらわれない、共通の知識の土壌を提供することを目的としています。読者の皆様が、共通の土壌の上で、深い考察をなし、高い教養を育み、確固たる価値を見い出されることを真に願っています。

伝統と革新の両極が一つに止揚される瞬間、そして、それを追い求める営為。それこそが、「現代」に生きる人間性に由来する価値であり、本選書の意義でもあると考えています。

2008年12月5日　　　　信山社編集部

地域統合とグローバル秩序
ヨーロッパと日本・アジア
森井裕一 編

国際関係の中の拡大 EU
森井裕一 編

EU とは何か〔第 3 版〕
国家ではない未来の形
中村民雄

核共有の現実
NATO の経験と日本
岩間陽子 編

信山社